Coaching para *Performance*

"Coaching para Performance está um nível acima."

Jorge Paulo Lemann, cofundador da 3G Capital e diretor da *The Kraft Heinz Company*

"Esta nova e incrível edição de *Coaching para Performance* oferece o mesmo padrão de excelência para as novas gerações. E define uma forma de medir o resultado daquilo que, até agora, vem sendo o santo graal do *coaching* – demonstrar como o seu retorno sobre o investimento é fenomenal. *Coaching* para *Performance* não apenas é leitura obrigatória, mas também é um livro que você precisa ter ao seu lado, como *referência obrigatória*."

Karen Mathre, Líder do Centro de Treinamento de Excelência, *Medtronic*

"São as pessoas que fazem a diferença. *Coaching* para *Performance* complementa nossa cultura e já melhorou sensivelmente a forma como trabalhamos juntos e a qualidade da nossa colaboração, levando a um impacto mensurável em nossos negócios".

Pat Roche, Presidente, *Industrial Group, Moog Inc.*

"Um dos grandes desafios do nosso tempo é transformar o sistema capitalista para incorporar os princípios da sustentabilidade. *Sir* John e a *Performance Consultants* demonstram claramente que essa transformação fundamental do sistema econômico também depende da transformação pessoal. *Coaching* é fundamental para permitir que isso aconteça. Um livro novo e vívido, que eu recomendo enfaticamente."

Colin le Duc, Cofundador, *Generation Investment Management*

"Como cliente fiel da *Performance Consultants*, vi o seu trabalho de *coaching* em ação e sou testemunha de como ele transforma os líderes e a cultura organizacional. Este livro é leitura obrigatória."

Thorsten Klein, diretor global de desenvolvimento de talentos e organização do *eBay*

"Liderar tem a ver com assumir riscos e mostrar às pessoas em sua organização que você lhes dará a confiança e a responsabilidade para encontrarem seu próprio caminho. Como fazer isso é uma das coisas que você vai descobrir neste livro."

Daniel Quirici, Diretor de Administração de Grupos, *Echo Capital UK Ltd*

"Esta edição do *Coaching* para *Performance* sintetiza a visão de *Sir* John e deveria ser o único livro usado pelos líderes de negócios como apoio diante dos seus problemas diários de gerenciamento."

Michael Hacking, fundador e CEO da *Mocoh SA*

"Este livro vai além do *coaching*; ele é, sem dúvida, um valioso recurso de desenvolvimento organizacional estratégico para o século XXI. Os *insights*, estruturas e recursos fornecidos neste livro podem ajudar a garantir que as organizações calculem o ROI que pode ser percebido a partir de intervenções baseadas no *coaching*."

Vyla Rollins, diretora executiva do Instituto de Liderança da *London Business School*

"O *coaching* transformacional permitiu que eu me tornasse um líder mais efetivo, o que resultou na liberação de enorme energia de nosso pessoal para os negócios, triplicando a lucratividade."

John Duggan, ex-presidente e diretor executivo da *Gazeley*

"Os princípios delineados neste livro deram o impulso para uma mudança nos negócios que ajudou a melhorar a satisfação no trabalho dos funcionários, trazendo melhores resultados."

Patrick Murphy, ex-presidente da *Ryanair*

"O *coaching* é uma maneira comprovada de alcançar o sucesso e este livro se destaca ao definir esse caminho e, essencialmente, como medir o impacto ao longo do caminho. Esta nova edição é com certeza a estrela em seu campo".

Juliet de Baubigny, sócia sênior da *Kleiner Perkins Caufield & Byers*

"Minha organização é apaixonada por extrair o potencial dos melhores ingredientes. O programa *Coaching* para *Performance* me permitiu aplicar essa paixão ao nosso maior recurso – nosso pessoal".

Sandeep Verma, diretor administrativo da *Liz Earle*

"As organizações cujos líderes adotam um estilo de *coaching* chegam à frente ao mercado e atendem melhor aos seus clientes, funcionários e acionistas. Este livro é uma leitura essencial para todos os líderes – do CEO a cada praticante de transformação digital".

Martin Toth, cofundador da *Danowsky Gruhn Toth & Partner*

"Para os que implementam o Lean, o *Coaching* para *Performance* coloca a empatia, o coração e o propósito no centro do processo, e dá aos profissionais um impulso extra para melhorar a sua *performance*."

Caroline Healy, gerente sênior de RH da *Medtronic*

"Os consultores de *performance* são, sem dúvida, os líderes de mercado globais em *coaching*. Esta nova edição mostra brilhantemente como o sucesso vem da maximização holística do potencial das pessoas e de fortes princípios éticos, ao invés do foco estreito no lucro."

David Sanders, fundador da *CleanTech Advisory*, ex-diretor da Carbon Trust

"*Coaching* para *Performance* tornou-se uma bíblia sobre a arte, o processo e a compreensão do *coaching*."

David Hemery CBE DL, medalhista de ouro olímpico, fundador do *Legado do Século 21*

"Esse novo trabalho oferece grande sabedoria e ajudará a elevar o *coaching* nas organizações a um novo padrão e relevância. Não é apenas uma leitura obrigatória, mas um chamado para a ação."

Robert J. Kriegel Ph.D., autor do *best-seller* internacional *Se ainda não quebrou então QUEBRE!*

"*Coaching* para *Performance* deveria ser leitura obrigatória para qualquer pessoa interessada em poder."

Jane Renton, autora de *The Economist: Coaching e Mentoring*

COACHING para PERFORMANCE

Os princípios e práticas de *coaching* e liderança

5ª Edição
Revista e Atualizada

Tradução:

Maya Reyes-Ricón

Uma nova edição do livro sobre *COACHING* mais vendido no mundo
Apresentando o poderoso modelo GROW

COACHING para PERFORMANCE

Os princípios e práticas de *coaching* e liderança

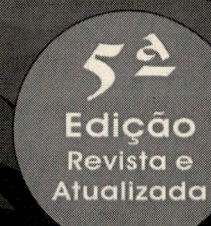

5ª Edição Revista e Atualizada

Prefácio de John McFarlane, Chairman, Barclays

SIR JOHN WHITMORE

Performance Consultants International

Copyright© 2020 by Nicholas Brealey Publishing
Tradução autorizada do original em inglês *Coaching for Performance* publicado pela Nicholas Brealey Publishing. Todos os direitos reservados.

© The Estate of Sir John Whitmore and Performance Consultants International
1992, 1996, 2002, 2009, 2017

Copyright© 2020 by Qualitymark Editora Ltda.
Todos os direitos desta edição reservados à Qualitymark Editora Ltda.
É proibida a duplicação ou reprodução deste volume, ou parte do mesmo, sob qualquer meio, sem autorização expressa da Editora.

Direção Editorial	Produção Editorial
SAIDUL RAHMAN MAHOMED editor@qualitymark.com.br	EQUIPE QUALITYMARK

Capa	Editoração Eletrônica
EQUIPE QUALITYMARK	PS DESIGNER

CIP-BRASIL. CATALOGAÇÃO NA PUBLICAÇÃO
SINDICATO NACIONAL DOS EDITORES DE LIVROS, RJ

W595c

Whitmore, John, Sir. 1937-2017
Coaching para performance: os princípios e práticas de coaching e liderança / John Whitmore. / Tradução de Maya Reyes-Ricón – 5. ed. – Rio de Janeiro : Qualitymark Editora, 2020.
336 p. : il. ; 23 cm
Tradução de: Coaching for performance: the principles and practice of coaching and leadership
Apêndices
Inclui bibliografia
ISBN 978-85-414-0366-5

1. Aprendizagem organizacional. 2. Empregados – Treinamento. 3. Motivação no trabalho. 4. Grupos no trabalho. I. Título.

06-0295
CDD 658.3124
CDU 658.310.13

2020
IMPRESSO NO BRASIL

Qualitymark Editora Ltda.
Rua José Augusto Rodrigues, 64 – sl. 101
Polo Cine e Vídeo – Jacarepaguá
CEP: 22275-047 – Rio de Janeiro – RJ

www.qualitymark.com.br
E-mail: quality@qualitymark.com.br
Tels.: (21) 3597-9055 / 3597-9056
Vendas: (21) 3296-7649

Sumário

Prefácio XI
Prefácio XV
Introdução XVII

Parte I O *Coaching* é Maior que o *Coaching* 1
1 O que é *coaching*? 3
2 Criando Culturas de Alta *Performance* 15

Parte II Os Princípios do *Coaching* 33
3 *Coaching* é Inteligência Emocional na Prática 35
4 O Líder como *Coach* 43
5 Um Estilo de *Coaching*: Parceria e Colaboração 53
6 Conscientização e Responsabilidade: Ativando o Aprendizado. 67

Parte III A Prática do *Coaching* 81
7 Perguntas Poderosas 83
8 Escuta ativa 91
9 O modelo *GROW* 97
10 G: Definição de Metas 105
11 R: O que é realidade? 121
12 O: Quais são as suas Opções? 133
13 W: O Que Você Fará? 141
    Fase 1: Configuração de Responsbilidade 142
    Estágio 2: Acompanhamento e *Feedback* 150
14 *Coaching* para Significado e Propósito 163

Parte IV Aplicações Específicas do Coaching 171

15 Sessões individuais de Coaching Formal 173
16 Coaching para a Performance da Equipe 181
17 Coaching para o Lean Performance 197
18 Coaching para Performance de Segurança 209

Parte V Percebendo o potencial do coaching 217

19 Medindo os Benefícios e o ROI do Coaching 219
20 Como Efetuar Mudanças Culturais 229
21 As Qualidades da Liderança 235
22 A Escada para a Maestria 247
23 Coaching Avançado 253

Apêndice 1: Glossário de Termos de Coaching 265

Apêndice 2: Kit de Ferramentas de Perguntas de Coaching 279

   Bolsa de Perguntas 1: Autocoaching 280

   Bolsa de Perguntas 2: Acordos conscientes de trabalho 281

   Bolsa de Perguntas 3: Pedindo permissão 281

   Bolsa de Perguntas 4: As 10 perguntas mais poderosas 282

   Bolsa de Perguntas 5: GROW 282

   Bolsa de Perguntas 6: Acompanhamento 288

   Bolsa de Perguntas 7: Modelo de Feedback GROW 290

Apêndice 3: Algumas Soluções para o Exercício dos Nove Pontos 293

Bibliografia 295
Agradecimentos 301
Sobre os Autores 305

Prefácio

Tem sido um privilégio para ter a chance de participar do desenvolvimento de diversas empresas dentre as mais importantes do mundo, inicialmente no setor automotivo e, mais recentemente, liderando três grandes instituições financeiras, seja como CEO ou como presidente. No entanto, poucas dessas empresas estavam em uma situação confortável, variando desde situações de rápido crescimento até recuperações corporativas, exigindo resolução firme e urgente.

Isso me traz duas lembranças. A primeira é o sucesso, não apenas em termos financeiros ou de mercado, mas também na criação de organizações de alta energia, com culturas vibrantes, que alcançamos por meio da liderança esclarecida e da liberação de uma energia nunca antes vista de milhares de pessoas, em muitos países. A segunda é a minha verdadeira perplexidade com o motivo pelo qual algumas delas empacaram de início, além da percepção de que a correção de rumo, embora necessária, não seria suficiente – é preciso se assegurar que isso jamais aconteça novamente.

Quando refletimos sobre o que é uma empresa, nossa tendência é nos concentrarmos em estratégia, liderança de mercado, *performance* financeira e valor para o acionista. Francamente, embora isso seja algo realista e essencial, ainda é algo técnico e estéril. Quando finalmente me tornei responsável pela empresa e me deparei com a enorme complexidade e a incerteza de seguir rumo ao sucesso de longo prazo, descobri que uma empresa é mais do que um negócio: ela é um ecossistema de enorme impacto nos indivíduos, nas empresas, no governo e na sociedade como um todo.

A liderança dentro de empresas extraordinárias baseia-se em princípios. Existe uma diferença tangível entre um sistema regido por princípios e outro controlado por regras. Os princípios definem o centro de gravidade, o estado ideal, ou ainda aquilo que é verdadeiramente desejado. As regras definem o limite daquilo que é aceitável e que, em muitos casos, limitam o crescimento daquilo que é possível. Administrar uma organização baseando-se em regras geralmente leva a uma empresa que opera na fronteira do que é tolerável, em vez de realizar o seu potencial. Neste livro, *Sir* John Whitmore e a *Performance Consultants* revelam sabiamente como usar o *coaching* para preencher a lacuna que existe entre o que é tolerável e o que é possível, tanto na *performance* humana quanto organizacional.

Abraçar princípios exige uma forte base ética e emocional, além de um foco de longo prazo no cerne daquilo que a empresa está tentando alcançar. E cria um ambiente no qual as pessoas sentem-se inspiradas a aprender, a ter sucesso, a crescer e a fazer a coisa certa.

As empresas de destaque concentram seus esforços em criar uma contribuição duradoura e perene para todas as partes interessadas, além de produzir resultados financeiros superiores. Seus líderes são muito claros sobre porque seu pessoal deve dedicar sua vida profissional a essa aventura, porque um cliente deve fazer negócios com eles e não com os concorrentes, porque os fornecedores devem priorizá-los, porque a comunidade deve confiar neles e porque os investidores devem escolhê-los.

O que muitas vezes esquecemos, à custa da alta *performance*, é o nosso pessoal e como todos podemos trabalhar juntos para garantir a excelência da empresa. São as pessoas que atendem os clientes, são elas que projetam, constroem e entregam produtos e criam novas ideias. São as pessoas que inovam e que produzem resultados, são elas que escolhem contribuir com suas energias para uma visão ou causa para além delas mesmas.

Como banqueiro, agradeço o fato de que uma empresa precisa gerar retorno; mas o que está ficando bem claro, hoje em dia, é que uma organização não é uma mera construção financeira. Uma empresa vibrante é muito mais do que a soma de suas partes e tem um propósito maior, que governa todas as decisões internas. As empresas que são capazes de encontrar seu lugar único no mundo superam aquelas que não são únicas. Aquelas que têm uma razão sustentável de existir sistematicamente vencem as que não têm.

Acredito, como o próprio *Sir* John Whitmore, que cada um de nós está neste planeta para fazer a diferença no mundo durante seu tempo de vida. As pessoas buscam significado e querem descobrir como dar a sua contribuição única. Estamos numa era em que a humanidade e a comunidade importam tanto quanto os resultados financeiros. Encontrar essa base é o que fundamenta qualquer filosofia de longo prazo.

Como líderes precisamos tomar todas as medidas necessárias para ganhar confiança e compromisso de longo prazo como base para a criação de valor. Nossas ações e decisões, portanto, devem ser socialmente benéficas, culturalmente desejáveis, eticamente justificáveis, economicamente viáveis, ecologicamente responsáveis e, acima de tudo, convincentes e transparentes.

Nossa responsabilidade como líderes é criar para o nosso pessoal uma aventura emocionante, mas segura, que seja digna deles dedicarem suas vidas a ela. O modo como as pessoas se sentem em relação a trabalhar na organização e o quanto elas são apaixonadas e engajadas em sua agenda é o que faz a diferença entre empresas boas, excelentes e aquelas que realmente se destacam. Em última análise, nossa mentalidade interior e nosso estilo de liderança exterior determinam o quão viva, energética e cheia de propósito é a nossa organização. Nesta Quinta Edição do *Coaching* para a *Performance*, *Sir* John Whitmore e *Performance Consultants* explicam o que é necessário para criar uma alta *performance* e desfazer os mitos sobre o *coaching*. Líderes e funcionários em todo o mundo são verdadeiramente afortunados de se beneficiarem com seu impacto duradouro em nossas vidas profissionais.

John McFarlane
Chairman, Barclays plc
Chairman, TheCityUK

Prefácio

Nossa intenção com esta Quinta Edição é que este se torne o livro obrigatório para todos os coaches, líderes e organizações que desejam criar culturas de alta *performance*. Quarenta anos atrás, *Sir* John Whitmore, o pai do *Coaching para Performance*, identificou os negócios como uma força com potencial para fazer o bem e conduzir a evolução humana. Ele vislumbrou a oportunidade de combinar o propósito individual e organizacional de beneficiar as pessoas, com o lucro e o planeta – a consagrada *linha de base tripla* – e isso continua a ser a força motriz por trás da ação da *Performance Consultants International*, cofundada por *Sir* John.

Fazemos parcerias com nossos clientes para explorar as capacidades latentes de seu pessoal e criar uma cultura que coloque a consciência e a responsabilidade no centro de qualquer organização. Esta edição atualizada reflete o progresso do *coaching* nos negócios globais. Começando pelo Prefácio do presidente do Barclays, John McFarlane, compartilhamos exemplos dessas transformações e da consequente melhoria de *performance*, incluindo os benefícios para o resultado final dos negócios. Ao aplicar nossa filosofia, estrutura e ferramentas, os consultores de *performance* podem demonstrar um retorno sobre o investimento (ROI) médio de 800%, a partir do impacto da mudança de comportamento na linha de base.

Como diz McFarlane, mais e mais pessoas buscam significado e propósito, em um trabalho que seja *digno delas dedicarem suas vidas*. Três das 7,5 bilhões de pessoas do mundo estão empregadas. Em nossos seminários globais, perguntamos às pessoas quanto de seu potencial elas trazem para o local de trabalho. A resposta média, 40%, demonstra uma enorme lacuna de produtividade global e um imenso reservatório inexplorado de talento.

Eu mesmo deixei uma carreira de sucesso no setor bancário: éramos o melhor banco de derivativos do mundo, dando um *show* em termos de resultados financeiros. Eu atuava no pregão, onde o trabalho era de alta energia, desafiador e divertido. Eu sentia muito orgulho de atingir as metas, como membro de uma grande equipe. No entanto, um dia acordei com um desejo de mais significado e propósito em minha vida.

A transformação que John McFarlane liderou no banco ANZ ainda é o modelo para o que é possível fazer quando se permite que as pessoas explorem o significado e o propósito do seu trabalho; estimulando o potencial de 35.000 funcionários e levando a ANZ ao topo da lista de satisfação dos clientes. As empresas podem conquistar muito mais quando investem naquilo que já possuem – o seu pessoal.

A profissão de *coach* tem uma enorme dívida de gratidão com *Sir* John Whitmore, por conta do seu extraordinário trabalho. Esta nova edição foi concluída pouco antes de sua partida, sentida por muitos. Ele teve uma vida notável e agradeço pessoalmente por ter passado para nós a tocha que ele mesmo acendeu. Sua visão, filosofia e metodologia inspiraram milhões de líderes e *coaches* a despertar o melhor em si e nos outros. Este livro, que já vendeu mais de um milhão de cópias e foi traduzido em mais de 20 idiomas, é uma parte importante de seu legado.

Esta quinta edição traz uma grande contribuição para a profissionalização contínua da atividade do *coaching*, demonstrando claramente os enormes benefícios que os líderes podem obter quando adotam um estilo de liderança baseado no *coaching*. Ao mesmo tempo, ela ajuda a fazer com que os investimentos em capital humano sejam percebidos, não como um centro de custos, mas como uma atividade lucrativa, gerando valor real para os negócios. Para aqueles que desejam ir mais longe com o *Coaching para Performance*, os programas de *e-learning*, públicos e internos estão disponíveis em *www.coachingperformance.com*.

Por fim, agradeço a todos os membros da nossa equipe incrivelmente talentosa, que lideram nosso trabalho em mais de 40 países ao redor do mundo e que contribuíram com sua *expertise* e conhecimento para atualizar esta edição – tornando-a mais alinhada com o futuro do *coaching* e dos negócios.

Tiffany Gaskell, MBA, CPCC, PCC
Diretor Global de *Coaching* e Liderança,
Performance Consultants

Introdução

A demanda por mudanças na prática dos negócios nunca foi tão grande. Hoje em dia ninguém duvida que a cultura tradicional das empresas tenha que evoluir – as empresas *pontocom* chacoalharam o *status quo* e vêm ajudando a redefinir o relacionamento entre as organizações e seus empregados. Fazendo isso, estão descobrindo jazidas de *performance* inexploradas. As mentes mais brilhantes que se formaram nas universidades costumavam lutar por oportunidades em grandes empresas, como a *Goldman Sachs*. Hoje, muitos sonham com uma chance na *Google (Alphabet)*, no *Facebook* ou similares, ou seja, em organizações que vêm fazendo as coisas de maneira diferente, prometendo uma jornada significativa e emocionante para seus funcionários. Isso representa a próxima evolução dos negócios, a reconexão dos negócios com o objetivo, a razão de ser – afinal, as empresas existem para atender a uma necessidade, certo? Esta Quinta Edição de *Coaching para Performance* define as razões pelas quais toda organização precisa adotar uma nova maneira de fazer as coisas, mostrando como o *coaching* é central para isso e como ele representa uma vitória tripla para as pessoas, o planeta e os resultados.

Quando escrevi a primeira edição, em 1992, este foi um dos primeiros livros dedicados especificamente ao *coaching* e foi o primeiro sobre *coaching* empresarial, tendo servido para definir globalmente o *coaching*. Muito mais do que isso, ele incentivou a adoção do *coaching* por organizações em todo o mundo, e é para esse público, para as pessoas que querem aplicar o *coaching* nas organizações, seja como líder ou *coach*, que este livro foi escrito. Originalmente, o objetivo deste livro era definir e estabelecer os princípios básicos do *coaching*, antes mesmo que muitas pessoas embarcassem na nova onda do *coaching*, pessoas que poderiam não ter compreendido totalmente a profundidade psicológica do *coaching*, sua amplitude potencial e onde ele se encaixa num contexto social mais amplo. Sem essa compreensão, muita gente poderia facilmente distorcer a metodologia, a aplicação, a finalidade e a reputação do *coaching*.

Coaching para Performance tornou-se o livro definitivo sobre metodologia de *coaching* para líderes, departamentos de recursos humanos e escolas de *coaching* em todo o mundo. E agora, quando já temos diversos livros excelentes dedicados a esse campo de conhecimento, de um modo geral, verificamos que todos partilhamos de um mesmo conjunto de princípios. A profissão de *coach* se expandiu e amadureceu além de todas as expectativas, e administrou seu nascimento e seus primeiros passos com dignidade e poucos percalços. Quando criamos a *Performance Consultants*, no início da década de 1980, éramos um dos únicos fornecedores de *coaching* na Europa; agora, existem mais de 1.000 empresas de *coaching* e mais de 10.000 *coaches* no continente, todos envolvidos em negócios, educação, saúde, instituições de caridade, departamentos governamentais e em uma gama imaginável de atividades. E, de fato, a *Performance Consultants* expandiu suas atividades para 40 países em todo o mundo.

Há um número cada vez maior de associações profissionais de *coaches* e é gratificante ver que, no geral, elas cooperam em vez de competir. Credenciamento robusto, qualificações, padrões e ética estão sendo acordados e monitorados de uma maneira muito responsável, graças em grande parte à Federação Internacional de *Coach* (ICF) e a outros órgãos de credenciamento de *coaches*. O *coaching* passou de uma indústria artesanal para uma profissão respeitada e já possui vários periódicos dedicados ao tema. Nossa intenção na *Performance Consultants* é continuar a defender a profissionalização desta indústria. Ao passar o manto de pioneiro do *coaching* nas organizações para os meus colegas mais jovens, reconheço que ainda há um longo caminho a percorrer, mas estou encantado com o trabalho que realizamos e com a diferença que fizemos nas organizações. Um testemunho disso é o fato de que este livro existe agora em mais de 20 idiomas, incluindo japonês, chinês, coreano, russo e a maioria dos idiomas europeus.

Um aviso importante: a prática inadequada do *coaching* traz o perigo de ser deturpada, mal-entendida e rejeitada por não ser tão nova e diferente como se imaginava, ou por não conseguir cumprir aquilo que foi prometido. Minha intenção com este livro é esclarecer essas dúvidas e eliminar as ervas daninhas da desconfiança, descrevendo e ilustrando aquilo que é realmente o *coaching*, incluindo suas raízes psicológicas, para o quê ele pode ser usado e como cria o estilo de liderança mais avançado para conduzir ações inspiradoras e que melhoram a *performance*.

O que há de novo nesta edição?

Obviamente, esta Quinta Edição é fruto de muitos anos de experiência com o *coaching* e, mais importante, da exploração de tendências evolutivas nas atitudes, crenças e comportamentos humanos, além da própria consciência. Ela reflete o avanço deste conhecimento e o amadurecimento da indústria do *coaching*.

Criando Alta *Performance*

O fato do *Coaching para Performance* focar na criação de alta *performance* pode parecer óbvio para todos. O que eu gostaria de sublinhar ao longo desta edição, porém, é que os princípios do *coaching* podem ser aplicados a qualquer tipo de atividade, causando impacto e aumentando a *performance*. O que quero dizer com *performance* é o resultado que se obtém quando se reduz a interferência e se aumenta o potencial. Ilustrei isso com exemplos práticos e também com capítulos sobre aplicações específicas, como *Coaching* para *Performance* Lean e *Coaching* para *Performance* de segurança.

Além disso, esta quinta edição apresenta a Curva de *Performance*, um modelo que mapeia a cultura de uma organização e a relaciona às condições de baixa, média ou alta *performance*. A Curva de *Performance* aprimora a compreensão de como o *coaching* cria uma cultura de alta *performance*, e com isso revoluciona a abordagem tradicional da cultura organizacional. Ela é a nova fronteira para o desenvolvimento do *coaching* e da liderança.

Atividades Práticas, Estudos de Caso e Exemplo de Diálogos

Nesta edição, procurei tornar a Prática de *Coaching* (Parte III) ainda mais prática. Ela inclui os capítulos originais sobre perguntas poderosas, escuta ativa e o modelo *GROW*, revisado e atualizado, com seções de atividades contendo exercícios de nossos programas de excelência de Treinamento para *Performance*, aplicados globalmente. Essas atividades práticas ajudarão você a desenvolver as habilidades fundamentais do *coaching* por meio da experiência, que é o estilo de aprendizado que defendemos e que é comprovadamente o mais eficaz. Afinal, você pode ser completamente versado na teoria do *coaching*, mas ainda assim não ser capaz de executá-lo na prática. Além disso, compartilho novos exemplos de diálogos no local de trabalho e novos estudos de caso para demonstrar como o *coaching* cria alta *performance*, descrevendo ainda a aplicação prática de um estilo de *coaching* na liderança do dia-a-dia. Essas amostras de conversas de *coaching* se baseiam na ampla experiência que meus colegas da *Performance Consultants* e eu tivemos ao trabalhar com organizações globais e com os milhares de participantes de nossos programas, nos muitos anos desde que o livro foi publicado pela primeira vez.

Modelo de *Feedback* GROW e Gestão de *Performance*

O capítulo sobre a força de vontade foi completamente revisado para incluir o *feedback*, um elemento essencial para a alta *performance*. Muitos dos nossos clientes procuram se concentrar em melhoria e aprendizado contínuos e se afastam das abordagens tradicionais para o gerenciamento de *performance*. Eles sentem-se gratos e aliviados quando apresentamos aos seus líderes o nosso Modelo de *feedback* GROW, que aplica uma abordagem de *coaching*, transformando completamente o *feedback* e o gerenciamento de *performance*. Mesmo que você ainda não esteja familiarizado com o modelo *GROW*, tenho certeza que ficará encantado com o Modelo de *feedback* GROW.

Medindo os Benefícios e o ROI do *COACHING*

Como a educação, a motivação e a gestão, o *coaching* precisa acompanhar o desenvolvimento psicológico e a compreensão de como as pessoas buscam o melhor de si mesmas. Por muitos anos, defendi os efeitos surpreendentes de *coaching* no local de trabalho e como o *coaching* leva à *performance* ideal. Há sempre um lapso de tempo entre o que é conhecido em alguns círculos restritos e a sua adoção plena pela comunidade em geral. A *Performance Consultants* está abrindo suas portas para compartilhar sua metodologia e exemplos sobre a avaliação e a medição do *coaching*. Também atualizei completamente o capítulo sobre os benefícios do *coaching* para compartilhar nossa maneira de medir esses benefícios e o retorno sobre o investimento (ROI), o que sabemos que é amplamente visto como o santo graal do *coaching* nas organizações.

Glossário do *Coaching*

Incluímos um glossário dos principais termos do *coaching* para que os leitores possam explorar e experimentar o universo das habilidades de *coaching*. O glossário é inspirado no conceituadíssimo Seminário *Coaching* para *Performance*, certificado pela Federação Internacional de *Coaching* (ICF) e considerado o padrão de excelência para aqueles que desejam desenvolver suas habilidades de liderança.

Bolsas de Perguntas

Ao final do livro, incluímos uma série de questionários. Este é um recurso muito útil para apoiar seu desenvolvimento enquanto você busca o seu caminho no *coaching*. Concentrar em perguntas (ao invés de respostas!) é a maneira mais rápida e imediata de aprender essas novas habilidades e reconfigurar suas redes neurais. Depois de um tempo, você vai estar com essas perguntas na ponta da língua.

Vá em frente!

Ao contrário do que defende o famoso Gerente Minuto, não há soluções rápidas nos negócios. O bom *coaching* é uma habilidade, talvez uma arte, que requer profundidade de compreensão e muita prática, se o que queremos é desenvolver seu potencial surpreendente. Neste livro, demonstramos por que o *coaching* é fundamental para se criar uma cultura de alta *performance* e também como fazê-lo. A leitura deste livro não vai transformar ninguém em um especialista, mas certamente ajudará no reconhecimento do enorme valor e do potencial do *coaching*, e talvez aponte para uma jornada de autodescoberta que pode ter um efeito profundo no sucesso de sua organização, em suas habilidades esportivas, em outras capacidades, bem como na qualidade de como você se relaciona com outras pessoas no trabalho ou em casa.

Como acontece com relação a todas as novas habilidades, atitudes, estilos ou crenças, a adoção de um *ethos* de *coaching* requer compromisso, prática e algum tempo para que isso comece a fluir naturalmente e para que a sua eficácia seja otimizada. Algumas pessoas podem ter mais facilidade que outras. Se o seu estilo de liderança já inclui o *coaching*, espero que este livro o ajude a elevar o que já faz a alturas cada vez maiores, ou a encontrar uma justificativa mais completa para aquilo que você já faz intuitivamente. Se você ainda não se utiliza desse estilo, espero que o livro o ajude a definir novas maneiras de pensar sobre liderança, *performance* e sobre as pessoas, dando algumas diretrizes de treinamento para começar sua prática. Muita gente me pergunta o que as pessoas podem fazer para manter e aumentar as suas habilidades com o trabalho de *coaching*. Minha resposta é: praticar, praticar e praticar, mas com maior consciência de si mesmo e das outras pessoas, e mantendo o compromisso com o seu desenvolvimento pessoal contínuo.

Não há um jeito certo de fazer *coaching*. Este livro serve apenas como um companheiro que vai ajudá-lo a decidir aonde você quer ir, indicando algumas rotas que seguem em direção ao seu objetivo. Você terá que explorar o território por si mesmo, já que ninguém a não ser você vai começar a mapear a infinita variedade na paisagem da interação humana presente em sua vida. A riqueza dessa paisagem pode transformar o *coaching* e a liderança em uma forma de arte única e pessoal para que você possa enriquecer, apreciar e desfrutar do seu local de trabalho.

Os indivíduos são capazes de evoluir e transformar seu trabalho e suas vidas quando decidem embarcar em uma jornada de desenvolvimento pessoal. As organizações podem evoluir e transformar o trabalho e a vida de seus funcionários se elas também decidirem embarcar em uma jornada de desenvolvimento. Na prática, o processo de *coaching* fomenta a evolução em cada estágio, já que a evolução emerge de dentro para fora e não pode ser ensinada de maneira prescritiva. *Coaching* não tem nada a ver com ensinar, mas sim criar as condições para se aprender e crescer. Vá em frente!

Uma observação para o leitor

Este livro destina-se a dois públicos específicos: os líderes e os *coaches* (ou aqueles que desejam se tornar um ou ambos). Mas o que quero dizer com isso?

Quando digo líderes, estou me referindo aos líderes e gerentes das organizações. Para eles, este livro é um manual sobre como desenvolver seu próprio estilo de liderança de alta *performance*. Os líderes geralmente não desejam se tornar *coaches* certificados, mas saber como liderar segundo um estilo de *coaching* que libere o potencial e ofereça o mais alto nível de *performance* é uma habilidade cada vez mais ensinada em todo o mundo. Na verdade, este é o caminho para uma nova geração de líderes e um tipo de liderança que tem tudo a ver com o século XXI. Minha ambição é que essas habilidades se tornem a norma, que os velhos hábitos, que não capacitam as pessoas a realizar seu potencial, sejam substituídos. À medida que mais e mais organizações adotarem um estilo de liderança baseado no *coaching*, elas se tornarão a plataforma por meio da qual as pessoas atingirão seu potencial e o relacionamento entre organizações e pessoas finalmente evoluirá, até se tornar uma simbiose.

Quando digo *coaches*, estou me referindo às pessoas que, dentro do ambiente organizacional, oferecem sessões formais de *coaching* para outras pessoas, o que é geralmente chamado de *coaching* individual ou *coaching* executivo. Nesse grupo, estão incluídos os *coaches* internos (empregados em tempo integral) e os *coaches* externos (contratados externamente pela organização). Creio que o fundamental é que este grupo de pessoas aprenda a aplicar o *coaching* no contexto da organização, pois é aí que estarão operando, e é exatamente disso que trata o *Coaching para Performance*. Isso também tem a ver com um esforço de se combinar a magia do *coaching* com os elementos básicos dos negócios, criando uma experiência extremamente poderosa – tanto do ponto de vista da organização quanto do *coachee*.

Ao longo deste livro, usaremos o termo *coach* para descrever tanto o líder quanto o *coach*, porque as organizações e líderes com quem trabalhamos frequentemente desenvolvem o termo *líder-coach* para demonstrar que estão praticando um tipo completamente diferente de liderança ou gerenciamento, que eleva as habilidades a um nível totalmente novo. Escrevi o Capítulo 15 especificamente para *coaches* internos e externos, com o intuito de explicar como reunir todas as habilidades necessárias para se conduzir uma sessão formal de *coaching*. De todo modo, onde houver habilidades específicas aplicáveis apenas aos líderes ou *coaches*, elas serão indicadas no texto. Para simplificar, usei o termo *coachee* com relação à pessoa que está recebendo o *coaching*, seja um colega membro da equipe, o líder ou um *coachee* em uma sessão formal de *coaching*.

O *coaching* ensinado neste livro é de altíssima qualidade – os padrões e a excelência são fundamentais. Os diálogos do local de trabalho reproduzem o mesmo nível de *coaching* exigido por qualquer *coach* certificado pela *ICF*. Para os líderes acostumados a qualquer outro estilo diferente, surgem sempre perguntas do tipo *Quando devo dizer isso?*. Convido você a brincar com as ferramentas descritas neste livro, construindo sua competência com elas. Depois disso, você encontrará sua própria abordagem de liderança autêntica. Os líderes com os quais trabalhamos acham bastante útil informar aos colegas que estão desenvolvendo suas habilidades de liderança e experimentando coisas novas, para que tenham compreensão e suporte em relação às mudanças de comportamentos que serão vivenciados.

Se você é um líder ou *coach* e deseja introduzir o *coaching* em organizações, este livro é para você!

PARTE I

O *Coaching* é Maior que o *Coaching*

1   O que é *coaching*?

Coaching tem a ver com as possibilidades futuras, e não com os erros do passado

Apesar da existência da Federação Internacional de *Coaching* (*ICF*) com membros em 138 países, se você procurar por *coach* ou *coaching* no *site* do *Oxford Dictionaries*, não encontrará nada sobre o que todas essas pessoas estão fazendo. Lá, você encontra duas definições do termo. A primeira menciona um ônibus usado para viagens mais longas, um vagão de trem ou uma carruagem. A segunda inclui os campos da instrução ou treinamento esportivo, das aulas particulares e do ensino extraclasse. Talvez você se surpreenda ao saber que a primeira definição é muito mais relevante para o nosso caso. *Coaching* tem tudo a ver com viagens, e nada a ver com instrução ou ensino. Ele é muito mais uma atividade que se relaciona com o modo COMO as coisas são feitas do que sobre o QUÊ é feito. O *coaching* entrega resultados em grande parte devido ao poderoso relacionamento de trabalho criado entre os participantes e aos meios e estilos de comunicação utilizados. O *coachee* até aprende e desenvolve novas habilidades e comportamentos, mas nada é ensinado, e sim descoberto internamente, estimulado pelo processo do *coaching*. É claro que o objetivo de melhorar a *performance* ainda é primordial, e este livro revela a melhor forma de se alcançar e sustentar essa *performance*.

O Jogo Interior

Voltando no tempo até o nascimento do *coaching* moderno, Timothy Gallwey talvez tenha sido o primeiro a demonstrar um método simples mas abrangente de *coaching*, há mais de quatro décadas. Estudioso de Harvard e especialista em tênis, ele se lançou ao desafio em 1974, com um livro chamado *O Jogo Interior do Tênis*, rapidamente seguido por *Inner Skiing* e O Jogo Interior do Golfe.

A palavra *interior* se refere ao estado interno do jogador ou, usando as palavras de Gallwey, ela indica que "o oponente dentro da própria cabeça é mais formidável do que o que está do outro lado da rede". Qualquer um que já tenha tido um dia ruim na quadra ou em campo, daqueles em que você não consegue acertar nada, sabe muito bem do que ele está falando. Gallwey prossegue afirmando que se um treinador for capaz de ajudar um jogador a remover ou reduzir os obstáculos internos à sua *performance*, uma habilidade natural inesperada de aprender e realizar despertará, sem a necessidade de muita orientação técnica ou estratégica.

A Equação do Jogo Interior

Para ilustrar esse conceito, Gallwey criou uma equação bastante simples para o Jogo Interior e que, com o benefício da retrospectiva, podemos ver que ela resume de forma muito eficaz o objetivo do *coaching* moderno:

$$Performance = potencial - interferência$$
$$P = p - i$$

Tanto o Jogo Interior quanto o *coaching* se concentram em melhorar a *Performance* (P), aumentando o potencial (p) e diminuindo a interferência (i).

E *os obstáculos internos costumam ser bem mais assustadores do que os externos.*

Na época em que os livros de Gallwey foram lançados, poucos treinadores, instrutores ou esportistas profissionais deram crédito às suas ideias, que dirá adotá-las. Ainda que os jogadores tenham devorado o livro, colocando-o em inúmeras listas de *Mais Vendidos*. O mercado dos profissionais da área estava correndo risco. Todos achavam que Gallwey estava tentando subverter a prática esportiva e que estava atingindo o seu ego, a sua autoridade e os princípios nos quais eles tinham investido tanto. De certa forma, até era verdade, mas o medo os fazia exagerar suas fantasias sobre as reais intenções do autor. Ele não queria ameaçar o emprego de ninguém, apenas defendia que eles poderiam ser mais eficazes se mudassem a sua abordagem.

A essência do *coaching*

O que fica como lição dessa história é que Gallwey acabou definindo a essência do *coaching*. De fato, a minha definição de *coaching* reforça a ligação com o Jogo Interior e tudo o que ele representa: o *Coaching* libera o potencial das pessoas para maximizar sua própria *performance*. E ajuda as pessoas a aprenderem sozinhas, ao invés de ter alguém que as ensine. Afinal, como foi que você aprendeu a andar? Sua mãe ou seu pai foi quem ensinou? Então, todos temos uma capacidade inata para o aprendizado, que acaba sendo atrapalhada pela instrução formal.

Essa ideia não é nova: Sócrates expressou o mesmo conceito cerca de dois mil anos antes, mas infelizmente a sua filosofia acabou se perdendo sob o peso do reducionismo materialista dos últimos dois séculos. Entretanto, o pêndulo oscilou e o *coaching* (e quem sabe até Sócrates!) voltaram com tudo e chegaram para ficar, por mais um século pelo menos! Os livros de Gallwey coincidiram com o momento em que surgia um modelo psicológico da humanidade, muito mais otimista do que aquela velha visão comportamentalista de que seríamos pouco mais do que vasos vazios, nos quais se derrama todo o resto. Esse novo modelo sugeria que somos mais parecidos com as bolotas, aqueles delicados frutos que carregam dentro de si todo o potencial dos frondosos carvalhos. Nós também necessitamos de apoio, encorajamento e luz para alcançarmos nossa plenitude, mas o carvalho em potencial já existe dentro de nós.

Se aceitarmos a validade desse modelo – e hoje em dia poucas pessoas o contestam – a maneira como aprendemos e, mais importante, a maneira como ensinamos e instruímos, deve ser questionada. Infelizmente, hábitos são difíceis de mudar e os métodos antigos persistem, embora a maioria de nós conheça suas limitações. Pode ser mais difícil desistir de instruir do que aprender a conduzir.

Voltando à metáfora do carvalho, vamos explorar um pouco mais essa ideia. Sabe-se que as mudas de carvalho, quando crescem em estado selvagem, desenvolvem rapidamente uma raiz principal única e bem fina para buscar a água. Ela pode se estender até o tamanho de um metro, muito embora a muda tenha apenas 30 cm de altura. Quando cultivada comercialmente, a raiz principal tende a se enrolar no fundo do vaso e acaba quebrando quando o broto é transplantado, retardando severamente o seu desenvolvimento, enquanto a planta produz uma raiz substituta. Ninguém costuma gastar o tempo necessário para se preservar a raiz principal, e a maioria dos produtores nem sequer sabe da sua existência ou função.

Ao transplantar uma muda de carvalho, o jardineiro sábio desenrola a raiz principal, amarrando um peso à sua ponta e enfiando-a cuidadosamente em um buraco vertical e comprido, cavado profundamente na terra com uma barra de metal. A pequena quantidade de tempo investida nesse processo, ainda bem no início da vida da árvore, garante a sua sobrevivência e permite que ela se desenvolva muito mais rapidamente, tornando-se muito mais forte do que seus irmãos cultivados comercialmente. Os bons líderes empresariais usam o *coaching* para imitar os sábios jardineiros.

No passado, o sucesso universal dos novos métodos de *coaching* era algo difícil de demonstrar, já que poucas pessoas haviam entendido e usado plenamente essa técnica. Hoje já está mudando, e espero que os modelos que incluímos neste livro apoiem isso ainda mais. No entanto, muitos *coaches* não estão dispostos a abandonar as maneiras antigas e insuficientemente comprovadas para colher os frutos maduros das novas técnicas. Mais recentemente, tanto pela necessidade quanto pelo progresso, o engajamento dos funcionários vem sendo comprovadamente relacionado à *performance*, e assim todos os comportamentos que sustentam o engajamento – e que são todos comportamentos de *coaching*, como colaboração, definição significativa de metas, delegação e responsabilidade – foram incorporados pelo jargão e, mais importante, também pelo comportamento nos negócios .

Mentoring

Já que estamos definindo *coaching*, é preciso mencionar o *mentoring*, outra palavra que se tornou bastante comum no jargão dos negócios. Este termo se origina da mitologia grega, na qual se conta que Ulisses, ao partir para Tróia, confiou sua casa e a educação de seu filho Telêmaco a seu amigo Mentor. "Diga a ele tudo o que sabe", disse Ulisses, e assim, inadvertidamente, estabeleceu alguns limites para o *mentoring*.

Algumas pessoas usam o termo *mentoring* de forma intercambiável com o *coaching*. No entanto, o *mentoring* é muito diferente, já que o *coaching* não depende de uma pessoa mais experiente que simplesmente repassa o seu conhecimento – na verdade, isso até prejudica a construção da autoconfiança que cria a *performance* sustentada, como descobriremos mais à frente. Em vez disso, o *coaching* exige apenas a experiência em *coaching* e não no assunto em questão. Essa é uma de suas maiores forças. Uma das coisas com as quais os líderes *coaches* precisam lidar – mas que é base para tudo – é aprender quando devem ou não compartilhar seus conhecimentos e experiências.

Mike Sprecklen foi treinador e mentor da famosa dupla de remadores ingleses Andy Holmes e Steve Redgrave. "Certo dia, eu simplesmente empaquei, pois já tinha ensinado a eles tudo o que eu sabia em termos de técnica", disse Sprecklen na conclusão de um *workshop* de *Coaching* para *Performance*, há muitos anos. "Mas isso abriu a possibilidade de irmos mais longe, pois eles puderam sentir – e até ver – coisas que eu jamais poderia". E assim, ele descobriu um novo caminho a seguir, trabalhando a partir das experiências e percepções deles, e não das suas. O bom *coaching* de liderança e um bom *mentoring*, na verdade podem e devem levar um *coachee* além das limitações do conhecimento do *coach*, líder ou mentor.

Negócio Interior

Muitos anos atrás, me aproximei de Tim Gallwey, fui orientado por ele e trouxe o Jogo Interior para a Inglaterra. Logo, formamos uma pequena equipe de treinadores do Jogo Interior. No início, todos foram treinados por Gallwey, mas depois treinamos a nossa própria equipe. Fizemos cursos de Tênis Interior e colônias de férias de Esqui Interior, e muitos golfistas melhoraram seu jogo com o Golfe Interior. Não demorou muito para que nossos clientes que não eram atletas começassem a nos perguntar se poderíamos aplicar os mesmos métodos aos problemas que enfrentavam em suas empresas. A IBM foi a primeira. Nas pistas de esqui dos Alpes, os líderes descobriram uma forma revolucionária de aprender a esquiar usando o Jogo Interior e queriam que os ajudássemos a levar essa abordagem para o trabalho. A lição mais importante aqui é que os métodos simples podem ser facilmente aplicados a quase todas as situações. Hoje isso já faz parte da História, mas nós fomos os pioneiros nessa nova abordagem nos negócios, que chamamos de *coaching de performance*. Todos os principais expoentes do *coaching* de negócios hoje seguem essa escola e foram profundamente influenciados pelo estilo Gallwey de *coaching*.

Desde 1982, a *Performance Consultants* construiu e elaborou os primeiros métodos, adaptando-os às questões e condições práticas do ambiente de negócios. De fato, nossa equipe estabeleceu diversas parcerias com os clientes para aplicar o *coaching* a assuntos tão diversos quanto o engajamento de funcionários, a metodologia Lean e a segurança. Somos especializados no ensino de líderes para treinar e transformar organizações e também no fornecimento de *coaching* especializado para executivos e equipes de negócios. Embora os *coaches* tenham que competir uns com os outros no mercado, eles tendem a ser amigos e não é raro que trabalhem juntos. Isso por si só já demonstra o caráter positivo do método, pois foi Gallwey quem sugeriu que o seu oponente no tênis é na verdade seu amigo, se ele o fizer se esticar e correr. Os adversários não são amigos quando simplesmente rebatem a bola na sua direção, pois isso não ajuda a melhorar seu jogo. E afinal, não é isso que estamos tentando fazer, nos mais diferentes campos?

Embora Gallwey, meus colegas mais experientes da Performance Consultants e muitos outros que agora praticam *coaching* na área de negócios tenham começado no esporte, o *coaching* esportivo em si mudou muito pouco em termos gerais. E acabou ficou para trás em comparação com a metodologia do *coaching*, que hoje em dia é virtualmente onipresente nos negócios. Isso porque, quando introduzimos o *coaching* nos negócios há quatro décadas, esse era um termo desconhecido nesse contexto, e não trazia consigo a bagagem de uma longa tradição de práticas anteriores. Com isso, fomos capazes de introduzir novos conceitos sem ter que lutar contra velhos preconceitos ou contra os defensores dos métodos mais antigos.

Isso não quer dizer que não tenhamos encontrado resistência ao *coaching* no meio dos negócios; às vezes ainda hoje a encontramos, geralmente vinda de pessoas que continuam estranhamente isoladas ou cegas à mudança. O *coaching* como prática de negócios veio para ficar, muito embora a própria palavra possa desaparecer à medida que seus valores, crenças, atitudes e comportamentos associados se tornem a norma para todos, como explico neste livro. Minha esperança é que esta quinta edição estabeleça as bases para que isso ocorra.

Mentalidade e Maslow

Gallwey na verdade construiu sua obra sobre o trabalho de muitos outros. Na década de 1940, o psicólogo americano Abraham Maslow já tinha rompido com a tradição de investigar as patologias na busca de compreender a natureza humana. Ele preferia estudar pessoas maduras, completas, bem-sucedidas e realizadas, e concluiu que todos poderiam ser assim. De fato, ele afirmou que esse era o verdadeiro estado natural humano. Tudo o que precisamos fazer, em sua opinião, é superar nossos bloqueios internos em direção ao desenvolvimento e à maturidade. Maslow, juntamente com Carl Rogers e outros, foi o pai dessa onda mais otimista do pensamento psicológico, que ainda hoje está em pleno processo de tomar o lugar do comportamentalismo do tipo *recompensa e punição* como a melhor forma de se liderar e motivar as pessoas. A psicologia positiva é essencial se quisermos adotar completamente o *coaching* como o estilo de liderança do futuro.

Maslow é mais conhecido nos círculos de negócios por conta de sua hierarquia de necessidades. Este modelo sugere que a nossa necessidade mais básica e fundamental é a busca por comida e água, e que não nos preocuparemos em obter nada além disso (exceto talvez um celular!) até que essas necessidades fisiológicas sejam atendidas. Uma vez que tenhamos garantido o suprimento de comida e água, começamos a nos preocupar com itens como abrigo, roupas e segurança. E uma vez que atendemos pelo menos em parte a essas necessidades físicas, começamos a nos concentrar em nossas necessidades sociais, incluindo a necessidade de pertencer a uma coletividade. Essas necessidades são atendidas parcialmente por nossa família, mas também as encontramos em grupos, clubes e equipes.

FIGURA 1: Hierarquia das necessidades de Maslow

Em seguida, procuramos satisfazer nosso desejo de respeito e admiração – a necessidade de estima dos outros – pela exibição e pela competição por poder, vitória ou reconhecimento. Essas necessidades emocionais acabam sendo substituídas por uma sutil mudança para a necessidade de autoestima ou, como prefiro chamá-la, autoconfiança (o alicerce do *coaching* e pré-requisito para a alta *performance*). Aqui, começamos a nos cobrar em termos de padrões mais elevados e olhamos para os próprios critérios pelos quais nos medimos, em vez de como os outros nos veem. Em termos de mentalidade, vamos nos tornando **independentes**.

O estado mais elevado de Maslow era o da pessoa autorrealizada, que surge quando ambas as necessidades de estima (respeito dos outros e crença em si mesmo) estão satisfeitas e os indivíduos não são mais movidos pela necessidade de provar sua capacidade, seja para si ou para as outras pessoas. Essas duas últimas necessidades são pessoais e estão livres de qualquer dependência externa. Maslow chamou o estágio final de autorrealização, em vez de autorrealizado, porque ele via isso não como um estado, mas como um processo, uma jornada interminável. A principal necessidade associada aos autorealizadores é a necessidade de significado e propósito em suas vidas. Eles desejam que seu trabalho, suas atividades e sua existência tenham valor, para que possam dar sua contribuição para a comunidade. Eles são os **interdependentes**. No próximo capítulo, discutiremos este salto de *performance* vital da independência para a interdependência.

MOTIVAÇÃO NO TRABALHO

As pessoas procuram se envolver em atividades que as ajudem a satisfazer suas necessidades. É provável que todos estejamos apenas parcialmente conscientes desse processo. O mundo do trabalho se desenvolveu naturalmente de modo a apoiar o atendimento dessas necessidades, mas agora é preciso evoluir para o próximo nível. No nível mais elementar, o trabalho atende às necessidades básicas das pessoas, dando a elas uma renda com a qual possam alimentar, vestir e abrigar suas famílias. Para além, o trabalho oferece promoções, prestígio, aumentos de salário e até um carro da empresa para atrair a estima dos outros. O motivador mais usado no trabalho, a recompensa nas mais variadas moedas, atende até certo ponto as necessidades de sobrevivência, pertencimento e até mesmo a mais baixa das duas necessidades de estima. O que é bastante impressionante até agora.

No entanto, hoje em dia a sociedade está buscando coletivamente a satisfação das necessidades mais altas na hierarquia, o que inclui significado e propósito. E as empresas começam a refletir essa mudança.

AUTOCONFIANÇA

Enquanto Maslow usou o termo coletivo *necessidades de estima* e fez uma importante distinção entre estima dos outros e autoestima, eu prefiro usar os termos *status* e *reconhecimento* para a primeira e *autoconfiança* para a segunda.

A autoconfiança não é criada pelo prestígio ou privilégio, que são mais simbólicos do que substanciais. Ela é construída quando alguém é considerado digno de fazer escolhas. Promoção sem fortalecimento genuíno ou a oportunidade de expressar seu potencial é contraproducente. E se dizer a alguém como alguma coisa deve ser feita nega totalmente a escolha, esvazia o potencial e desmotiva, o *coaching* faz exatamente o oposto.

AS NOVAS GERAÇÕES BUSCAM SIGNIFICADO E OBJETIVO

Alguns trabalhadores, especialmente os mais jovens, vêm demonstrando sinais de que buscam cada vez mais o atendimento das suas necessidades de autorrealização. Eles desejam que seu trabalho seja valioso e que tenha significado e propósito, e as organizações tradicionais estão saindo no prejuízo. Elas precisam entender que encher simplesmente os bolsos dos acionistas de dinheiro não é mais visto como algo significativo. As empresas precisam considerar com mais cuidado a sua ética e os seus valores, além das necessidades de todas as partes interessadas, incluindo em primeiro lugar os funcionários, mas também os clientes, a comunidade e o meio ambiente.

Essas são questões que os líderes e funcionários nos *workshops* que realizamos vêm levantando cada vez mais. As empresas buscam uma mudança de estilo de liderança e os funcionários por sua vez exigem isso. Se esses jovens, em termos de Maslow, funcionários mais maduros, não devem ser decepcionados, as mudanças precisam começar imediatamente. Esta questão, ao lado dos benefícios para a *performance* e, em última instância, para a linha de base tripla de pessoas, lucro e o planeta, é algo tão importante que nesta edição reorganizei o livro para abordá-la de forma mais completa.

A ESCOLHA DO COMPORTAMENTO DE LIDERANÇA

Embora as novas gerações venham exigindo cada vez mais essa mudança no estilo de liderança, os líderes ainda não sabem como fazê-la. Nossa experiência mostra que o desenvolvimento de funcionários é a prioridade mais baixa dentre os quatro critérios que nos levam a adaptar nosso comportamento de liderança. No topo da lista vem a pressão do tempo, depois o medo, e em seguida vem a qualidade do trabalho ou do produto, deixando o desenvolvimento dos funcionários em um inexpressivo quarto lugar. A falta de tempo e o excesso de medo nos levam ao estilo *comando e controle*, enquanto a qualidade do trabalho e a necessidade de desenvolvimento exigem o *coaching*.

Não é de surpreender, portanto, que o *coaching* seja às vezes marginalizado pela visão de curto prazo e pela urgência da necessidade de proporcionar retorno aos acionistas. No entanto, o alarme da mudança das expectativas dos funcionários mais jovens foi disparado. Em entrevistas de emprego, eles se interessam em saber quais oportunidades de *coaching* e desenvolvimento e que estilo de liderança podem esperar. Eles não procuram – e nem querem – um emprego vitalício, e mais, certamente deixarão o emprego se suas necessidades não forem atendidas. Essas necessidades são por coisas que apoiem a sua autoconfiança, como um estilo de liderança de *coaching*.

O estilo de liderança precisa evoluir

A maioria dos líderes empresariais de hoje alcançou o *status* e o nível de reconhecimento de Maslow – e é aí que podem causar mais danos. São geralmente arrogantes, assertivos, dominadores e autocentrados. E farão qualquer coisa para conseguir maiores salários; eles não precisam e nem merecem, mas essa é uma forma de medir e afirmar seu *status*.

No entanto, se um líder empresarial escapa dessa armadilha e progride para o próximo nível, a necessidade de autoconfiança, o cenário da liderança melhora sensivelmente. Líderes que aspiram chegar, ou que já estão nesse estágio, realmente tentam fazer a coisa certa, em vez de tentar parecer que estão tentando fazer a coisa certa ou da maneira certa. Somente o ser autêntico é capaz de trazer aquele fator de felicidade que acompanha a autoconfiança. Isso tudo tem a ver, é claro, com o surgimento de valores altruístas mais amplos – como liderar para os outros e não para si mesmo.

A liderança exercida por pessoas que estão abaixo disso na escala carrega um elemento egoísta, independente das outras habilidades que possam exibir. Essa liderança só é útil para aqueles que são liderados quando esses funcionários têm as mesmas aspirações. E embora os líderes no nível da autoconfiança estejam bem motivados, eles podem procurar mais destaque e reconhecimento do que um líder que alcançou o próximo nível – a autorrealização. Isso às vezes é chamado de nível de serviço. O serviço é frequentemente visto como a resposta para a busca de significado e propósito, algo que as pessoas costumavam encontrar na religião, mas que agora buscam em outro lugar, inclusive no trabalho. O serviço aos outros se manifesta em um largo espectro de formas, é muito gratificante e é a maneira universal de se atender a essa necessidade. Um dos líderes de uma indústria multinacional que participou de um programa interno que dirigimos para líderes globais disse: "Percebi que meu trabalho é desenvolver pessoas todos os dias e eu adoro isso!". Aprender um estilo de *coaching* permitiu que ele explorasse o potencial do seu pessoal.

Perto do fim de sua vida, Maslow acrescentou o nível de autorrealização ao seu modelo. No entanto, como eu disse, o desenvolvimento é uma jornada, não um destino. Alguns comentaristas recentes também definem a autorrealização em termos mais modestos e elogiam os líderes de negócios, sugerindo que eles, e de fato muitos outros, já estão nesse nível. Eu não compartilho dessa opinião. Na minha visão, para merecer o título de líder, uma pessoa deve ter evoluído para além do nível de *status* e reconhecimento e para além do interesse próprio. Aqueles que desejam ser líderes devem aprimorar suas habilidades de liderança em níveis mais baixos enquanto progridem na carreira, mas seu poder de exercer controle sobre os outros deve ser limitado até que evoluam mais na empresa.

A boa notícia é que a mudança já está no ar, a evolução avança apesar da resistência esperada, as preocupações ambientais estão se integrando à estratégia de negócios em vez de serem um mero um exercício de aparências, e isso é impulsionado pela demanda dos consumidores e do público por transparência, que está se tornando uma forma muito mais eficaz no policiamento dos desmandos empresariais, muitas vezes por meio da *internet*. A evolução é fundamental se quisermos enfrentar os desafios do século XXI. E o *coaching* é o mecanismo dessa transformação.

A necessidade para a qual um grande segmento da sociedade moderna está começando a se mover é de autoconfiança e independência, com poucas pessoas ansiando por autorrealização e interdependência. Empresas tradicionais e métodos de gestão de comando e controle que criam dependência são incapazes de atender a essa necessidade, e é isso que tem que mudar. Na verdade, acredito que os líderes não o fazem principalmente porque não sabem como. A única maneira que eles aprenderam foi alguém lhes dizendo o que fazer. A teoria da aprendizagem de adultos nos diz que os adultos aprendem de maneira completamente diferente das crianças. A autoconfiança é fundamental para isso. O *coaching* é a educação de adultos na prática e é tanto aquilo que os líderes precisam quanto é a direção na qual o estilo de liderança precisa seguir.

Em essência, *coaching* é parceria, colaboração e crença no potencial. Na Parte II, vamos examinar mais de perto os princípios do *coaching* e explicar a premissa central de que o *coaching* e a alta *performance* emergem de **consciência** e da **responsabilidade**. Para conseguir isso, é necessário desenvolver as habilidades básicas do *coaching* de **perguntas poderosas e de escuta ativa**, além de um modelo que oriente o nosso *coaching* – o modelo **GROW** – tudo o que será explicado na Parte III. Mas primeiro vamos voltar nossa atenção para os atributos de uma cultura de alta *performance*.

2 Criando Culturas de Alta *Performance*

Habilitar uma cultura de coaching gera alta performance

Quais são as implicações para as organizações cujos líderes adotam um estilo de liderança de *coaching* ou que trabalham com o *coaching* individual? Esses líderes, indiscutivelmente, criarão as condições para uma cultura de alta *performance*. A jornada evolutiva de nossa espécie atingiu o estágio em que as hierarquias do passado estão sendo substituídas por uma nova forma de liderança descentralizada e responsabilidade coletiva. Será que o mercado de *coaching* cresceu tão rapidamente porque atende a essa necessidade mais ampla de autorresponsabilidade que, afinal de contas, é seu principal produto? Será que a profissão de *coaching* poderia ter emergido como uma espécie de parteira de uma nova era, ou essa é uma ideia grandiosa demais? Será que as únicas coisas que nos limitam são o tamanho de nossa visão e as nossas próprias crenças autolimitadoras?

O *Coaching* é maior que o *coaching*

A pesquisa *Conference Board CEO Challenge®* 2016 mostra que as principais preocupações dos CEOs globais se concentram em atrair e reter os melhores talentos e desenvolver a próxima geração de líderes. Isso é um bom presságio para as mudanças, e o capital humano hoje em dia é amplamente valorizado como um dos mais importantes fatores para a *performance* e o crescimento sustentável de uma empresa. No contexto mais amplo, a riqueza e a influência corporativa são tão grandes que as organizações já são mais poderosas que os governos quando se trata das grandes questões sociais e ambientais do nosso tempo. Manny Amadi, CEO da C & E Advisory, destaca essa questão quando diz: "Hoje em dia, o peso dos fundamentos econômicos é de tal ordem que o governo sozinho não pode mais cumprir com suas obrigações sociais. Por outro lado, o poder e a influência das empresas na economia são enormes". A lógica indica que os líderes empresariais têm um papel extraordinário a desempenhar no planeta – e em minha opinião, isso é um convite para que se esforcem para avançar ao longo do mapa evolutivo, mudando do papel de adolescentes egoístas para o de adultos respeitados. É também um convite para desempenhar um papel positivo e verdadeiramente crítico na vida das pessoas que tocam e em sua relação com o próprio planeta. Um convite para liderar o avanço em direção à mudança transformacional.

DO QUE E A QUÊ?

Precisamos ter a capacidade de adotar uma abordagem sistêmica, que seja produto do desenvolvimento pessoal, de passar do antigo paradigma do medo para o da confiança e do reconhecimento de que a humanidade está evoluindo, social e espiritualmente. O *coaching* é o facilitador, e uma cultura de *coaching* cria as condições para a alta *performance*, o que explicarei quando apresentar a Curva da *Performance*, mais adiante. A cultura dos negócios tem que mudar – mas de que e para quê?

Qualquer nova cultura terá que oferecer níveis mais altos de *performance*, mas também será mais socialmente responsável do que nunca. Nenhuma corporação vai assumir os riscos e sofrer os transtornos envolvidos em grandes mudanças apenas por causa disso, ou simplesmente para ser mais gentil com os funcionários; embora talvez devesse. Apesar do fato de que a mudança de cultura é e deve ser impulsionada pela *performance*, a definição de *performance* hoje em dia é muito mais ampla. Concorrência e crescimento estão ambos perdendo valor; estabilidade, sustentabilidade e colaboração estão ganhando força. As empresas e os indivíduos que não evoluem do que era aceitável no passado para o que será aceitável no futuro não sobreviverão em nossos mercados sobrecarregados, fraturados e instáveis. À medida que as oportunidades de promoção, os aumentos e os salários estão encolhendo na maioria dos setores, como então uma empresa poderia manter, gerenciar e motivar seus funcionários?

Expressões como *nosso pessoal é o nosso maior recurso, precisamos capacitar todos os funcionários, liberar o potencial latente, downsizing e delegação de responsabilidade* e *tirar o melhor proveito do nosso pessoal* tornaram-se clichês. Seu verdadeiro significado permanece tão válido hoje quanto era quando foram cunhadas, mas com demasiada frequência são apenas palavras vazias. Elas falam muito mais do que fazem. Já o *Coaching* para *Performance* é exatamente o que diz – um meio de se obter uma ótima *performance* – mas que exige mudanças fundamentais de atitude, comportamento de liderança e estrutura organizacional.

Naturalmente, também há razões pragmáticas para essa mudança, como a crescente concorrência global, que força o ritmo em direção a organizações e equipes mais enxutas, mais eficientes, ágeis e responsivas. O ritmo da inovação tecnológica frequentemente resulta em líderes descobrindo que não têm tempo para aprender as habilidades dominadas pelas equipes que lideram. A globalização, as mudanças demográficas, a maior integração ou desintegração da Europa, a imigração e os múltiplos efeitos da Internet e da comunicação instantânea obrigam as empresas a mudar seus processos.

No entanto, em minha opinião, o maior desafio para os negócios vem da demanda por responsabilidade legal e social que segue o consenso dos especialistas de que a mudança climática é real e produzida pelo homem. É imperativo que encontremos formas de sucesso das empresas que estejam em harmonia com o planeta. A conduta e o sucesso das organizações estão inextricavelmente ligados a fatores globais, sociais e psicológicos, ambientais e econômicos, numa extensão maior do que nunca. Além disso, as demandas comerciais e financeiras feitas pelas empresas e seu poder global significam que elas também influenciam profundamente as culturas vizinhas, e essas culturas estão exercendo cada vez mais seu poder de consumo e reagindo.

UM NOVO ESTILO

A maioria das organizações com as quais trabalhamos nos procura porque estão buscando melhorar a *performance* e embarcaram em um processo de mudança fundamental – ou pelo menos gostariam de fazê-lo. Elas reconhecem que para conseguir uma melhoria real da *performance*, seus líderes devem adotar um estilo de *coaching*. Essas empresas já identificaram que o *coaching* é o estilo de liderança de uma cultura transformada e que à medida que o estilo muda de direcionamento para o *coaching*, a cultura da organização começa a mudar. A hierarquia dá lugar à parceria e colaboração, a culpa dá lugar a avaliação e aprendizado honestos, motivadores externos são substituídos pela automotivação, barreiras protetoras caem à medida que as equipes constroem, a mudança não é mais temida, mas bem-vinda, satisfazer o cliente se transmuta em algo agradável. O sigilo e a censura são substituídos pela abertura e honestidade, a pressão do trabalho torna-se um trabalho desafiador e as reações de curto prazo de combate a incêndios dão lugar a um pensamento estratégico de longo prazo. A Tabela 1 lista algumas das características da cultura emergente de alta *performance*, mas cada empresa terá sua própria combinação e prioridades exclusivas.

TABELA 1: Atributos de uma cultura de alta *performance*

Cultura antiga	Nova cultura
Crescimento	Sustentabilidade
Regras impostas	Valores internos
Medo	Confiar em
Quantidade	Qualidade
Excesso	Suficiência
Ensino	Aprendendo
Independência	Interdependência
Sucesso	Serviço
Controle da natureza	Sistemas naturais
Degradação	Recriação

ENVOLVIMENTO

Há outro fator na equação da *performance*, talvez mais sutil mas tão difundido que algumas pessoas acham difícil nomeá-lo – e por enquanto vem sendo chamado de *populismo*. Há uma consciência crescente que está levando as pessoas a exigirem mais envolvimento nas decisões que os afetam, no trabalho, nos esportes, nos níveis local, nacional e até global. Decisões tomadas por autoridades tradicionais, governos e outras instituições que nunca foram contrariadas estão sendo questionadas e, às vezes, cobradas publicamente pela mídia, grupos de pressão e por indivíduos interessados. Não foi exatamente isso o que aconteceu na antiga União Soviética e no bloco oriental, levando ao colapso do comunismo de 1989 a 1991? A onda revolucionária da Primavera Árabe (ou Primavera da Democracia) que começou na Tunísia em 2010, foi alimentada por pessoas que queriam derrubar os regimes. Na sociedade de hoje, é mais fácil ser ouvido do que jamais foi, e rachaduras estão aparecendo na respeitabilidade duvidosa das antigas cidadelas inexpugnáveis. Aqueles que têm algo a esconder podem se agachar e rosnar, mas a maioria das pessoas que pensam acolhem esse tipo de mudança, mesmo que isso gere alguns sentimentos de insegurança. É claro que a demanda por ser ouvido pode levar a algumas consequências inesperadas, como em 2016, quando um grande número de pessoas manipuladas votou de um lado do Atlântico pela saída do Reino Unido da União Europeia (o chamado *Brexit*) e do outro pela eleição de Donald Trump como presidente dos Estados Unidos.

PONDO FIM À CULTURA DE CULPA

As empresas geralmente falam em se livrar da *cultura da culpa* – mas com a mesma frequência não tomam nenhuma atitude em relação a isso. A culpa é endêmica nos negócios e também a qualquer filosofia autoritária e, vamos combinar, é uma tendência natural humana. Mas a culpa tem a ver com a história, o medo e o passado. Precisamos nos concentrar nas aspirações, na esperança e no futuro. Não só o medo da culpa inibe até mesmo a tomada de decisão mais calculada, mas também bloqueia o reconhecimento honesto, a identificação e a conscientização sobre as ineficiências de um sistema. A culpa evoca a defesa – e reduz a consciência. Ajustes apropriados não podem ser implementados sem um *feedback* preciso. A mudança fundamental da cultura não acontecerá se a culpa vier junto. Mas a maioria das empresas e a maioria das pessoas têm grande dificuldade em deixar a culpa para trás.

REDUÇÃO DO ESTRESSE

Há mais uma boa razão para se aumentar a autorresponsabilidade no trabalho. Diz-se que o estresse relacionado ao trabalho está atingindo níveis epidêmicos. De acordo com um relatório conjunto da Fundação Europeia para a Melhoria das Condições de Vida e de Trabalho e da Agência Europeia para a Segurança e Saúde no Trabalho, os trabalhadores em países com mais autonomia de emprego sofrem menos estresse do que aqueles com empregos igualmente exigentes, mas com menor autonomia. Isso por si já sugere uma necessidade urgente de mudança em direção a práticas de trabalho que estimulem a responsabilidade pessoal. Mas qual é a razão dessa correlação entre estresse e falta de controle pessoal? A autoestima é a força vital da personalidade, e quando isso é suprimido ou diminuído, a mesma coisa acontece com a pessoa. O estresse resulta de longos períodos de repressão. Oferecer a alguém escolha e controle sempre que possível no local de trabalho reconhece e valida sua capacidade e sua autoestima. Um estilo de liderança que não faz isso aumenta o estresse: não é à toa que a *falta de treinamento* e a *baixa autoestima* estavam entre as principais fontes de estresse no trabalho, identificadas pela União Canadense de Funcionários Públicos, por exemplo.

RESPONSABILIDADE PESSOAL É FUNDAMENTAL PARA A SOBREVIVÊNCIA

Para muitas pessoas, o medo da mudança, qualquer mudança, é grande demais. Isso não chega a surpreender quando se considera que há muito pouco que podemos fazer para preparar nossos filhos para o mundo em que eles vão viver. Certamente não será como o mundo que conhecemos, mas ainda não sabemos como ele será. No entanto, não se trata apenas de mudanças externas, é a mudança interna que permitirá flexibilidade e adaptabilidade para lidar com o que quer que o futuro nos reserve. Quando muito do que conhecemos e amamos está em fluxo, a plena aceitação da responsabilidade pessoal torna-se uma necessidade física e psicológica de sobrevivência.

Apresentando a Curva de *Performance*

No passado, defendi a ideia de que devemos examinar o que o processo de desenvolvimento psicológico de um indivíduo pode nos contar sobre a direção em que empresas, comunidades e culturas estão evoluindo, e os estágios pelos quais eles passarão nessa jornada. O que isso nos revela é um modelo criado por meus colegas da *Performance Consultants* chamado A Curva da *Performance*, que estou ansioso para apresentar aqui nesta Quinta Edição do *Coaching* para *Performance*. Ao falecido professor de administração Peter Drucker é creditada a afirmação de que "A cultura devora qualquer estratégia no café da manhã". Eu não poderia estar mais de acordo: a cultura é fundamental, e são poucas as organizações que adotam uma abordagem proativa para criar e medir sua cultura. O *Conference Board CEO Challenge* também confirma que "Em todo o espectro, o DNA cultural de uma organização é fundamental para o sucesso, desde a eficiência operacional ao melhor atendimento ao cliente, maior atração e retenção de talentos, até níveis mais altos de *performance* empresarial e inovações".

A Curva de *Performance* se concentra na mentalidade coletiva predominante da cultura e em como isso cria as condições para a *performance* (veja a Figura 2). Os maiores influenciadores da cultura de uma organização são seus líderes, portanto não é de surpreender que os estudos do Hay Group e outros mostrem que o comportamento de liderança afeta a *performance* e os resultados em até 30%. Os líderes são os guardiões da *performance*, e o foco deste livro é exatamente como alavancar o comportamento de liderança.

Na Curva de *Performance*, cada um dos quatro estágios é representado por uma mentalidade cultural geral (mostrada em itálico). Ao analisar esse modelo de *performance* de desenvolvimento, vale a pena lembrar a hierarquia de necessidades de Maslow abordada no Capítulo 1, além da equação do Jogo Interior de Gallwey; a área acima da linha representa a interferência decrescente, enquanto a área abaixo da linha ilustra potencial aumentando à medida que a *performance* melhora. Cada mentalidade cria traços organizacionais distintos e se refere a certo nível de *performance*. Ao olhar para o modelo, reflita sobre a mentalidade com a qual você opera diariamente.

Obviamente, o que a curva de *performance* analisa é a maturidade do comportamento de uma organização, não a maturidade dos sistemas de gerenciamento dessa organização. No entanto, podemos extrapolar o que provavelmente encontraríamos e faríamos na Tabela 2.

A pergunta a fazer é: qual a cultura da sua equipe ou organização? Ao pensar sobre isso, é importante ter em mente que você está buscando a mentalidade predominante dentro de sua organização ou equipe. Pode ser o caso de diferentes partes da sua organização operarem em diferentes áreas da curva. A Curva de *Performance* é uma ferramenta útil para os treinadores explorarem o *ethos* cultural e a mentalidade predominantes com seus *coaches* e para que os líderes explorem esses elementos em sua cultura. Quando as pessoas se tornam conscientes de sua mentalidade atual e da ligação direta entre a mentalidade e a *performance*, elas podem escolher a mudança. A consciência realmente é curativa, como vamos explorar na Parte II.

FIGURA 2: A Curva da *Performance*

Cada movimento adicional para a direita representa aumento nos resultados

2 Criando Culturas de Alta *Performance* | 23

TABELA 2: *A Curva da Performance:*
Quatro estágios do desenvolvimento organizacional

	Impulsivo	Dependente	Independente	Interdependente
Olhar de relance	• "O que quer que aconteça, acontece." • Falta de sistemas e estrutura • Liderança descuidada e inconsistente	• "Eu sigo as regras e faço o que me mandam." • Hierarquia • Liderança "comando e controle"	• "Tenho alta *performance*." • Os sistemas apoiam as metas individuais • Líderes que fortalecem	• "Somos verdadeiramente bem-sucedidos juntos." • Significado e propósito unindo • Equipes que se autogovernam
Performance	Baixa	Baixa-mediana	Mediana-alta	Alta
Motivadores de Marslow	Sobrevivência	Pertencimento	Estima	Autorrealização
Jogo interior	Alta interferência Baixo Potencial	Mediana-alta interferência Baixo-mediano potencial	Baixa-mediana interferência Mediano-alto potencial	Baixa interferência Alto potencial
Como se parece a cultura?				
Mentalidade cultural predominante	"O que quer que aconteça, acontece."	"Eu sigo as regras e faço o que me mandam."	"Tenho alta *performance*."	"Somos verdadeiramente bem-sucedidos juntos."

TABELA 2: *A Curva da Performance:*
Quatro estágios do desenvolvimento organizacional (Continua)

	Impulsivo	Dependente	Independente	Interdependente
Traços da cultura	Mínima consciência e responsabilidade. A organização reage às situações quando surgem. Parece imprevisível. Baixa comunicação, engajamento e *performance*. Mentalidade de sobrevivência.	Baixa-mediana consciência e responsabilidade. A organização se concentra em manter a estabilidade e seguir as regras. Os indivíduos se concentram nos processos e em cumprir tarefas com pouca oportunidade para a autonomia. Forte sentido de identidade de grupo; as pessoas sentem necessidade de se encaixar. Forte comunicação de mão única e níveis variáveis de reconhecimento. Pouco engajamento e confiança. Mentalidade de aversão ao risco.	Mediana-alta Consciência; alta responsabilidade com a própria *performance*. A organização apoia a inovação e o desenvolvimento individuais. As pessoas acreditam que podem fazer a diferença com suas ações individuais. Os indivíduos se concentram em bater as próprias metas mais do que as da equipe ou as da organização. O equilíbrio vida-trabalho pode ser difícil de atingir. Comunicação de mão-dupla e engajamento. Mentalidade de resultado.	Alta consciência e responsabilidades – individual e dos outros. Forte cultura de *coaching*. A equipe tem uma forte atitude de dono quanto à alta *performance* e acredita que isso só pode ser alcançado pelo grupo. As pessoas se comprometem umas com as outras para entender os diversos pontos de vista e demonstram altos níveis de confiança, cuidado e colaboração. Comunicação e *feedbacks* contínuos e autênticos. Mentalidade de potencial coletivo
Sistemas Organizacionais	Sistemas fundamentais não estão no lugar; papéis e responsabilidades provavelmente não estão bem definidos. Ausência de fatores de alinhamento.	Sistemas e processos se concentram em eficiência e tendem a ser rígidos; aplicação estrita das regras. Os fatores de alinhamento são as regras e os objetivos.	Os sistemas apoiam a melhoria e o aprendizado contínuos, e as metas individuais. Os fatores de alinhamento são os valores e os padrões.	Sistemas adaptativos com base em princípios apoiam o aprendizado contínuo, coletivo e ágil, e estimulam a *performance* em todos os níveis. Os fatores de alinhamento são a visão, o significado, o propósito e a direção compartilhados.

TABELA 2: *A Curva da Performance:*
Quatro estágios do desenvolvimento organizacional (Continua)

	Impulsivo	Dependente	Independente	Interdependente
Conexão com a visão e o propósito da organização	Sem conexão. Sem visão consistente.	Baixa conexão. A visão se estende à busca do lucro; seria reforçada se incluísse as pessoas, ex.: *"Queremos ser a maior empresa de telecom no mundo."*	Conexão mediana-alta. A visão engloba pessoas e lucro; seria reforçada se fosse estendida ao planeta, ex.: *"Somos dedicados a melhorar a vida de nossos clientes por meio da conexão."*	Conexão Alta. A visão abarca pessoas, lucro e o planeta, ex.: *"Com grande coragem, integridade e amor, abraçamos nossa responsabilidade de criar coletivamente um mundo onde cada um de nós, nossas comunidades e o nosso planeta possam florescer, enquanto celebramos o simples prazer e alegria da comida".* *
O que os líderes estão fazendo?				
Estilo de liderança	Descuidada e inconsistente. O líder pode ser entusiasmado, mas faz o que for preciso para ter sucesso no curto prazo, muitas vezes envolvendo-se em tudo. Pouco foco na visão e direção de longo prazo.	Comando e controle – transacional. O líder pode se concentrar em uma hierarquia clara para realizar o trabalho e manter a estabilidade e consistência. Os líderes podem exibir comportamentos territoriais, competindo entre si. Tendência à culpa.	Delegar – permitindo a transformação individual. O líder está adquirindo uma mentalidade de *coaching*, capacitando os indivíduos a realizar, concentrando-se na criação de alta *performance*, adaptabilidade e aprendizado contínuos eficientes.	Parceria e apoio – transformação colaborativa e coletiva. O líder assume um papel de suporte/serviço, criando uma cultura de *coaching* e inspirando equipes de alta *performance* e autogoverno com foco no bem comum.

TABELA 2: *A Curva da Performance:*
Quatro estágios do desenvolvimento organizacional (Continua)

	Impulsivo	Dependente	Independente	Interdependente
Impacto do líder	O comportamento do líder causa confusão, frustração e estresse.	O líder está (ainda que inconscientemente) limitando o potencial das pessoas. O medo do fracasso pode esmagar a iniciativa e a criatividade e diminuir o engajamento.	O líder incentiva os indivíduos a atingirem metas e a serem responsáveis. O trabalho em equipe é incentivado.	Líder inspira e proporciona ótimo trabalho em equipe e compromisso. O espírito de comunidade permeia a organização dentro do contexto de servir a um propósito maior.
Interferência para os líderes e como lidar com ela	Curto prazo. O líder reage a cada situação a partir de uma posição de medo, o que cria uma experiência de curto prazo inconsistente. O líder precisa se concentrar em se tornar autoconsciente, bem como desenvolver habilidades básicas de estratégia, gerenciamento e liderança.	Julgamento e falta de confiança. O líder se vê como o especialista e outras pessoas como certas ou erradas, o que cria um efeito polarizador. Acreditar que as intenções das pessoas são boas e usar a curiosidade, em vez do julgamento, moverá a cultura do medo para a confiança, evoluindo para o próximo estágio da curva.	Controle. O líder mantém um nível de envolvimento e pode estar muito ligado à sua agenda pessoal. Concentrar-se em abandonar o controle, deixar de lado sua agenda pessoal e trabalhar pelo bem comum significa que o líder pode apoiar a transição para a interdependência e o foco no coletivo.	Autoimportância. O líder pode experimentar lapsos nos níveis de consciência mais elevada em que geralmente opera. Por exemplo, alternando da autoconfiança para o *status de guru* e não ouvindo *feedback*, ou experimentando inconsistências em vivenciar seus padrões éticos. O líder deve trabalhar para manter o equilíbrio, manter-se fundamentado e aberto ao *feedback*, de modo a não voltar a nenhum dos estágios anteriores.

TABELA 2: *A Curva da Performance:*
Quatro estágios do desenvolvimento organizacional (Continua)

	Impulsivo	Dependente	Independente	Interdependente
Como o coaching 1 a 1 ou um estilo de liderança de coaching melhora a performance	*Coaching* para conscientização e responsabilidade de impacto pessoal, desenvolvimento de habilidades-chave de gerenciamento.	*Coaching* para permitir o fortalecimento e a apropriação da organização para melhorar a agilidade e a adaptabilidade.	*Coaching* para ampliar a perspectiva e colaboração inspiradora.	*Coaching* para *performance* coletiva, união e responsabilidade social – reservando tempo para criar conscientemente a direção da viagem, para desenvolver e melhorar continuamente, mantendo o equilíbrio.

*Visão da *Whole Foods Markets*. As demais foram criadas para este livro.

UMA MENTALIDADE DE *COACHING* CRIA A ALTA PERFOMANCE

Como o *coaching* cria uma alta *performance*? Como sabemos que a alta *performance* está correlacionada com uma cultura **interdependente** e integrada? Como tudo isso é comprovado?

As respostas a essas perguntas vêm do nosso trabalho com clientes multinacionais, cujo exemplo mais recente gostaria de compartilhar agora. A *Linde AG*, uma das principais empresas de gás e engenharia do mundo, aproximou-se de nós pedindo que apoiássemos a criação de uma cultura de *performance* de segurança em suas fábricas. Quando nossa equipe examinou o trabalho que a Linde já vinha fazendo, ficou extremamente impressionada com o nível de medição de sua cultura. Isso é algo que nós da *Performance Consultants* há muito acreditamos que precisa ser feito universalmente, mas como eu já disse, é algo que poucas empresas fazem. Quando a equipe examinou por que a Linde era tão sofisticada em medir sua cultura, eles encontraram a resposta: as vidas das pessoas estavam em jogo.

Empresas como a Linde são chamadas de *organizações de alta confiabilidade* (*OACs*), organizações que buscam manter uma *performance* livre de erros, apesar de operarem em condições complexas e perigosas, em que as consequências de um erro podem ser catastróficas; uma situação de vida ou morte. Outros tipos de organizações que seriam consideradas como OACs incluem empresas de petróleo, transportadoras aéreas, autoridades de controle aéreo, geradores de energia nuclear e usinas petroquímicas.

Nossa equipe investigou o trabalho feito pelas OACs e outras na área de *maturidade em segurança* e descobriu que um trabalho extenso já havia sido realizado. Os modelos de maturidade de segurança analisam a maturidade do comportamento de segurança de uma organização, avaliando sua cultura de segurança. Há muitos modelos, mapeando vários resultados de segurança em qualquer coisa, de três a oito estágios de maturidade comportamental, como relatam Foster e Hoult. Olhando através da lente do *coaching*, cada um desses estágios se relaciona com o desenvolvimento humano e os níveis da Hierarquia das Necessidades de Maslow (ver Capítulo 1) e a teoria do comportamento interpessoal em equipes de William Schutz (ver Capítulo 17). Eles também se correlacionam com o nível de inteligência emocional do líder. Tal como acontece com os indivíduos, as culturas são desenvolvidas em etapas.

Os modelos de maturidade de segurança se concentram em segurança, mas a equipe reconheceu os princípios do Jogo Interior da Gallwey e percebeu que o trabalho sobre segurança poderia ser estendido para incluir uma visão geral da *performance* de uma organização. A equação de Gallwey afirma que a *performance* pode ser aumentada pela diminuição da interferência – obstáculos internos como medo, dúvida, autocrítica e crenças ou suposições limitantes. A estrutura de comando e controle do gerenciamento tradicional cria interferência porque, por definição, o que as pessoas estão fazendo é seguir as regras de acordo com o que alguém mandou. Há pouco espaço para o potencial do ser humano se expressar, e o resultado é que os níveis de *performance* e diversão serão baixos. Assim, quando uma abordagem de comando e controle, de cima para baixo, é substituída por um estilo de liderança de *coaching*, a interferência diminui, o potencial pode emergir e a *performance* melhora.

É aqui que a curva de *performance* difere dos modelos de segurança. Nós mudamos o foco da *performance* de segurança para aplicá-la a um indicador geral chave, a *performance*. Ao olhar para a curva de *performance*, as organizações ou os indivíduos podem ter uma ideia imediata de onde estão operando, seja na perspectiva de *essa é a cultura da minha organização* ou *essa é a cultura que eu crio*. Com essa conscientização, poderão entender o que precisa mudar para melhorar a *performance*.

Talvez o modelo de maturidade de segurança mais conhecido seja o *Bradley Curve* da DuPont. A história de como ela surgiu nos dará uma ideia de como a maturidade cultural de uma organização tem um impacto direto na sua *performance* geral. Na década de 1990, a gigante química DuPont decidiu investigar por que alguns locais estavam funcionando melhor do que outros em termos de operação segura. Sua equipe conversou com entre 500 e 1.000 funcionários em cada um de suas sedes em todo o mundo, em toda a organização. Sua pesquisa mostrou que havia uma correlação direta entre a cultura do grupo e o quão seguro, produtivo e lucrativo era aquele escritório. Em outras palavras, eles descobriram que, à medida que a cultura amadurecia, a *performance* melhorava de maneira generalizada. Inspirado pelos Sete Hábitos de Stephen Covey, Verlon Bradley, gerente da fábrica de Beaumont da DuPont, estabeleceu que ele poderia correlacionar os comportamentos encontrados em cada local com a estrutura de dependência, independência e interdependência de Covey e mapeá-los para a *performance* de segurança. É claro que Covey propunha um modelo de desenvolvimento individual, mas a sua genialidade era exatamente que ele traduzia isso de forma bastante articulada e prática em termos de efetividade de liderança. Posteriormente, em 2009, a DuPont realizou um estudo com base em dados coletados nos dez anos anteriores em 64 setores de 41 países, o que demonstrou uma correlação direta entre a força da cultura de segurança da organização e sua taxa de acidentes de trabalho e sua *performance* sustentável em segurança, exatamente como previsto pela curva de Bradley. O estudo de 2009 sobre segurança serve para reforçar sua pesquisa anterior, que demonstrou que a maturidade cultural está correlacionada com a alta *performance* organizacional.

A Linde concluiu uma pesquisa de cultura em toda a empresa com seus 65 mil funcionários usando a Curva de Bradley da DuPont e descobriu que estava no setor dependente desse modelo. Um membro da equipe de Engenharia da Linde, James Thieme, Gerente Global de SMS, esteve em nosso *workshop* público de **Coaching** para **Performance** e percebeu que uma abordagem de liderança de *coaching* espelhava os comportamentos esperados em uma cultura interdependente. Depois de garantir um patrocinador interno do programa, Kai Gransee, chefe de engenharia e contratos de HSE, que também viu o *link*, Thieme nos procurou para fazer parceria com sua equipe e trazer esses comportamentos para sua organização. Através de uma combinação de *workshops* presenciais para líderes seniores e *e-learning* individualizado para gerentes e supervisores, a equipe ensinou ao pessoal da Linde uma abordagem de *coaching* para a segurança. Deixe-me dar um exemplo de como isso acontece na **prática**.

MUDAR DA HIERARQUIA PARA O *COACHING* PROMOVE A APRENIDZAGEM E A RESPONSABILIDADE

Em uma cultura dependente, como a encontrada na Linde, as pessoas seguem as regras. A mentalidade predominante dos gerentes é *se eles fizessem o que eu mando*, o que leva à culpabilização e ao julgamento. Afinal, quando pensamos que alguém fez algo errado, qual é a nossa primeira resposta? A tendência humana natural é criticar ou culpar. Uma pesquisa do psicólogo John Gottman mostra que quando a crítica se torna difusa, acaba levando ao fracasso do relacionamento. De fato, a crítica é um estilo de comunicação tão negativo que é comparado ao primeiro dos Quatro Cavaleiros do Apocalipse, em referência às figuras alegóricas da Bíblia, cuja chegada anuncia o fim do mundo. A pesquisa de Gottman sobre relacionamentos conjugais revelou a razão para isso: se a culpa e a crítica são um estilo de comunicação predominante e isso não muda, o fracasso do relacionamento pode ser previsto com mais de 90% de precisão.

Isso se manifesta nas organizações por meio da quebra dos relacionamentos e do bloqueio ao aprendizado. Este processo foi descrito por Andrew Hopkins em seu livro *Failure to Learn*, sobre a explosão da refinaria da BP em 2005, que matou 15 trabalhadores e feriu outros 170. Hopkins diz: "É uma característica interessante da psicologia humana que, uma vez que encontramos alguém para culpar, a busca pela explicação parece chegar ao fim". Ele acrescenta que esta é uma conclusão falsa, porque ninguém descobriu por que aquelas pessoas fizeram as coisas daquela maneira. O aprendizado foi bloqueado. Podemos ver claramente, portanto, como a mentalidade predominante dos líderes cria as condições para uma *performance* inferior.

O que os líderes podem fazer é usar a habilidade de curiosidade do *coaching* – o antídoto da culpa. Quando cessam os comportamentos de culpa, as interferências como medo e insegurança diminuem. Ao ensinar princípios e práticas gerais de *coaching*, nosso treinamento na Linde ressaltou comportamentos como julgamento e culpa, que aumentam as interferências no aprendizado, e ensinaram como alternativa os comportamentos interdependentes de curiosidade e parceria, que aumentam o potencial. Neste exemplo, pudemos ver a equação de Jogo Interior de Gallwey em ação. O impacto disso foi uma surpreendente redução de 74% nos incidentes, com benefícios claros para as pessoas, o planeta e o lucro. Em termos da Curva de *Performance*, essa é uma melhoria tangível e significativa na *performance*. Cada mudança incremental na mentalidade em direção à interdependência leva a uma melhor *performance*.

Outro exemplo de organização que busca conscientemente a evolução para além de uma cultura dependente é a Michelin, famosa fabricante de pneus. Eles desenvolveram uma iniciativa bem-sucedida para substituir a hierarquia pela confiança em suas fábricas de seis países. Andrew Hill, do Financial Times, diz que os membros da equipe em Le Puy-en-Velay, França, agora descrevem seus líderes como *coaches*. O líder da equipe da linha de produtos, Olivier Duplain, admite que não dar mais ordens parece uma perda de poder, "Mas recebemos de volta 10 vezes mais da equipe". Não surpreendentemente, o CEO Jean-Dominique Senard anunciou um plano para todo o grupo – mais de 105.000 funcionários, nas fábricas em 17 países – para se tornarem mais ágeis e mais receptivos aos clientes com base em capacitação e responsabilidade.

Uma mentalidade interdependente equivale a uma mentalidade de alta *performance*.

A Curva de *Performance* também descreve o que muitas pessoas no desenvolvimento humano já sabem há algum tempo: um estilo de liderança de *coaching* é o facilitador de uma cultura de alta *performance*, porque muda a mentalidade organizacional para a interdependência. Maslow em sua hierarquia descreveu as condições para a autoatualização, que se correlacionam com a interdependência. E Stephen Covey em *Os Sete Hábitos das Pessoas Altamente Eficazes* disse: "Ao olharmos para o terreno à frente, vemos que estamos entrando em uma nova dimensão. Seja você o presidente ou o zelador, no momento em que você caminha da independência para a interdependência em qualquer capacidade, você assume um papel de liderança".

O nosso convite é para que os líderes se capacitem para liderar organizações interdependentes, nas quais as pessoas possam crescer e realizar seu potencial. Ao implementar uma cultura interdependente, as organizações aproveitam o potencial de cada funcionário e mudam o próprio relacionamento entre funcionários e organizações. Esta é a vanguarda do *coaching* e do desenvolvimento organizacional.

Eu ainda tenho uma grande pergunta: por que nem todas as organizações estão medindo ativamente sua cultura? As OACs, como a Linde, não têm escolha senão adotar uma abordagem proativa em relação à cultura – para elas, é literalmente uma questão de vida ou morte. Acredito que no futuro todas as empresas irão medir e adotar uma abordagem proativa em relação à sua cultura. Afinal, se você não consegue medir, não pode gerenciar.

Agora que você já entendeu o quão importante é o *Coaching* para *Performance* e também como realmente o *coaching* é maior do que o *coaching*, vamos explorar os princípios do *coaching* – as atitudes e os comportamentos que sustentam a alta *performance*.

PARTE II

Os Princípios do *Coaching*

3 *Coaching* é Inteligência Emocional na Prática

A Inteligência emocional (QE) é duas vezes mais importante do que a capacidade cognitiva (QI) na hora de prever a performance excelente

Daniel Goleman

Coaching é uma maneira de ser

O *coaching* não é apenas uma técnica que pode ser desembalada e aplicada rigidamente em determinadas circunstâncias prescritas. É uma maneira de liderar e administrar, uma maneira de tratar as pessoas, um modo de pensar, um jeito de ser. Tomara que um dia a palavra *coaching* desapareça do nosso vocabulário e possa se tornar a forma como nos relacionamos uns com os outros no trabalho ou em qualquer outro ambiente. Você pode se perguntar: por que defendo o *coaching* como o modo fundamental de atuação na vida? E por que será que é tão impactante quando os líderes passam por um processo de *coaching* e incorporam essas habilidades, criando seu próprio estilo de liderança de *coaching*?

O *coaching* transformacional é a inteligência emocional posta em prática. Antes de examinar o que isso significa, convido você a realizar uma rápida atividade. Perceber como aquelas pessoas-chave, que tiveram impacto positivo em sua vida possuíam inteligência emocional muito desenvolvida é algo que vai ajudá-lo a entender o seu poder. A atividade a seguir é um exercício rápido que usamos em nossos *workshops* e que você pode fazer agora mesmo, para perceber o impacto da inteligência emocional em si mesmo. Anote suas respostas antes de seguir na leitura.

Atividade: Inteligência Emocional na Prática	Lembre-se de alguém que você amava quando era mais jovem – não vale escolher seus pais, mas quem sabe seus avós, um professor ou alguém que o inspirava. Quando você estava com essa pessoa: 1. **O que elas faziam que você gostava tanto?** 2. **Como você se sentia?** Pense nas atitudes e comportamentos dessa pessoa. Anote as suas respostas.

Depois de executar este mesmo exercício nos mais diferentes países do mundo, descobrimos que as pessoas de todos os lugares têm em geral a mesma resposta. A coincidência das características e qualidades que as pessoas registram é impressionante, independente do país ou da cultura. Veja você mesmo se encontra as suas respostas (ou respostas semelhantes) na lista a seguir:

A pessoa	Eu me senti
• Me escutou	• Especial
• Acreditou em mim	• Valorizado
• Me desafiou	• Confiante
• Confiou e me respeitou	• Seguro, cuidado
• Me deu seu tempo e atenção total	• Apoiado
• Me tratou como igual	• Entusiasmado, alegre
	• Autoconfiante

Claro que existem outras respostas possíveis, mas essas são as mais comuns. Tornar-se mais inteligente emocionalmente ou escolher comportamentos apropriados não significa comparar uma lista de suas competências e comportamentos em relação a um ideal acadêmico. É muito mais simples praticar lembrando uma pessoa especial em sua vida e comparando-se com o que elas pensavam ou faziam sob esta ou aquela circunstância. Eles tinham muita inteligência emocional, então os use como um modelo. E reflita sobre estas questões: O que as pessoas dizem sobre você? Como você faz as pessoas se sentirem?

Inteligência emocional é a capacidade de se relacionar com os outros a partir de um paradigma de confiança ao invés do medo, e portanto assenta-se firmemente no setor interdependente da Curva da *Performance*, o que gera uma alta *performance*. Foi em 1995 que o livro de Daniel Goleman tornou a inteligência emocional não apenas aceitável, mas desejável a ponto de ser necessária nos negócios. A pesquisa de Goleman indicou que a alta Inteligência Emocional (que ele chamou de QE ou IE) confere uma vantagem significativa de *performance* aos líderes. Descobriu-se que a Inteligência Emocional é duas vezes mais importante (66% contra 34%) que o conhecimento acadêmico ou técnico para determinar o sucesso no trabalho – e isso serve para todos, não apenas para os líderes, e aplica-se em termos de relacionamentos e produtividade. Para cargos de liderança, a proporção é ainda maior e representa mais de 85% da *performance excelente* nos líderes de ponta. E assim, todos começaram a correr atrás disso. E a IE é um pré-requisito básico para qualquer *coach* profissional, além de ser fundamental para quem deseja se tornar um grande líder.

A Inteligência Emocional pode ser descrita como talento interpessoal ou, ainda mais simplesmente, como as habilidades pessoais e sociais. Goleman e outros descreveram muitas competências ligadas à IE, entre elas a autoconfiança, a empatia, a adaptabilidade e a propensão a ser um catalisador da mudança, o que pode ser agrupado ordenadamente em quatro domínios: autoconsciência, autogestão, consciência social e gestão de relacionamento. Isso parece bastante simples e todos nós possuímos essas habilidades, em algum grau. As pessoas emocionalmente inteligentes apenas as exercitam mais plenamente do que as outras pessoas.

INTELIGÊNCIA EMOCIONAL COMO HABILIDADE DE VIDA

Se a inteligência emocional é uma habilidade tão importante para a vida, e a escola deve preparar as crianças para a vida, é uma omissão indesculpável que todas as escolas não invistam no desenvolvimento da IE dos alunos. A suposição, claro, é a de que essas habilidades sociais são aprendidas por meio da interação social com os pares e com os adultos, e que elas não podem ou não precisam ser ensinadas. Isso é errado em ambos os casos. De fato, a escola seria o ambiente ideal para o desenvolvimento da Inteligência Emocional dos jovens, através de dinâmicas, atividades lúdicas, exercícios interativos estruturados e sessões de *coaching*.

Consciência

O *coaching* individual ou o treinamento de um grupo de líderes para que adotem um estilo de *coaching* transformador é a maneira mais poderosa de desenvolver as competências de Inteligência Emocional, que comprovadamente geram a alta *performance*. Tudo começa com um dos principais pilares do *coaching*: a conscientização (veja a Figura 3). A razão para isso é que a consciência é curativa: os humanos são sistemas naturais de aprendizagem. Uma vez que nos tornamos conscientes de alguma coisa, temos a opção de alterá-la. A consciência tem vários aspectos:

- **Autoconsciência– Entender porque você faz o que faz.** Aprenda a reconhecer suas tendências humanas, interferências internas e preconceitos, para que você possa escolher conscientemente suas respostas, em vez de reagir inconscientemente. Isso melhora a sua *performance*, na medida em que você passa a se autogerenciar, superando seus obstáculos internos para alcançar seu verdadeiro potencial.

  Consciência dos Outros – Ver a pessoa por trás da *performance*. Aprenda a identificar os pontos fortes, as interferências e as motivações das outras pessoas, de modo a ser capaz de gerenciar relacionamentos, inspirar e colaborar de maneira efetiva com indivíduos e equipes. Melhore suas habilidades sociais exercitando a curiosidade, a escuta e estabelecendo parcerias com aqueles com quem você trabalha.

  Conscientização da Organização – Gerar um impacto positivo na cultura Aprenda a alinhar objetivos individuais, de equipe e organizacionais para desenvolver um estilo de *coaching* que leve à alta *performance*, aprendizado e prazer.

FIGURA 3: *Coaching* transformacional é a inteligência emocional na prática

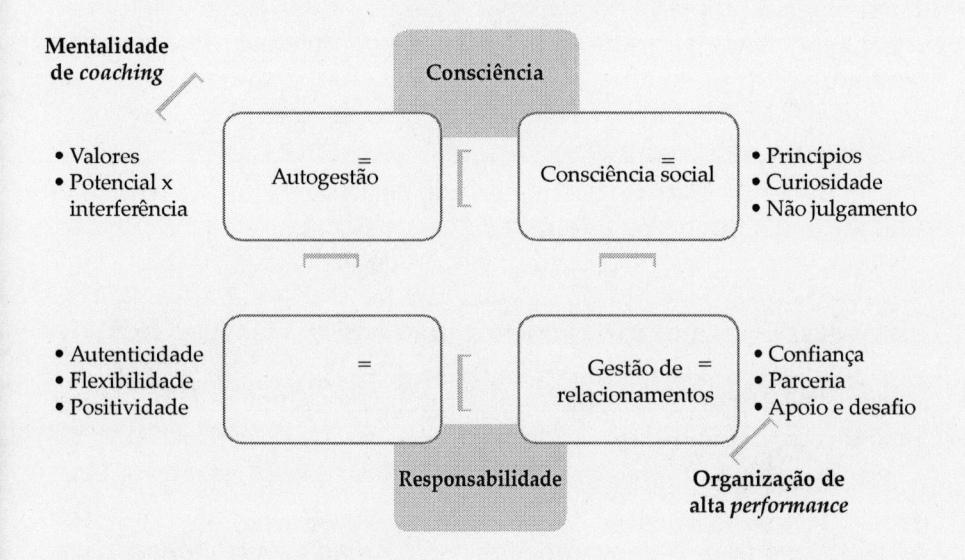

Mentalidade de *coaching*

- Valores
- Potencial x interferência

Consciência

Autogestão = Consciência social

- Princípios
- Curiosidade
- Não julgamento

- Autenticidade
- Flexibilidade
- Positividade

= Gestão de relacionamentos

- Confiança
- Parceria
- Apoio e desafio

Responsabilidade

Organização de alta *performance*

Inteligência Espiritual

Antes mesmo de conseguirmos avaliar corretamente o impacto da Inteligência Emocional, vários livros começaram a defender os méritos da Inteligência Espiritual (IS ou QS, como ficou conhecida). Espiritual neste contexto não possui um conceito religioso, mas é definido pelos autores Ian Mitroff e Elizabeth Denton como *o desejo básico de alguém de encontrar significado e propósito na vida, de modo a viver uma vida integrada*. Significado e propósito são os impulsionadores do nível de Maslow de autorrealização e também da mentalidade de interdependência. Em seu livro sobre Inteligência Espiritual, Danah Zohar e Ian Marshall descrevem a crise de significado na vida corporativa de um empresário de 36 anos:

Eu gerencio uma grande e bem-sucedida empresa na Suécia. Sou saudável, tenho uma família maravilhosa, uma posição na comunidade. Eu acredito que pode-se dizer que eu tenho "poder". Mas ainda não tenho certeza do que estou fazendo com a minha vida. Não tenho certeza se estou no caminho certo fazendo o trabalho que faço.

Ele explicou que estava muito preocupado com o estado do mundo, especialmente a condição do meio-ambiente global e o colapso das comunidades. Para ele, as pessoas estavam evitando encarar a escala real dos problemas que enfrentavam. Grandes empresas como a dele eram especialmente culpadas de não abordar tais problemas. "Eu quero fazer alguma coisa", continuou ele. "O que eu quero realmente é dedicar a minha vida a esta causa, só não sei como. Só sei que quero fazer parte da solução. E não do problema".

Como John McFarlane diz no prefácio deste livro: "Nossa responsabilidade como líderes é criar para o nosso pessoal uma aventura emocionante, mas segura, que seja digna deles dedicarem suas vidas a ela". As pessoas querem ser parte da solução e fazer algo significativo com suas vidas. As organizações podem aproveitar isso ajudando seus líderes a desenvolverem um estilo de *coaching*. E *coaches* externos podem ajudar a desenvolver um líder mais inteligente emocionalmente por meio de *coaching* individual.

Então, que habilidades que um líder ou *coach* precisa ter? Certamente, eles precisam desenvolver as habilidades fundamentais de fazer perguntas poderosas para aumentar a **consciência** e a **responsabilidade**, ouvindo bem e seguindo o modelo GROW, todos descritos na Parte III. Para serem mais eficazes, eles precisam avançar até um nível mais elevado de *coaching*. Há muito mais coisas no *coaching* que poderiam ajudar o líder e o *coach* a evoluírem enquanto pessoas, e também na evolução da organização para a qual trabalham. Uma descrição detalhada do *coaching* avançado vai além do escopo deste livro, mas alguns dos fundamentos e conceitos que sustentam nossas oficinas avançadas de *coaching* são introduzidos na Parte V.

Descobrimos que exercícios, como a atividade de visualização a seguir, ajudam as pessoas a entrarem em contato com o tipo de líder que desejam se tornar. O líder que imaginam como seu *eu* futuro geralmente incorpora a Inteligência Emocional. Mas quais atributos da inteligência emocional descritos o seu eu futuro incorporou melhor? Pensando no presente, o quanto você incorporou desses atributos até agora? Escolha um deles para se concentrar e expressar de forma mais completa em seu trabalho. Se você gostaria de realizar algum treinamento sobre isso para se desenvolver ainda mais, complete o exercício de autotreinamento no Kit de Perguntas para Treinamento (Bolsa de Perguntas 1).

Fique em uma posição confortável, sentado e com os dois pés no chão. Sinta e perceba atentamente o chão sob seus pés. Movimente os ombros até relaxá-los. Preste atenção à sua respiração, enquanto inspira e expira. Ao inspirar, imagine que está respirando clareza junto com o ar fresco. Ao expirar, imagine que está expirando qualquer preocupação ou estresse. Respire profundamente três vezes. Agora, imagine que você está andando por uma rua em um dia ensolarado. Olhe em volta e observe como é a rua e como é andar por ela. Em um momento você vai encontrar alguém vindo do outro lado. Essa pessoa é você daqui a alguns anos, o seu futuro eu. E o seu eu futuro finalmente se tornou o líder dos seus sonhos. Enquanto você caminha, é possível ver à distância essa pessoa, o seu eu futuro, vindo em sua direção. Ao se encontrarem, vocês se cumprimentam. Observe como ele te cumprimenta. Olhe atentamente para essa pessoa. O que você observa? Como ele se comporta? Como faz você se sentir? Existe alguma pergunta que você desejaria fazer a ele? Se for o caso, pergunte e preste atenção na resposta. Agora, pode se despedir dessa pessoa e agradeça por ela ter vindo ao seu encontro aqui hoje. Tome algum tempo para voltar ao presente; comece trazendo a sua consciência de volta para a maneira como você está sentado. Em seguida, mexa os dedos dos pés e os calcanhares. Por fim, sinta-se perfeitamente revigorado, revitalizado e presente. Anote o que você deseja lembrar-se da visualização quando chegar ao fim.	**Atividade:** Visualização

Princípios Orientadores

Quais são os princípios orientadores que ajudarão os líderes emocionalmente inteligentes a criar uma jornada significativa e com propósito para suas equipes?

- **Os líderes bem sucedidos do futuro vão liderar em um estilo de *coaching* ao invés do comando e controle.** A retenção de talentos é uma questão vital, e as expectativas sobre como as pessoas são tratadas estão aumentando rapidamente. Prescrição, instrução, autocracia e hierarquia estão perdendo força e aceitação. Bons candidatos desejam ter mais escolhas, mais responsabilidade e mais diversão em suas vidas, e isso inclui o ambiente de trabalho.

- **O estilo de liderança determina a *performance* e o estilo de *coaching* oferece a melhor *performance*.** A relação entre *performance* e estilo de liderança está bem documentada – veja o capítulo anterior para uma discussão mais aprofundada sobre isso. Que organização não desejaria melhorar sua *performance*? Isso é amplamente aceito nas organizações, nos setores público e privado, mas ainda é difícil incorporar os comportamentos que se defende. Em muitos casos, tanto os líderes quanto os seguidores conspiram para resistir à mudança, mesmo que isso não traga benefícios para ninguém.

- **Ajudar os outros a construírem sua consciência, sua responsabilidade e, consequentemente, sua autoconfiança, estabelece as bases de sua própria capacidade de liderança futura.** Os líderes, por definição, têm que tomar decisões e mais decisões, todos os dias. Para fazê-lo com mais efetividade, é preciso ter esses atributos pessoais fundamentais. O *coaching* constrói líderes, e hoje em dia há um déficit de liderança em todos os setores, em todas as instituições e em todos os países.

- **O contexto externo dentro do qual as organizações operam está mudando rapidamente, devido em grande parte a circunstâncias fora do controle da empresa ou mesmo do país.** Globalização, comunicação instantânea, crises econômicas, responsabilidade social corporativa e enormes problemas ambientais são alguns dos exemplos mais óbvios, mas há muitos outros. Lidar com isso, considerando a velocidade da mudança em si, exige novas qualidades de liderança.

O próximo capítulo aborda como o papel do líder como *coach* pode ajudar a alcançar esse tipo de cultura de alta *performance*.

4   O Líder como *Coach*

Os líderes experientes devem ser um apoio para sua equipe, nunca uma ameaça.

Há um paradoxo na liderança de *coaching*, porque o líder tradicionalmente tem o poder sobre o contracheque, as promoções e também a chave da porta da rua. Tudo bem, isso funciona quando você acredita que a única maneira de motivar alguém é através da aplicação criteriosa da cenoura e do bastão. No entanto, para que o *coaching* funcione da melhor forma possível, a relação entre o *coach* e o *coachee* deve ser de parceria no empreendimento, de confiança, de segurança e de pressão mínima. O contracheque, a promoção e a chave da rua não têm lugar aqui, pois podem servir apenas para inibir tal relação.

Um líder pode ser um *coach*?

Será que um líder pode ser um *coach*? Sim, mas como mostramos no capítulo anterior, o *coaching* é inteligência emocional na prática e isso exige as mais altas qualidades de qualquer líder: empatia, integridade e equilíbrio, além de disposição, na maioria dos casos, para adotar uma abordagem fundamentalmente diferente para os colaboradores. Líderes de *coaching* também precisam encontrar seu próprio caminho, pois há poucos modelos para seguir, e eles podem encontrar muita resistência inicial vinda de alguns de seus colaboradores, que podem suspeitar de qualquer desvio do estilo tradicional de gestão. Eles podem temer a responsabilidade pessoal adicional que vem de um estilo de liderança de *coaching*. Esses problemas podem ser antecipados e geralmente são facilmente manejados, mas é necessário desenvolver um conjunto diferente de comportamentos.

Gestão tradicional

As modalidades de gestão ou o estilo de comunicação com o qual estamos familiarizados se caracterizam, em um extremo do espectro, por uma abordagem autocrática e no outro, pelo *laissez-faire* e o *espere pelo melhor*. A gestão tradicional se baseia nos estágios dependentes e independentes da Curva da *Performance*, e pode ser ilustrada como se vê na Figura 4.

FIGURA 4: Gestão tradicional

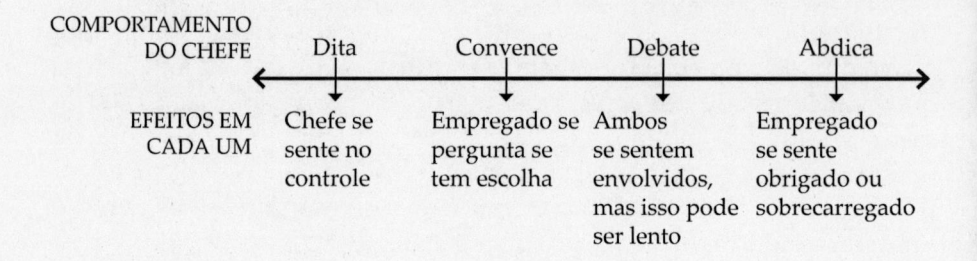

COMPORTAMENTO DO CHEFE	Dita	Convence	Debate	Abdica
EFEITOS EM CADA UM	Chefe se sente no controle	Empregado se pergunta se tem escolha	Ambos se sentem envolvidos, mas isso pode ser lento	Empregado se sente obrigado ou sobrecarregado

DITA

Quando eu era menino, meus pais me diziam o que fazer e me repreendiam quando eu não fazia. Quando fui para a escola, meus professores me diziam o que fazer e me ajudavam quando eu não fazia. Quando entrei no exército, o sargento me dizia o que fazer e Deus me livre se eu não fizesse, então eu fazia! Quando consegui meu primeiro emprego, meu chefe me dizia o que fazer também. Então, quando cheguei a uma posição de alguma autoridade, o que eu fazia? Eu dizia às pessoas o que fazer, porque foi assim que eu aprendi. Isso é verdade para a maioria de nós: fomos educados para fazer o que nos dizem e somos muito bons nisso.

A grande tentação de mandar ou de dizer o que se deve fazer é que, além de ser rápido e fácil, fornece ao orientador a sensação de estar no controle. Mas isso é uma falácia. Um ditador perturba e desmotiva seus colaboradores, mas esses colaboradores não ousam demonstrá-

-lo ou dar *feedback* sobre isso, já que não seriam ouvidos de qualquer maneira. O resultado é que tornam-se subservientes na presença do ditador, mas se comportam de maneira diferente pelas suas costas, com ressentimento, *performance* ruim na melhor das hipóteses, e talvez até tramando para derrubá-lo ou mesmo por meio de sabotagem. Ditadores não estão no controle – eles estão se iludindo.

Há outro problema com o extremo autoritário do espectro tradicional de gestão: memória. De modo bem simples, não lembramos muito bem daquilo que nos é dito. A matriz na Figura 5 já se tornou uma coisa folclórica no ambiente de treinamento, mas é tão relevante que merece ser incluída aqui.

Foi parte de uma pesquisa realizada pela IBM há algum tempo, mais tarde repetida, com seus resultados confirmados por outros estudos desde então. Um grupo de pessoas foi dividido aleatoriamente em três subgrupos, cada um dos quais teve aulas sobre algo bastante simples, ou seja, aprenderam o mesmo assunto, mas segundo três abordagens diferentes. Os resultados falam por si e refletem novamente a teoria da aprendizagem de adultos, que indica que as pessoas aprendem melhor através da experiência. Uma questão que demonstram e que nos preocupa particularmente aqui, no entanto, é como a memorização cai dramaticamente quando as pessoas são apenas informadas sobre algo.

FIGURA 5: Nível de memorização após o treinamento

	Dito	Dito e mostrado	Dito, mostrado e experimentado
Lembram-se depois de 3 semanas	70%	72%	85%
Lembram-se depois de 3 meses	10%	32%	65%

Lembro-me muito bem da vez que mostrei isso para uma dupla de instrutores de paraquedismo, que ficaram muito preocupados com o fato de que eles próprios ensinavam procedimentos de emergência apenas com palavras. Eles rapidamente mudaram seu sistema antes que tivessem algum acidente mais grave!

CONVENCE

Se nos movemos para a direita ao longo do espectro tradicional de gestão, chegamos ao convence ou *vende*. Aqui, o chefe expõe sua boa ideia e tenta convencer todo mundo de como ela é boa. E como ninguém é bobo de desafiá-lo, todo mundo sorri humildemente e segue as instruções. A gentileza, ainda que não seja sincera, dá até a aparência de um ambiente mais democrático. Mas será que é mesmo? Afinal, o pessoal acaba fazendo exatamente o que o chefe queria e ele acaba recebendo muito pouca informação de equipes. No fim, nada mudou muito.

DEBATE

Quando avançamos para o debate, os recursos são genuinamente reunidos e o líder competente pode estar disposto a seguir um caminho diferente de sua opção inicial, desde que esteja indo na direção certa. O falecido industrial britânico Sir John Harvey-Jones, entrevistado sobre liderança de equipe para o livro de David Hemery, *Sporting Excellence*, disse:

> Se a direção que todo mundo aponta não é a que eu pensei que deveríamos seguir, eu aceito... Uma vez que o projeto esteja em movimento, você pode mudar de direção a qualquer momento. Eu posso me tocar que eles estavam certos ou eles podem perceber que aquele não é o caminho certo a se seguir rumo ao destino pretendido, ou os dois lados podem concluir que é melhor seguir uma terceira alternativa. Na indústria, só é possível se mover se for com corações e mentes.

Apesar de atraente, a discussão democrática pode ser demorada e resultar em indecisão.

ABDICA

O extremo da escala – deixar as ordens e orientações diretas para que se possa avançar – libera o líder para outros deveres e dá maior liberdade de escolha aos indivíduos. É, no entanto, algo arriscado para ambos. O líder abdica de sua responsabilidade, embora a batata quente ainda esteja em suas mãos, e os indivíduos podem ter uma baixa *performance* devido à falta de conhecimento de muitos aspectos envolvidos na tarefa. Às vezes, um líder pode se afastar tendo boa intenção, desejando estimular que seus colaboradores aprendam a lidar com maiores responsabilidades. Essa estratégia raramente serve ao seu propósito, porque se o subordinado direto se sente obrigado a assumir responsabilidade, ao invés de optar por fazê-lo, sua autonomia pessoal permanece baixa e sua *performance* não reflete o benefício da automotivação que o líder espera gerar.

COACHING

A maioria dos líderes vai estar em algum lugar entre esses extremos, mas o *coaching* ocupa um plano completamente diferente. Ele combina os benefícios de ambos os extremos da escala, sem os seus riscos inerentes (veja a Figura 6).

Ao responder às perguntas de *coaching* do seu líder, um indivíduo toma conhecimento de todos os aspectos da tarefa, bem como das ações necessárias. Essa clareza permite que visualizem a quase certeza do sucesso e escolham assumir essa responsabilidade. Ao ouvir as respostas às perguntas de *coaching*, o líder fica sabendo não apenas o plano de ação, mas também o pensamento que o desenvolveu. Ambos os lados estão agora muito mais bem informados do que se o líder simplesmente dissesse ao *coachee* o que ele deveria fazer, e portanto há um alinhamento bem maior entre eles. Como o diálogo e os relacionamentos no *coaching* não são ameaçadores e sim favoráveis, nenhuma mudança de comportamento ocorre quando o líder está ausente. O *coaching* fornece ao líder um controle real e não ilusório, através do entendimento comum que foi criado, e oferece ao *coachee* uma responsabilidade real e não ilusória.

O papel do líder

O que toda essa discussão gera é a pergunta: qual é o papel de um líder? Muitos líderes se veem aprisionados no modo *apagar incêndios*, lutando para que as coisas sejam feitas. Eles próprios admitem que são incapazes de dedicar o tempo que sentem que deveriam a planejamento de longo prazo, à criação de uma visão, a uma compreensão geral, ao levantamento de alternativas, à concorrência, a novos produtos etc. Mais importante ainda, eles são incapazes de dedicar o tempo necessário para o desenvolvimento de seus colaboradores, para o seu crescimento pessoal. Eles colocam as pessoas em algum curso de *coaching* e se contentam com isso. E raramente recebem de volta o que pagaram.

A tarefa de um líder é simples: realizar a tarefa e desenvolver seus colaboradores. As pressões de tempo e custo limitam a última parte. Mas o *coaching* é um processo que atende os dois efeitos.

FIGURA 6: Um estilo de liderança de *coaching*

COACHING

O Chefe SABE o que está acontecendo

O Empregado ESCOLHE assumir responsabilidade

Então, onde os líderes encontram tempo para serem *coaches* de seus colaboradores? É muito mais rápido dar ordens. A resposta paradoxal é que, se os líderes se tornam *coaches* de seus colaboradores, esses colaboradores em desenvolvimento assumem uma responsabilidade muito maior, liberando seus líderes do *apagar incêndios* não apenas para serem mais *coaches*, mas também para atender às questões abrangentes que só os lideres podem resolver. Assim, a atividade de desenvolver pessoas representa um egoísmo esclarecido, ao invés de um idealismo vazio, que não oferece nenhum valor agregado. É claro que às vezes é preciso pegar pesado e que se danem as gentilezas, mas isso é mais aceitável em uma cultura na qual as pessoas se sintam verdadeiramente cuidadas.

Os líderes muitas vezes me perguntam quando devem ser *coaches*, ou pelo menos como devem decidir se vão ser *coaches* ou dar ordens. A resposta é bem simples:

- Se o **tempo** é o critério predominante em uma situação (por exemplo, em uma crise imediata), fazer o trabalho sozinho ou dar ordens precisas sobre o que deve ser feito provavelmente será o caminho mais rápido. Mas note que isso é apenas economia de tempo em curto prazo; no longo prazo, esse comportamento cria dependência.
- Se a **qualidade** do resultado é a mais importante (por exemplo, em um relatório completo e detalhado que precisa ser criado), o *coaching* para uma alta conscientização e responsabilidade provavelmente produzirá mais resultado.
- Se a prioridade é maximizar a **aprendizagem** (por exemplo, quando uma pessoa está fazendo alguma coisa pela primeira vez), o *coaching* esclarecido otimiza a aprendizagem e sua retenção.
- Se a adesão e o **comprometimento** real são necessários (por exemplo, para a implementação de uma melhoria no serviço), o *coaching* cria muito mais possibilidades de sucesso do que apenas dar ordens, o que provavelmente resultará em conformidade, resistência e falta de compromisso.
- Se o **engajamento** e a retenção são importantes (por exemplo, ao lidar com pessoas de alto potencial ou membros da geração Y), o *coaching* é a abordagem mais eficaz para alinhar desejos, necessidades e expectativas dos indivíduos com a missão da organização, criando significado e propósito para as pessoas no trabalho.

Na maioria das situações de trabalho, tempo, qualidade e aprendizado são de grande relevância o tempo todo. A triste verdade é que na maioria das empresas, o tempo tem precedência sobre a qualidade e a aprendizagem é relegada ao terceiro lugar. Você ainda se surpreende que os líderes tenham tanta dificuldade em abandonar o costume de dar ordens e que a *performance* dos negócios fique tão abaixo do que poderia ou deveria ser?

Quando os líderes gerenciam segundo os princípios do *coaching*, acabam fazendo o trabalho com um padrão mais elevado, ao mesmo tempo em que desenvolvem o seu pessoal. Parece bom demais para ser verdade ter 250 dias por ano de trabalho e ainda ter 250 dias de desenvolvimento pessoal por ano, mas é exatamente isso que um líder de *coaching* consegue.

Desenvolvimento no trabalho

Todos os dias surgem oportunidades para o desenvolvimento no trabalho. Vejamos o exemplo de Sue, que atualmente trabalha em uma tarefa que foi discutida e acordada com seu líder na semana anterior. Ela tem um problema e vai conversar com seu líder, Mo:

SUE: Eu fiz o que combinamos, mas não está funcionando.

MO: Tente fazer desse outro jeito.

Não há nenhum *coaching* aqui. Sue é dependente de Mo. E Mo é quem está criando essa cultura dependente. Mas veja agora uma alternativa baseada no princípio de interdependência:

SUE: Eu fiz o que combinamos, mas não está funcionando.

MO: Eu sei que você pensou muito e se esforçou para que funcionasse. Mas o que você acha que seria a melhor coisa a se fazer agora?

SUE: Bem, eu poderia retomar e ver exatamente quando o problema aparece, pois de repente surge algo novo.

MO: OK, isso faz sentido. Algo mais?

SUE: Por enquanto não, mas se não funcionar, acho que vamos precisar dar uma olhada nos cálculos originais.

MO: Parece um bom plano. Você está chegando lá, Sue, mesmo que pareça que não está. Eu sei que você vai resolver isso. Mantenha-me informado.

Na manhã seguinte, Mo faz *check-in* com Sue:

MO: Como foi?

SUE: Muito bem, na verdade. Descobri que era um problema de tempo e agora sei exatamente o que precisa ser alterado para que funcione.

MO: Isso é ótimo! Sua determinação de prestar atenção aos detalhes valeu a pena. Quais os próximos passos?

SUE: Preciso convencer o Sanjeev a mudar o código o mais rápido possível, mas sei que ele está muito ocupado agora.

MO: O que você acha que poderia convencer Sanjeev a fazer disso uma prioridade?

SUE: Se você pedisse para ele fazer isso.

MO: Por que você não conversa com Sanjeev primeiro? Acho que você tem mais influência do que imagina. Vamos conversar de novo antes do almoço.

SUE: OK, vou tentar.

Pouco antes do almoço, Sue conta a Mo como foi a conversa:

SUE: Consegui que Sanjeev fizesse as alterações na mesma hora e agora está tudo funcionando.

MO: Isso é uma ótima notícia, Sue. Muito bem. O que você fez para convencer o Sanjeev?

SUE: Eu perguntei se ele poderia ajudar e expliquei como era importante que ele fizesse isso hoje.

MO: O que foi diferente das outras vezes que você precisou que Sanjeev fizesse alguma coisa com prazo tão curto?

SUE: Eu perguntei a ele se ele podia ao invés de dizer o que ele tinha que fazer. Foi simples assim.

MO: O que você fez foi simples, mas muito eficaz. O que você aprendeu com esse processo?

SUE: Manter as coisas simples e não fazer suposições sobre as pessoas.

Nesse exemplo alternativo, Mo adota os dois princípios-chave de *coaching*, conscientização e responsabilidade, que veremos no Capítulo 6. Nessa breve interação, Mo não demonstrou culpa ou irritação e ajudou Sue a resolver a questão sozinha, acreditando em si mesma e aprendendo com a experiência.

Além disso, Mo a ajudou a construir essa cultura de interdependência de alta *performance* ao incentivar Sue a construir relacionamentos mais fortes com seus pares.

A aplicação do *coaching*

Quando e onde usamos *coaching* e para quê? Como já discutimos, o *coaching* é o desenvolvimento no trabalho; a mentalidade de *coaching* é uma maneira de ser, e portanto é relevante pensar sobre a sua prática. Como veremos no próximo capítulo, uma mentalidade de *coaching* é aquela em que você vê o *coachee* como seu semelhante, como alguém que tem a capacidade de superar barreiras e obstáculos para realizar seu potencial. A partir dessa mentalidade, você é capaz de se comunicar honestamente com essa pessoa, não importa qual seja o assunto.

Existem algumas situações óbvias no ambiente de trabalho em que uma abordagem de *coaching* aprimora sua conversa:

- Definição de metas
- Planejamento estratégico
- Criar engajamento
- Motivar e inspirar
- Delegar
- Trabalho em equipe
- Solução de problemas
- Planejar e revisar
- Desenvolvimento de equipe e pessoas
- Desenvolvimento de carreira
- Gestão de *performance*
- Revisões de *performance*
- *Feedback* e avaliações
- Alinhamento de relacionamento

A lista é interminável e as oportunidades podem ser enfrentadas usando uma abordagem altamente estruturada ou adotando uma abordagem de liderança de *coaching*. Neste último caso, esteja ciente de que superficialmente a discussão pode soar como uma conversa normal e o termo *coaching* pode nem ser usado. Isso é muito mais comum e talvez mais importante, porque é a conscientização e o emprego contínuos dos princípios subjacentes do *coaching* durante as muitas interações diárias breves que ocorrem entre os líderes e seus colaboradores no trabalho que resultam no desenvolvimento no trabalho. É para esse estilo de *coaching* que nos voltamos no próximo capítulo.

5   Um Estilo de *Coaching*: Parceria e Colaboração

Parceria e colaboração criam autoconfiança e equipes autônomas

Vamos explorar o *kit* de ferramentas básico para o *coaching*. As principais características de um estilo de *coaching* são parceria e colaboração em oposição a comando e controle. O *coaching* é uma conversa entre iguais. A ICF define *coaching* como *parceria em um processo instigante e criativo para maximizar o potencial pessoal e profissional*. Dessa forma, a mentalidade de *coaching* cria imediatamente uma cultura de interdependência em oposição à dependência criada pela gestão tradicional. Nesse que parece ser um contexto global de *fazer mais com menos*, é um grande alívio para os líderes aprenderem a engajar todo o potencial e sabedoria de seus colaboradores através de parceria e colaboração, em vez de se sentirem constantemente pressionados a fornecer as respostas e pilotar o navio sozinhos. Os líderes que participaram de nossos seminários de *coaching* nos dizem que sentem um peso sendo tirado de seus ombros e vivem com muito menos estresse.

O *ethos* do *coaching*

Coaching é uma forma de ser que deriva de um *ethos* próprio do *coaching* – uma crença na capacidade, desenvoltura e potencial de si mesmo e dos outros que permite que você se concentre em pontos fortes, soluções e sucesso futuro, e não em fraqueza, problemas ou *performance* passada. Um estilo de liderança de *coaching* exige que você se conecte no nível humano, além da tarefa – antes da ação – e pare de pensar que o líder é *o especialista* que precisa dizer a todos os outros a melhor maneira de fazer as coisas. O *coaching* se baseia na confiança, na crença e não no julgamento; é uma cultura em que *a melhor prática* não é como você a conhece, onde a diversão é essencial para a aprendizagem e as *perturbações* são reformuladas como *preparações* ou oportunidades. É um lugar onde todas as coisas são possíveis e a colaboração é o melhor facilitador.

Um CEO que participou de um *workshop* público de *Coaching* de *Performance*, Luc Deflem, da Securex, disse: "Mudou a forma como trabalhamos – a forma como interagimos como pessoas. Você fica muito mais forte em um nível de relacionamento pessoal e transforma a interação no nível executivo".

Há algumas noções básicas que estabelecem e mantêm uma mentalidade de *coaching* de parceria e colaboração, que este capítulo irá revelar.

Automotivação

O segredo da motivação é o Santo Graal que todo líder de negócios adoraria encontrar. A cenoura e o bastão, aqueles motivadores externos simbólicos, estão se tornando cada vez menos eficazes. Poucos líderes duvidam que a automotivação seja melhor, mas obrigar alguém a se motivar é uma contradição em termos. A automotivação reside na mente de cada indivíduo, fora do alcance do mais alto dos executivos.

Desde que o trabalho começou, as pessoas recorreram a uma combinação de ameaças e recompensas para fazer com que outras pessoas façam o que deve ser feito. O medo é um forte motivador, mas também é um poderoso inibidor de criatividade e responsabilidade. Escravidão é só bastão, sem nenhuma cenoura. As cenouras ajudam as pessoas a ter uma melhor *performance*, por um tempo, mas se nós vemos e tratamos as pessoas como burros, elas se comportam como burros. Tentamos lavar as cenouras, cozinhá-las e fornecer outras maiores também, e tentamos acolchoar o bastão ou até mesmo escondê-lo, fingindo que ele não existe mais, até que precisamos dele mais uma vez. Mais uma vez a *performance* melhora – um pouco.

Depois da crise financeira global de 2008, os trabalhadores estão enfrentando restrições sobre os aumentos salariais e encontram menos oportunidades de promoção. Durante uma crise econômica global, manter o emprego já é o melhor que muitos poderiam esperar. Estamos correndo desesperadamente atrás de uma *performance* melhor e estamos ficando sem cenouras. Portanto, se o sistema de motivação está falhando, precisamos mudar fundamentalmente nossas ideias sobre motivação. Se as pessoas realmente vão se apresentar, elas devem ser automotivadas. Os líderes que adotam uma mentalidade de *coaching* permitem que isso aconteça.

Para uma organização alcançar uma cultura verdadeiramente colaborativa na qual as pessoas são automotivadas, é necessário que se acredite que cada indivíduo é plenamente capaz e engenhoso. Não há espaço para mentalidades do tipo *eu sou o chefe* ou a noção tradicional de melhores práticas, onde eu sei o que você deve fazer com base no sucesso de outras pessoas. A colaboração não é compatível com *eu sou o especialista* ou *é assim que fazemos as coisas por aqui*. O atleta americano Dick Fosbury atingiu seu potencial precisamente porque seu *coach* não insistiu para que ele seguisse as melhores práticas. Fosbury descobriu quando ainda estava na escola que, se passasse primeiro a cabeça por sobre a barra e depois girasse as costas, poderia pular mais alto do que a técnica tradicional da época. Uma década depois de conquistar a medalha de ouro olímpica de 1968, a técnica tradicional se tornara antiquada e a imensa maioria dos atletas olímpicos já estava usando o *estilo de Fosbury*.

Crença no potencial

Como *coach* ou líder, a eficácia do que você faz depende em grande medida de suas crenças sobre o potencial humano. As expressões *tirar o melhor de alguém* e *seu potencial oculto* implicam que há muito mais dentro da pessoa esperando para ser liberado. Só quando acreditamos que as pessoas possuem mais capacidade do que expressam atualmente é que somos capazes de ajudá-las a expressá-lo. Os líderes devem pensar em seus colaboradores em termos do seu potencial, e não da sua *performance* passada. A maioria dos sistemas de avaliação sofre dessa deficiência. As pessoas são colocadas em caixas de *performance* das quais não conseguem escapar, seja sob seus próprios olhos ou os do líder.

O fato de que as nossas crenças sobre a capacidade de outras pessoas causam um impacto direto em sua *performance* já foi adequadamente demonstrado em vários experimentos do campo da educação. Nesses testes, os professores são informados, erroneamente, que um grupo de alunos comuns são candidatos a bolsas de estudo ou têm dificuldades de aprendizagem. Eles ensinam o mesmo currículo aos dois grupos por um período de tempo. Testes acadêmicos subsequentes mostram que os resultados dos alunos refletem invariavelmente as falsas crenças de seus professores sobre sua capacidade. É igualmente verdade que a *performance* do colaboradores vai refletir as crenças dos seus líderes. Para colaborar verdadeiramente, formando parcerias, é preciso ver o potencial das pessoas, não a sua *performance* passada.

Criando uma cultura de confiança

Já expliquei a importância de os líderes reconhecerem o potencial que existe dentro de cada um de seus colaboradores, tratando-os sob esta perspectiva. Também é fundamental que as pessoas reconheçam seu próprio potencial oculto e acreditem em si mesmas. Todos nós achamos que podemos fazer melhor até certo ponto, mas sabemos intimamente do que somos capazes? Quantas vezes ouvimos ou fazemos comentários do tipo "*Ela tem muito mais capacidade do que pensa*"?

Por exemplo, Fred se vê com potencial limitado. Ele se sente seguro apenas quando opera bem dentro de seu limite prescrito. Essa é a sua concha. Sua líder, Ruth, só lhe passa tarefas que caibam dentro dessa carapaça. Ela decide delegar a ele a tarefa A, porque confia que Fred pode fazê-la e Fred é realmente capaz de fazê-la. Mas ela não delega a ele a tarefa B, porque vê nisso algo além da capacidade dele. Se ela passar essa tarefa para Jane, que é mais experiente, isso seria mais conveniente e compreensível, mas estaria reforçando ou validando a concha de Fred, tornando-a mais grossa e impenetrável. Para ajudar Fred a se aventurar fora de sua concha, Ruth precisa definir o desafio realista da tarefa B e apoiá-lo ou orientá-lo para o sucesso. Ela precisa suspender quaisquer crenças limitantes que tenha sobre Fred e confiar que ele é capaz de mais do que a experiência passada demonstrou até aqui.

Desenvolver sua inteligência emocional e a sua capacidade de confiar tem a ver com como você vê a si mesmo e aos outros em termos de **potencial**, e como você lida com os **obstáculos internos e externos** que impedem a plena expressão desse potencial.

Que tal refletir sobre as três perguntas reveladoras na atividade a seguir? Certifique-se de ter anotado suas respostas antes de continuar a ler.

1. Quantos porcento de todo o seu potencial você traz para seu trabalho diariamente? Pense na pergunta nos termos que quiser, mas em seguida transforme isso em uma porcentagem. 2. O que está atrapalhando a realização plena do seu potencial? 3. Qual o principal obstáculo interno que impede que esse potencial se manifeste?	**Atividade:** O que bloqueia seu potencial?

QUE PORCENTAGEM DO SEU POTENCIAL AS PESSOAS ENTREGAM EM MÉDIA NO AMBIENTE DO TRABALHO?

As respostas individuais dadas pelos delegados em oficinas de *Coaching* de *Performance* variam de números muito baixos mais de 80%, mas a resposta média para essa pergunta é 40%.

Também perguntamos quais evidências as pessoas têm para apoiar seus números. As três respostas mais consistentes são:

- Eu só sei que poderia ser muito mais produtivo.
- O fato das pessoas responderem tão bem a uma crise.
- As coisas que as pessoas fazem fora do ambiente de trabalho.

QUE BLOQUEIOS EXTERNOS E INTERNOS IMPEDEM A MANIFESTAÇÃO DO RESTANTE DESSE POTENCIAL?

Os bloqueios externos mais citados são:

- O estilo de gestão predominante na organização / na liderança.
- A falta de incentivo e oportunidade.
- Estruturas e práticas restritivas da empresa.

Mas há um único bloqueio interno universal, infalível e unânime: o medo, descrito como medo do fracasso, falta de confiança, insegurança e falta de autoconfiança (ver Figura 7). Eu tenho todos os motivos para suspeitar que esse bloqueio interno é verdadeiro. Em um ambiente seguro, as pessoas tendem a dizer a verdade sobre si mesmas. Se a falta de confiança é percebida como verdade, então ela se torna um fato. A resposta lógica seria empenhar todos os esforços para aumentar a autoconfiança dos colaboradores, e o *coaching* é feito sob medida para isso, mas muitos empresários não usam a lógica quando surge a necessidade de uma mudança no comportamento gerencial. Eles preferem aguardar, procurar, pagar ou até mesmo esperar por uma correção técnica ou estrutural, em vez de adotar uma melhoria de *performance* humana ou psicológica, por mais simples que seja.

FIGURA 7: Potencial

Quanto do nosso potencial total normalmente expressamos?	40%
Qual é o principal obstáculo interno que impede que ele se manifeste?	MEDO

Uma mentalidade de *coaching*

Para ter sucesso com o *coaching*, você precisa adotar uma visão muito mais otimista do que a normal sobre a capacidade adormecida das pessoas – uma mentalidade de *coaching*. Não basta fingir que é otimista, porque você transmite suas crenças genuínas de muitas maneiras sutis. Construir a autoconfiança dos outros exige que você mude a maneira de pensar sobre eles e, ao fazê-lo, liberte-se do desejo de controlá-los ou de manter sua crença em suas habilidades superiores, criando uma relação de dependência. Uma das melhores coisas que se pode fazer por eles é ajudá-los a não depender de você. Afinal, os momentos mais memoráveis e emocionantes das crianças são, muitas vezes, as primeiras ocasiões em que vencem um dos pais em um jogo. É por isso que, de início, os pais deixam que eles ganhem. Eles querem que seus filhos os superem e estes ficam orgulhosos quando o fazem – seria tão bom se os líderes ficassem igualmente orgulhosos quando os membros da equipe fazem o mesmo! Você só tem a ganhar com uma maior *performance* de sua equipe e com a satisfação de assisti-los e ajudá-los a crescer. No entanto, muitas vezes surge o medo de perder seu emprego, sua autoridade, sua credibilidade ou sua autoconfiança.

A ADOÇÃO DE UMA MENTALIDADE *COACHING* AJUDA AS PESSOAS A DESCOBRIREM SUA AUTOCRENÇA

Para que as pessoas construam sua autoconfiança, além de acumular sucessos elas precisam saber que o seu sucesso se deve aos seus próprios esforços. Elas também devem saber que as outras pessoas acreditam nelas, o que significa receber confiança, permissão, incentivo e apoio para fazer suas próprias escolhas e tomar suas próprias decisões. Significa ser tratado como igual, mesmo que o seu trabalho tenha um rótulo inferior. Significa não ser infantilizado, ensinado, ignorado, culpado, ameaçado ou denegrido por palavras ou atos. Infelizmente, o comportamento de liderança mais universalmente esperado e aceito incorpora muitos desses aspectos negativos e reduz efetivamente a autoconfiança daqueles que estão sendo liderados.

O que você pensa sobre uma pessoa transparece em suas atitudes e cria um impacto, mesmo que você não diga nada. A pesquisa de Albert Mehrabian é a mais conhecida neste campo. Seu trabalho forneceu a base para as estatísticas muitas vezes supersimplificadas sobre a eficácia relativa da comunicação falada *versus* as mensagens inconscientes que as pessoas estão transmitindo através de seu corpo, tom de voz, expressões faciais e movimento. Ele descobriu que quando se trata de sentimentos e atitudes:

- 7% de uma mensagem está nas palavras que são faladas.
- 38% de uma mensagem está no modo como as palavras são ditas, por exemplo, tom e ritmo.
- 55% de uma mensagem está na expressão facial.

Para explorar e experimentar diferentes mentalidades, tente fazer a atividade abaixo.

Atividade: Experimente Mentes Diferentes	Encontre um lugar onde você não será perturbado por três minutos. Pense em alguém com quem você trabalha regularmente e depois experimente cada uma das seguintes mentalidades. Permaneça com cada mentalidade pelo maior tempo possível antes de passar para a próxima, percebendo que respostas cada uma delas desperta em você: 1. *Eu acho que essa pessoa é um problema.* 2. *Eu acho que essa pessoa tem um problema.* 3. *Eu acho que essa pessoa está em uma jornada de aprendizado e é capaz, cheia de recursos e cheia de potencial.* O que você percebeu sobre as diferentes mentalidades? Que sentimentos ou emoções diferentes elas despertam em você? Quais foram as suas crenças sobre o potencial da pessoa a cada vez? O que mudou em sua atitude? Que mentalidade você tende a adotar diariamente?

Quase todas as interações pessoais envolvem sentimentos e atitudes de algum tipo, e a comunicação de um líder é especialmente observada para buscar as emoções e o significado por trás das palavras. Portanto, tornar-se consciente do que você realmente sente é fundamental. Para isso, você precisa ter o trabalho de mudar do que pode ser sua visão da vida naturalmente cética ou pessimista para uma visão positiva.

Para começar, você pode considerar que a possibilidade de escolher uma mentalidade é como usar óculos com lentes de cores diferentes. Ao enxergar os outros, a si mesmo e o mundo a partir da perspectiva de seus próprios óculos coloridos, você não tem apenas uma, mas muitas cores para examinar. Há cores que mudam e cores que parecem ter estado lá desde sempre. Quando você reconhece isso, torna-se capaz de assumir o controle, autogerenciar e tomar a decisão consciente de adotar uma mentalidade de *coaching*.

Convido você a **adotar a mentalidade de que alguém é capaz, engenhoso e cheio de potencial,** a essência de uma mentalidade de *coaching*. Isso construirá sua autoconfiança e automotivação e lhe permitirá florescer. E com essa mentalidade, você pode apoiar seus colaboradores para que façam suas próprias escolhas poderosas, encontrando o prazer na sua *performance* e sucesso.

O objetivo subjacente e sempre presente do *coaching* é construir a autoconfiança dos outros, independente do conteúdo da tarefa ou questão. Se os líderes levarem em conta esse princípio e agirem de forma persistente e autêntica, eles serão surpreendidos pelas melhorias nos relacionamentos e na *performance* que resultam dessa mudança. Reflita sobre como você vem construindo a autoconfiança nos membros de sua equipe.

Intenção

Outra maneira pela qual você pode conscientemente influenciar o sucesso de uma relação de trabalho, uma reunião ou um projeto é através da intencionalidade. Não importa se o objetivo é conversar rapidamente com um colega ou toda a equipe ou planejar uma sessão formal de *coaching* ou uma análise de *performance*, defina a sua intenção para a reunião. Definir uma intenção clara quanto aos resultados da reunião terá um impacto sobre o seu sucesso. Você poderia definir intenções como a visão ideal sobre o que aconteceria se tudo corresse às mil maravilhas. É importante definir intenções claras e específicas, porque elas servirão de âncora e guia para você. Pratique essa habilidade com a próxima atividade.

Tire dois minutos de tempo em silêncio antes de uma reunião para definir sua intenção, respondendo a essa pergunta: • **O que precisaria acontecer nessa reunião para que ela superasse totalmente as suas expectativas?** Deixe de lado quaisquer crenças limitantes que você tenha sobre a reunião, seus colaboradores ou sobre si mesmo, e permita-se *sonhar* com o melhor que você pode imaginar. Ao colocar seu foco em um resultado positivo e articular isso racionalmente, você já definiu sua intenção para a reunião. Revise sua intenção após a reunião e observe como ela se desenrolou. Pratique até que isso se torne uma parte natural do seu *kit* de ferramentas.	**Atividade:** Defina suas intenções

Acordos de trabalho conscientes

Quando constrói conscientemente as regras do seu ambiente de trabalho, você se torna mais produtivo, criativo e suas equipes trabalham melhor. Parceria e colaboração em um relacionamento de trabalho exigem uma base sólida construída sobre expectativas claras e acordos criados conscientemente, e não apenas seguindo o padrão. Muitas vezes você pode mergulhar em um projeto ou em uma nova relação de trabalho sem parar para esclarecer papéis, responsabilidades, metas comuns e acordos de trabalho ideais. A parceria na hora de criar conscientemente a forma de se trabalhar em conjunto resolve essas questões com uma clara intenção de criar sucesso. O *design* consciente e deliberado de uma boa relação de trabalho desde o início constrói o respeito, a confiança e o acordo que são essenciais para a colaboração e a alta *performance*.

Quando os prazos são curtos, pode ser tentador pular todo esse processo. Devido ao nosso vício humano em fazer, é normal sentir-se impaciente quando se dedica tempo para ser consciente e intencional sobre os relacionamentos. No entanto, depois de fazer isso algumas vezes, você se sentirá desconfortável quando não o fizer.

As pessoas possuem diferentes suposições sobre como as coisas *deveriam* ser. Se você não as discutir desde o início do trabalho em equipe, elas irão ofuscar a sua visão de maneira negativa. Experimente a seguinte atividade com um novo membro da equipe ou use o exercício com alguém com quem você já trabalha, para redesenhar e atualizar o relacionamento. Você também pode fazer essa atividade como um grupo para criar uma equipe poderosa. Para completar, as perguntas também estão no *Toolkit* de Questões de Treinamento no final do livro (Bolsa de Perguntas 2).

Atividade: Projete conscientemente os seus acordos de trabalho	Explore as seguintes perguntas: • Como seria o sonho/sucesso desse trabalho em conjunto? • Como seria o cenário do pesadelo ou o pior resultado possível? • Qual é a melhor maneira de trabalharmos juntos para alcançar o sonho/sucesso? • O que precisamos ter em mente para evitar o pesadelo ou o pior resultado possível? • O que cada um de nós precisa permitir ao outro?

> **O que faremos quando as coisas ficarem difíceis?**
>
> Esses são acordos flexíveis, por isso é fundamental que se cheque novamente com o passar do tempo, revisitando os termos, e redesenhando-os sempre que necessário, verificando os seguintes aspectos:
>
> - O que está funcionando e o que não está?
> - O que precisamos mudar para tornar o relacionamento mais eficaz, produtivo ou positivo?

Permissão

Outro elemento-chave na manutenção de parcerias e na colaboração é o uso de **permissão**. Ela cria segurança e confiança, respeita as sensibilidades individuais, concentra a atenção e evita mal-entendidos.

Quando você está conversando com alguém de quem gosta e em quem confia, você tende a usar a permissão naturalmente, tanto verbalmente quanto em sua linguagem corporal, por exemplo perguntando "E se fizermos isso?". Quando está falando com pessoas em conflito ou que se sentem ameaçadas, a permissão tende a desaparecer, e você pode dizer "O que eu acho que devíamos fazer é isso".

A permissão está implícita em qualquer acordo de trabalho consciente, mas também é essencial durante todo o processo de *coaching*. Muitas vezes, você até acredita que tem uma boa sugestão ou alguma experiência valiosa para contar. Mas ao fazê-lo, há uma tendência humana comum de se entrar no modo "Eu sei o que você deve fazer..." ou "Eu tive o mesmo problema e consertei desse jeito ". Segure esse pensamento e antes de qualquer coisa peça permissão para compartilhar o que você sabe: "Será que ajudaria se eu contasse o que funciona comigo?".

Outra vantagem de se pedir permissão é que isso faz com que as pessoas parem e escutem o que você tem a dizer, especialmente durante as reuniões. Uma simples pergunta como "Posso acrescentar um comentário sobre isso?" já é capaz de deixar a sala de reunião em silêncio e atenta, por dois motivos:

- Quando pede permissão, você está entregando às outras pessoas o controle da situação.
- Quando você acrescenta algo ao que alguém disse, está validando o que aquela pessoa disse.

E se o estilo de *coaching* ainda é pouco familiar para seus colaboradores, antes de mudar seu estilo de liderança, pedir permissão ajudará você a obter o comprometimento desejado da parte deles: "Vou tentar uma nova abordagem (de *coaching*) para melhorar a maneira como trabalhamos. Vocês vão notar uma mudança, pois eu vou fazer mais perguntas para saber o que vocês pensam sobre os assuntos. Estão prontos para me dar essa chance?".

Na Bolsa de Perguntas 3 no *Kit* de Perguntas para *Coaching* ao final do livro, você encontra uma série de maneiras diferentes de pedir permissão e pode usá-las em suas parcerias daqui para frente. Obter permissão antes de tentar algo que envolve a outra pessoa, ou antes de descrever sua própria experiência e perspectiva, é uma boa maneira de manter a confiança e o *rapport* e, no fim das contas, manterá o relacionamento equilibrado.

Fique curioso, não crítico

A colaboração pode ser apenas um chavão em algumas organizações. Quando as coisas ficam difíceis, as pessoas podem recorrer a críticas e culpa, e o Capítulo 2 já discutiu como essas mudanças podem ser prejudiciais em qualquer relacionamento. O antídoto para as críticas é a curiosidade. Ao ficar curioso em vez de crítico, você garante que a parceria e a colaboração não serão prejudicadas quando as coisas ficarem difíceis. Mas ainda há muito mais sobre isso – ficando curioso sobre o que aconteceu, você se permite entrar em uma nova perspectiva, a da pessoa com quem está trabalhando. Isso cria aprendizado e descoberta para ambos e, em última instância, promove o alinhamento. Vamos falar disso em capítulos posteriores, especialmente no Capítulo 13, quando vermos que compartilhar perspectivas sobre a *performance* é fundamental para o *feedback* e o aprendizado contínuo. E não é apenas julgar a *performance* de outra pessoa que é um problema. Quantas vezes você não ouviu alguém (talvez você mesmo) dizer *sou meu pior crítico*? Por mais difícil que as pessoas possam ser diante das críticas, elas são dez vezes mais difíceis diante de si mesmas. Reconhecer e gerenciar a voz crítica interior, ou segundo Gallwey *o oponente dentro da própria cabeça*, é fundamental para o *coaching*. Em um ambiente sem julgamentos e acusações, você pode aprender com seus erros e se autoriza a ficar disposto a se esforçar. Um espírito de *coaching* é positivo e inspirador: ele joga uma luz brilhante sobre o que funcionou bem até agora, sobre que aprendizados podem ser obtidos do passado e sobre qual é o caminho para o que de melhor nos aguarda no futuro.

Julgamento, crítica e correção colocam as pessoas na defensiva. E tendem a andar de mãos dadas com a culpa. O medo do julgamento ou da culpa é um dos principais inibidores da colaboração e da alta *performance*. Os capítulos 11 e 13 examinam mais de perto a necessidade de se afastar do julgamento e de se apontar as falhas para a descrição e a objetividade.

Até agora, discutimos a ligação entre *coaching* e inteligência emocional e definimos o que torna um estilo de *coaching* tão eficaz para construir a autoconfiança e a motivação que uma pessoa precisa ter para desbloquear seu próprio potencial. O próximo capítulo vai explorar o princípio fundamental do *coaching* de que a alta *performance* advém da alta consciência e responsabilidade.

6 Conscientização e Responsabilidade: Ativando o Aprendizado

Construir consciência e responsabilidade é a essência do bom coaching e permite a ativação da aprendizagem natural

Consciência e responsabilidade são, sem dúvida alguma, duas qualidades cruciais para a *performance* em qualquer atividade. Meu colega David Hemery, atleta dos 400 metros e medalhista olímpico de 1968, pesquisou 63 dos maiores expoentes do mundo em mais de 20 modalidades diferentes, em seu livro *Sporting Excellence*. Apesar de consideráveis variações em outras áreas, a consciência e a responsabilidade consistentemente aparecem como os dois fatores atitudinais mais importantes comuns a todos – e a atitude ou o estado mental do indivíduo é a chave para qualquer tipo de *performance*. Vamos explorar o significado de cada um desses aspectos.

A mente vencedora

No âmbito esportivo, os treinadores geralmente trabalhavam com foco na habilidade técnica e na adequação ao esporte. A mente não era universalmente reconhecida com algo crucial, mas de qualquer forma, o atleta nasceu assim e o treinador não podia fazer muito a respeito. Errado! Os treinadores (ou *coaches*) podiam afetar, e na verdade afetavam, o estado mental de seus atletas, mas só que inconscientemente, e muitas vezes de modo negativo, por conta dos seus métodos autoritários e sua obsessão pela técnica.

Esses treinadores negavam a responsabilidade de seus atletas, dizendo-lhes o que fazer; eles negavam sua consciência descrevendo apenas a sua visão. Eles concentravam toda a responsabilidade e matavam a consciência. Alguns desses chamados treinadores ainda fazem isso hoje, assim como muitos líderes. Eles contribuem tanto para as limitações dos atletas e colaboradores como para os seus sucessos. O problema é que ainda são capazes de obter resultados bem razoáveis daqueles que orientam e gerenciam, de modo que não se sentem motivados a tentar qualquer outra coisa e não sabem ou acreditam no que poderiam conseguir por outros meios.

Muita coisa mudou no esporte, e hoje a maioria das equipes de ponta emprega psicólogos esportivos para oferecer aos atletas um trabalho de *coaching* de atitudes. Se os antigos métodos permanecerem inalterados, no entanto, o treinador estará sem querer minando os esforços do psicólogo. A melhor maneira de desenvolver e manter o estado de espírito ideal para a *performance* é conscientizar e responsabilizar continuamente através da prática diária e do processo de aquisição de habilidades. Isso requer uma mudança no método de treinamento, evoluindo-se da instrução para o *coaching* real. O *coaching* para conscientização e responsabilidade funciona no curto prazo para apoiar a realização de uma tarefa, e também funciona no longo prazo para uma melhor qualidade de vida.

Um *coach* não é um solucionador de problemas, um conselheiro, um professor, um consultor, um instrutor ou mesmo um especialista; um *coach* é uma caixa de ressonância, um facilitador, um sensibilizador, um apoiador. Essas palavras devem pelo menos ajudá-lo a entender no que implica esse papel.

Consciência

O primeiro elemento-chave do *coaching* é a conscientização, que é produto da atenção concentrada, do foco e da clareza. Vamos consultar por um momento no *Oxford Dictionary*: estar CIENTE de alguma coisa significa estar *consciente, não ignorante, ter conhecimento*. Mas eu prefiro o *Webster*, que acrescenta que estar *consciente implica ter conhecimento de algo através da atenção na observação ou na interpretação daquilo que se vê, ouve, sente* etc.

Sou capaz de controlar apenas aquilo do que estou ciente. Aquilo de que não tenho conhecimento me controla. A consciência me fortalece.*

Aumentar a consciência é um dos princípios do *coaching*, porque você só pode responder às coisas das quais está ciente. Se você não está ciente de algo, não tem como responder. Como Gallwey estabeleceu com o Jogo Interior, tornar-se consciente de algo ativa nossa capacidade natural de aprendizado. O primeiro passo é tornar-se consciente.

Assim como sua visão ou sua audição, que podem ser boas ou ruins, existem infinitos graus de consciência. Mas ao contrário da visão ou da audição, em que o normal é serem boas, o normal é que a sua consciência cotidiana seja provavelmente bastante fraca. Uma lupa ou um amplificador podem aumentar os limites de sua visão e audição acima do normal. Da mesma forma, a conscientização pode ser aumentada ou incrementada consideravelmente por meio da atenção concentrada e da prática, sem que você tenha que recorrer à farmácia da esquina! O aumento da consciência dá maior clareza de percepção do que o normal, assim como a lupa. Embora a conscientização inclua ver e ouvir no ambiente de trabalho, ela abrange muito mais do que isso. É reunir e perceber claramente os fatos e informações relevantes e desenvolver a capacidade de determinar aquilo que é relevante. Essa capacidade inclui uma compreensão dos sistemas, da dinâmica, das relações entre as coisas e as pessoas e, inevitavelmente, alguma compreensão sobre a psicologia. A consciência também engloba a autoconsciência, em particular reconhecendo quando e como nossas emoções ou desejos distorcem nossa própria percepção.

Por exemplo, se você começar o dia de mau humor, poderá chegar ao trabalho usando *óculos negativos* e acabar se comportando de uma forma rude com um colega. Seu colega, por sua vez, pode reagir negativamente a você e um mau relacionamento acaba se formando. Porém, se você é uma pessoa autoconsciente, poderá reconhecer o mau humor e terá como optar por colocá-lo de lado e não impor isso a seus colegas.

A CONSCIENTIZAÇÃO LEVA À HABILIDADE

No desenvolvimento de habilidades físicas, a consciência das sensações corporais pode ser decisiva. Na maioria dos esportes, por exemplo, a maneira mais eficaz de aumentar a eficiência física individual é tornar o atleta cada vez mais consciente das sensações físicas durante uma atividade. Isso é mal compreendido pela maioria dos treinadores esportivos, que insistem em impor suas técnicas de fora para dentro. Quando a consciência cinestésica está focada em um movimento, os desconfortos imediatos e as ineficiências correspondentes a esse movimento são reduzidos e logo eliminados. O resultado é uma forma mais fluida e eficiente, com a importante vantagem de estar voltada para o corpo do atleta em vez do corpo *médio*.

Professores e instrutores, ou no caso, os líderes, podem se sentir tentados a mostrar e dizer aos outros que devem fazer algo da maneira que eles foram ensinados a fazê-lo, ou da maneira como o *livro* diz que deve ser feito. Em outras palavras, eles ensinam o estudante ou o colaborador à sua maneira, e assim perpetuam uma sabedoria convencional. Enquanto aprender e empregar a maneira padrão ou *certa* de fazer algo pode trazer benefícios iniciais à *performance*, as preferências pessoais e os atributos dos atletas acabam sendo suprimidos. A dependência dos atletas em relação ao especialista também é mantida, o que aumenta o ego dos líderes e sua ilusão de poder, mas não libera o seu tempo.

A alternativa de *coaching*, baseada em conscientizar, realça e destaca os atributos únicos do corpo e da mente de cada *coachee*, enquanto ao mesmo tempo constrói a habilidade e a confiança para melhorar, sem que alguém lhes diga o que e como fazê-lo. Ela cria autoconfiança, crença em si mesmo, segurança e autorresponsabilidade. O *coaching* nunca deve ser confundido com a abordagem *aqui estão as ferramentas, vá e descubra por si mesmo*. O nível normal de consciência das pessoas é relativamente baixo. Deixado aos seus próprios desígnios, você pode ter a qualidade de reinventar a roda e/ou de desenvolver apenas métodos parcialmente eficazes que podem se consolidar em maus hábitos. Assim, a função de conscientização do especialista em *coaching* é indispensável – pelo menos até ou a menos que você desenvolva a habilidade de *autocoaching*, que abre as portas para o autodesenvolvimento e autodescoberta contínuos.

Não há duas mentes humanas ou corpos iguais. Quem pode dizer a alguém como deve usar o seu corpo ou sua mente? Só você pode descobrir como, por meio da consciência.

Aquilo que você precisa para aumentar a sua consciência pode variar. Cada atividade é voltada para diferentes partes do ser. O esporte é basicamente físico, mas alguns esportes também são altamente visuais. Os músicos precisam desenvolver altos níveis de consciência auditiva. Os escultores e magos precisam de consciência tátil, e os executivos exigem consciência mental e pessoal, e certamente outras áreas também.

A consciência não julgadora é curativa, e é aí que reside a magia. E há uma explicação biológica para isso na neurociência. As ondas cerebrais têm frequências vibracionais diferentes e interagem com os neurônios dentro do nosso cérebro. Existem quatro padrões principais de ondas cerebrais, variando de alta a baixa frequência. Passamos a maior parte de nossa vida profissional nas ondas cerebrais de frequência mais alta, como Alfa e Beta – quando nossa consciência é direcionada para fora em direção às tarefas cognitivas. A fim de aumentar a nossa consciência e acessar o potencial dentro de nós, precisamos ser capazes de acessar outros níveis de ondas cerebrais, como Delta e Theta. Afinal de contas, como disse Einstein, *os problemas não podem ser resolvidos segundo a mesma mentalidade que os criou*. Os benefícios são abundantes, pois aumentando sua consciência é mais fácil descobrir e se conectar com o seu propósito.

Para desenvolver sua consciência, recomendo fortemente a meditação. Oferecemos uma forma de meditação criada por minha colega Gita Bellin, cujo trabalho já transformou muitas empresas em todo o mundo. A prática é projetada para os líderes criarem uma mentalidade de alta *performance*, e decidimos compartilhar como aprender isso em nosso site, www.coachingperformance.com.

A consciência é algo que se desenvolve rapidamente por meio da simples prática e aplicação, e através do *coaching*. Talvez seja mais fácil relacionar-se com as seguintes definições dos leigos:

- Consciência é saber o que está acontecendo ao seu redor.
- A autoconsciência é saber o que você está experimentando.

Ao tomar consciência de algo, você pode mudá-lo. E você nem precisa gastar esforço nisso, pois seu sistema natural de aprendizado – a parte de você que aprendeu a andar, andar de bicicleta, falar – irá responder e se adaptar naturalmente a novas informações. Muitas vezes, é por isso que as pessoas dizem que têm suas melhores ideias no chuveiro. Eles pararam de atuar nas ocupadas ondas Beta, acessando outras ondas cerebrais e *Eureka!*

INPUT

Há outro termo que pode aumentar a compreensão do que quero dizer com consciência: entrada (*input*, em inglês). Toda atividade humana pode ser reduzida a entrada – processamento – saída.

Por exemplo, quando você dirige até o trabalho, recebe informações na forma de outros movimentos de tráfego, condições da estrada e do tempo, alterações da velocidade e das relações espaciais, os sons do motor, seus instrumentos e o conforto, tensão ou cansaço do corpo. Você é capaz de receber todos esses estímulos ou entradas e aceitar, rejeitar, levar a cabo, considerar em seus detalhes mais complexos, ou nem mesmo perceber, a não ser de modo bem superficial e geral.

Você pode estar ativamente ciente de sua direção ou, inconscientemente, pegar a entrada certa e dirigir com segurança enquanto ouve o rádio. De qualquer forma, você está recebendo informações o tempo todo. Os melhores motoristas recebem uma maior quantidade e qualidade de entradas, o que lhes fornece informações mais precisas e detalhadas que por sua vez processam de modo a produzir a saída mais adequada, na forma de velocidade e posição do veículo na estrada. Por melhor que você seja ao processar a entrada recebida e agir sobre ela, a qualidade de sua produção dependerá da qualidade e quantidade da entrada. A conscientização é o ato de aguçar a acuidade de seus receptores de entrada, freqüentemente sintonizando seus sentidos, mas também engajando seu cérebro.

Embora a alta consciência seja vital para a alta *performance*, você recebeu de presente um mecanismo que busca continuamente diminuir sua consciência ao nível de *apenas o necessário para sobreviver*. Embora pareça negativo, isso é essencial se você quiser evitar a sobrecarga de estímulos. A desvantagem é que se você não despertar sua atenção e a daqueles com quem trabalha, você produzirá resultados em um nível mínimo. A habilidade do *coach* é elevar e manter a consciência no nível apropriado e nas áreas onde é necessário.

6 Conscientização e Responsabilidade: Ativando o Aprendizado | 73

Eu defino a consciência como uma **entrada relevante e de alta qualidade**. Eu poderia acrescentar a palavra *autogerada*, mas de certa forma isso está implícito, porque a entrada jamais será de alta qualidade a não ser que seja autogerada. O ato de se envolver em algo em si já aumenta a qualidade. Considere a pobreza da imagem que você recebe se eu disser *As flores lá fora são vermelhas*, comparado com as informações que você recebe quando eu pergunto *"Que cor são as flores lá fora"?*. E você é obrigado a checar por si mesmo. Melhor ainda, e se além de perguntar sobre a cor, eu acrescentar a tonalidade e a textura. Saber o que é mais relevante para os *coachees* é fundamental para determinar para onde direcionar o seu foco de atenção.

Neste exemplo, se o *coachee* fosse daltônico, seria melhor perguntar sobre o formato das folhas e das flores. Um caminho dá uma imagem de flor padrão, o outro dá margem a uma explosão detalhada da vida em uma miríade de tons sutis em um instante específico. É algo único. Em 15 minutos pode estar tudo diferente, pois o sol já terá se movido. E jamais será o mesmo novamente. Assim, a entrada autogerada é infinitamente mais rica, mais imediata, mais real. A atenção focalizada acima do normal leva a uma *performance* acima do normal.

Outra palavra que caracteriza a percepção é *feedback* – *feedback* do ambiente, do seu corpo, das suas ações, do equipamento que você está usando, em oposição ao *feedback* de outras pessoas. A mudança surge naturalmente e de forma não forçada quando se recebe um *feedback* ou uma entrada de qualidade.

Vejamos como a conscientização oferece diferentes escolhas (e portanto, responsabilidade) na prática. Desligue ou silencie o telefone, fique à vontade, relaxe e siga as perguntas no exercício de *autocoaching* da Caixa de Ferramentas de *Coaching* (Bolsa de Perguntas 1). Você vai precisar de cerca de 20 minutos. Ao completar a atividade de *autocoaching*, você deve ter notado que acabou se tornando mais reflexivo quando acessou outras ondas cerebrais para responder às perguntas. Espero que você esteja mais perto agora de alcançar seu objetivo. E provavelmente você se sentirá mais fortalecido e confiante porque experimentou fazer as perguntas certas e ouviu a si mesmo, para encontrar suas próprias soluções. As perguntas ajudam a aumentar sua conscientização, o que incentiva você a assumir a responsabilidade por atingir sua meta. O fato de criar suas próprias soluções também aumentará sua confiança de que pode alcançar seu objetivo. Isso é a consciência no ato de ser curativo.

Responsabilidade

A **responsabilidade** é outro conceito ou objetivo-chave do *coaching*. Também é crucial para a alta *performance*. Quando você realmente aceita, escolhe ou assume a responsabilidade por seus pensamentos e ações, seu compromisso com eles aumenta, assim como sua *performance*. Quando alguém manda, diz ou espera que você seja responsável, ou mesmo quando alguém lhe impõe uma responsabilidade, a menos que você a aceite totalmente, a sua *performance* não aumenta.

Claro, você pode fazer a tarefa porque existe uma ameaça implícita caso você não cumpra, mas fazer algo para evitar uma ameaça não otimiza a *performance*. Sentir-se verdadeiramente responsável envolve invariavelmente a escolha.

Vamos ver alguns exemplos.

CULPA

Se eu lhe der conselhos, especialmente os não solicitados, e você agir, mas falhar, o que você fará? Vai me culpar, é claro. E isso é uma indicação clara de como você enxerga a responsabilidade. Eu troquei o meu conselho pela sua responsabilidade, e isso raramente é um bom negócio. A falha pode até ser atribuída tanto à sua falta de propriedade quanto ao meu mau conselho. No ambiente de trabalho, quando o conselho é uma ordem, a propriedade é zero e isso pode levar ao ressentimento, à sabotagem sub-reptícia ou a uma reação inversa. *Você não me deu escolha; danificou minha autoestima; não tenho como conquistar isso através de uma ação sobre a qual eu não tenho propriedade, logo, assumo a responsabilidade por uma ação alternativa que irá atingir você. É claro que esse curso de ação pode me prejudicar também, mas pelo menos vou me vingar!* Se essa sequência (inconsciente) parece exagerada para você, deixe-me assegurar-lhe que existem milhões de empregados com maus empregadores que reconheceriam já ter seguido esse caminho mais de uma vez.

ESCOLHA

Aqui está outro exemplo da diferença entre o nível de responsabilidade normal ou imposto e a responsabilidade alta ou escolhida. Imagine um grupo de trabalhadores da construção sendo informado: "Pedro, vá e pegue uma escada. Tem uma lá no galpão".

O que Pedro faz se não encontrar a escada lá? Ele volta e diz: "Não tinha escada nenhuma lá".

E se eu tivesse perguntado: "Precisamos de uma escada. Tem uma no galpão. Quem está a fim de ir lá pegar?".

Pedro responde "Eu vou", mas quando chega lá, não vê a escada.

O que ele fará desta vez? Ele vai procurar em outro lugar. Por quê? Porque agora ele se sente responsável. Ele quer ter sucesso. Ele encontrará uma escada para seu próprio bem, sua própria autoestima. O que eu fiz de diferente foi dar a ele uma escolha, à qual ele respondeu.

Um de nossos clientes tinha um histórico de más relações de trabalho. Em uma tentativa de aprimorá-las, fiz uma série de cursos para supervisores de chão de fábrica. Embora a empresa relatasse que nosso curso era muito agradável, os participantes eram invariavelmente desconfiados, defensivos, até mesmo resistentes de início. Eu reconheci que o padrão deles era resistir a qualquer coisa que os líderes mais velhos lhes dissessem para fazer. Disseram-lhes que participassem do curso e também resistiram a isso.

Para desarmar essa situação improdutiva, perguntei-lhes quanta escolha haviam tido em participar do curso.

"Nenhuma", eles disseram em coro.

"Bem, vocês têm uma escolha agora", eu disse. "Vocês cumpriram sua obrigação com a empresa – vocês já estão aqui. Parabéns! Agora, vocês têm uma escolha. Como desejam passar esses dois dias? Vocês podem aprender o máximo possível, podem resistir, podem ser tão desatentos quanto quiserem, podem brincar. Escrevam uma frase agora descrevendo o que cada um de vocês escolhe fazer. Vocês podem guardar o papel para si mesmos, se preferirem, ou compartilhá-los com seu vizinho. Eu não preciso saber e não vou contar ao chefe de vocês o que vocês fizeram. A escolha é toda sua".

A atmosfera na sala se transformou. Houve algo como um suspiro coletivo de alívio, mas também houve uma liberação de energia, e a grande maioria dos supervisores se engajou em um alto nível de envolvimento. Escolha e responsabilidade podem fazer maravilhas.

Autocrença, automotivação, escolha, clareza, compromisso, consciência, responsabilidade e ação são produtos do coaching.

Esses exemplos simples ilustram claramente a importância da escolha para o ganho de *performance* que ocorre com a responsabilidade. Isso não acontece a menos que o *coachee* se sinta responsável. Mandar alguém ser responsável por algo não faz com que ele se sinta responsável por aquilo. Eles podem temer o fracasso e sentir-se culpados se falharem, mas isso não é o mesmo que sentir-se verdadeiramente responsável. Isso vem com a escolha, que por sua vez exige uma pergunta. Analisaremos a construção de perguntas de *coaching* no próximo capítulo. Mas a atividade a seguir ajudará você a refletir sobre o que pode ajudá-lo a aumentar a conscientização e a responsabilidade, e o que a mantém.

Atividade: Conscientização e Responsabilidade	1. Pense em um colega de trabalho que é bom em aumentar a conscientização e a responsabilidade. O que você pode aprender com seu comportamento para o seu próprio desenvolvimento? 2. Que forças você quer desenvolver com relação à conscientização e responsabilidade em seus colegas?

Combinando consciência e responsabilidade

A Figura 8 ilustra a natureza múltipla e multifacetada dos benefícios que se espalham por uma organização quando os líderes atuam com o *coaches* de acordo com os dois conceitos simples mas poderosos de consciência e responsabilidade. Seguir qualquer linha de setas de cima para baixo ilustra a sequência de efeitos que leva à alta *performance*.

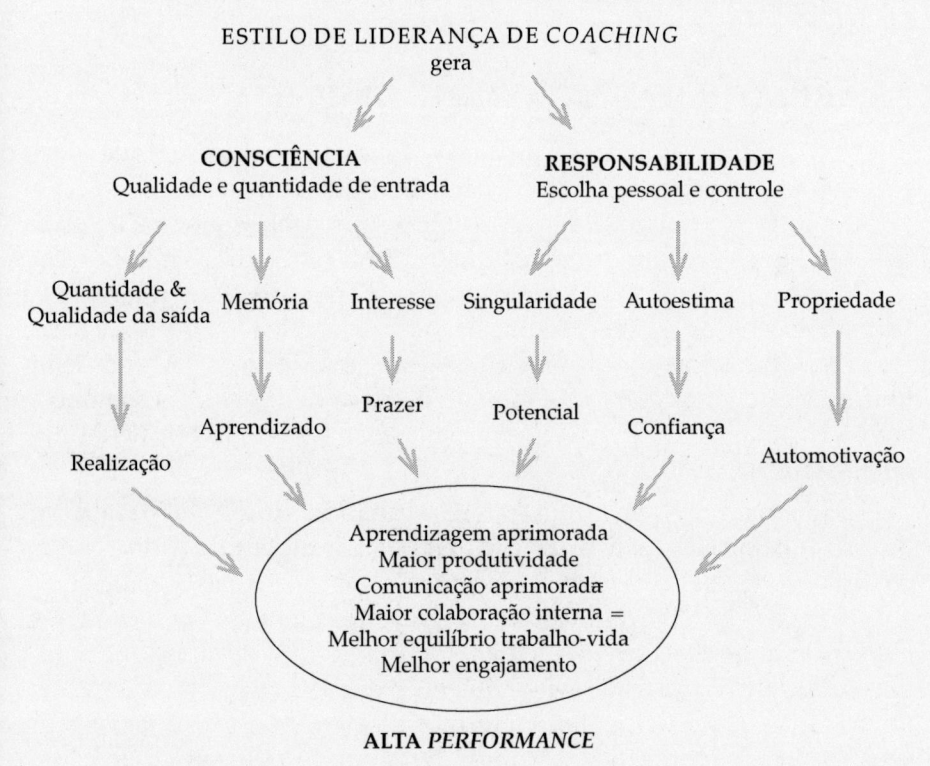

FIGURA 8: Os benefícios de um estilo de liderança de *coaching*

ESTILO DE LIDERANÇA DE *COACHING*
gera

CONSCIÊNCIA
Qualidade e quantidade de entrada

RESPONSABILIDADE
Escolha pessoal e controle

Quantidade & Qualidade da saída — Memória — Interesse — Singularidade — Autoestima — Propriedade

Realização — Aprendizado — Prazer — Potencial — Confiança — Automotivação

Aprendizagem aprimorada
Maior produtividade
Comunicação aprimorada
Maior colaboração interna =
Melhor equilíbrio trabalho-vida
Melhor engajamento

ALTA *PERFORMANCE*

O *Coach* como especialista

Independente dos benefícios, você pode se perguntar se os *coaches* precisam ter experiência ou conhecimento técnico na área em que estão atuando. A resposta é não – se estão realmente agindo como conscientizadores independentes. Se no entanto os *coaches* não acreditarem plenamente naquilo que estão defendendo – isto é, o potencial do *coachee* e o valor da responsabilidade – é provável que pensem que precisam de especialização no assunto para poderem atuar. Não estou sugerindo que jamais haverá lugar para a contribuição dos especialistas, mas que *coaches* menos habilidosos tenderão a usá-la em excesso, e assim reduzir o valor de seu *coaching*, porque toda vez que surge uma contribuição, a responsabilidade do *coachee* é reduzida. Seu potencial é realizado otimizando a sua própria individualidade e exclusividade, nunca moldando-as à opinião de outra pessoa sobre o que constitui a melhor prática.

AS ARMADILHAS DO CONHECIMENTO

O ideal parece ser um técnico especializado com uma riqueza de conhecimentos específicos. Entretanto, é muito difícil para os especialistas evitarem a tentação de recorrer aos seus conhecimentos a ponto de serem bons *coaches*. Podemos ilustrar isso com um exemplo do tênis. Muitos anos atrás, vários dos nossos cursos de Tênis Interior estavam tão lotados que esgotamos os *coaches* certificados de Tênis Interior. Decidimos trazer dois *coaches* do Esqui Interior e os vestimos com uniformes de tênis, com uma raquete debaixo do braço e os soltamos, com a promessa de que não tentariam usar a raquete em nenhuma circunstância.

Não foi nem de longe uma surpresa, quando vimos que o trabalho de *coaching* que eles realizaram foi totalmente indistinguível do de seus colegas especialistas de tênis. No entanto, em algumas ocasiões eles chegaram a ser melhores. Na reflexão posterior, a razão ficou clara. Os *coaches* de tênis estavam vendo os participantes em termos de suas falhas técnicas; os *coaches* de esqui, que não conseguiam reconhecer essas falhas, viam os participantes em termos da eficiência com que usavam seus corpos. A ineficiência corporal deriva da insegurança e da consciência corporal inadequada. Os *coaches* de esqui, tendo que confiar no autodiagnóstico dos participantes, estavam portanto enfrentando os problemas diretamente em sua causa, enquanto os *coaches* de tênis estavam apenas enfrentando o sintoma, a falha técnica. Isso nos obrigou a fazer mais treinamento com os *coaches* de tênis para que eles pudessem se desvencilhar de forma mais eficiente de seus conhecimentos.

INDO MAIS FUNDO

Vejamos a mesma ideia com um exemplo mais simples em um contexto de negócios. A líder de Georgina viu que ela não se comunicava suficientemente com seus colegas no departamento ao lado e sabia que a solução era adotarem um relatório de progresso semanal. Esse relatório, porém, teria informações inadequadas enquanto persistisse a resistência à comunicação por parte de Georgina. Em vez de ficar satisfeita com o acordo de Georgina para enviar o relatório, a líder orientou

Georgina a investigar e abandonar sua própria resistência. A falta de comunicação era o sintoma, mas a resistência era a causa. Os problemas só podem ser resolvidos num nível mais profundo do que aquele em que se manifestam.

O LÍDER; PERITO OU COACH?

É difícil, mas não impossível, que um especialista torne-se um bom *coach*. É claro que a *expertise* é inestimável para muitos outros aspectos da função de líder, e a verdade é que o líder provavelmente será um especialista de qualquer maneira. Mas veja o caso de um líder sênior em uma organização que não possui o mesmo grau de conhecimento técnico que as pessoas de sua equipe.

Se ele é um bom *coach*, não deveria ter dificuldade em criar uma cultura de alta *performance*, mesmo tendo menor ou maior profundidade técnica. Assim que fizerem isso, qualquer lacuna de credibilidade que possa existir nas mentes de alguns de seus colaboradores desaparecerá. À medida que as habilidades se tornam mais especializadas e tecnicamente complexas, o que é uma tendência global, o *coaching* é um pré-requisito absoluto para os líderes.

PARTE III

A Prática do *Coaching*

7 Perguntas Poderosas

Dar ordens ou fazer perguntas fechadas exime as pessoas de terem de pensar.
Fazer perguntas abertas faz com que elas pensem de modo autônomo

Mais do que instruções ou conselhos, as perguntas são a melhor maneira de gerar a consciência e a responsabilidade. Seria até mais fácil se pudéssemos usar qualquer pergunta, mas não é o caso. É preciso estudar a efetividade dos diferentes tipos de perguntas. Para fazer isso, vamos usar uma analogia emprestada do mundo dos esportes. Pergunte a qualquer pessoa qual é a instrução mais comum em qualquer esporte com bola e eles responderão: "Preste atenção na bola".

Num esporte com bola, é óbvio que é muito importante prestar atenção nela, mas será que a instrução *fique de olho na bola* é suficiente para levar alguém a fazer isso de verdade? Claro que não. Se fosse assim, todos teríamos muito mais sucesso nos esportes. Todo mundo sabe que um jogador de golfe é capaz de acertar a bola com muito mais força e controle quando está relaxado, mas será que uma instrução do tipo *relaxe!* faria alguém ficar mais relaxado? Na verdade, isso pode até causar mais tensão.

Se mandar alguém fazer o que é preciso não surte o efeito desejado, o que teria este poder? Podemos experimentar com algumas perguntas diferentes:

- **"Você está de olho na bola?"**. Como você responderia? Talvez dissesse que sim, de modo defensivo, mesmo sabendo que provavelmente estaria mentindo, do mesmo modo que você mentia na escola quando o professor perguntava se estava prestando atenção na aula.

- **"Por que você não está prestando atenção à bola?"**. Aí você responderia de modo mais defensivo ainda, ou talvez de um modo analítico, se for do seu feitio. "Mas eu estou", "Não sei", "Porque estava pensando na minha empunhadura" ou, de modo mais honesto, "Porque você fica me distraindo com tantas perguntas e isso me deixa nervoso".

Essas não são perguntas muito poderosas. Mas qual você acha que seria o efeito das seguintes perguntas:

- Qual era a trajetória da bola quando ela veio na sua direção?
- Qual era a altura da bola quando cruzou a rede?
- A bola girou mais rápido ou mais lentamente depois que quicou?
- A que distância do seu oponente você é capaz de perceber o modo como a bola está girando?

Essas perguntas são de um tipo completamente diferente. Elas criam quatro efeitos importantes, que as outras perguntas ou instruções não são capazes de fazer:

- Este tipo de pergunta leva o jogador a prestar atenção na bola, porque não é possível responder sem fazer isso.
- O jogador é obrigado a elevar seu nível de atenção para poder ser capaz de dar a resposta precisa que a pergunta exige, elevando assim a qualidade da entrada.
- A resposta que buscamos é de natureza descritiva e não opinativa, por isso não há risco de se cair na autocrítica ou de se prejudicar a autoestima.
- Cria-se um ciclo virtuoso de *feedback* para o *coach*, que é capaz de verificar a precisão da resposta do jogador e com isso avaliar a qualidade da sua concentração.

Portanto, as perguntas poderosas promovem o pensamento, a atenção e a observação proativos e concentrados. Isso nos leva a pensar porque os treinadores esportivos insistem em usar instruções tão pouco eficazes quanto *fique de olho na bola*. Provavelmente, há duas razões: ou nunca pararam para pensar se isso funciona ou não, ou eles devem estar mais preocupados com o que dizem do que com o efeito que isso vai ter nos atletas.

O coração do *coaching*

Resolvi dedicar um tempo para essa analogia rasteira com a bola para ilustrar aquilo que é para mim o cerne do *coaching*. É preciso entender qual é o efeito que você está tentando criar – elevar a consciência e a responsabilidade – e o que você precisa dizer/fazer para criar esse efeito. Simplesmente pedir que se faça alguma coisa não adianta; é preciso fazer **perguntas poderosas**.

Recorri a uma analogia com os esportes, mas como será que isso se expressa no ambiente de trabalho? Um bom exemplo vem de uma experiência de *coaching* individual realizada com um gerente operacional, responsável por 180 pessoas. O gerente, que chamaremos de Stefan, descobriu que as equipes não estavam entregando o que ele queria e nem aquilo que ele achava que tinha pedido. Usando o mesmo princípio do exemplo dos esportes – perguntas de *coaching* que exigem a atenção para elaborar uma resposta, que concentram a atenção de modo preciso e que criam um ciclo de *feedback* – ele ficou curioso a respeito do que poderia fazer para que a consciência fosse elevada. Mantendo a curiosidade e fazendo perguntas, ele percebeu como os membros da sua equipe tinham recebido suas instruções e foi capaz de trabalhar com eles para fechar essa lacuna. Ele chamou este exercício de *o que queria e o que recebi*, e discutimos isso durante a sessão de *coaching* seguinte. Como resultado, ele começou a obter uma *performance* mais alta da equipe em duas áreas distintas: manutenção do ambiente de trabalho e qualidade dos textos escritos pelos gerentes. É aquele exemplo do esporte, mas agora no ambiente de trabalho – quando Stefan melhorou seu nível de consciência sobre o que estava acontecendo, tornou-se capaz de responder de forma diferente. No fim do trabalho de *coaching*, ele pode refletir sobre o impacto dessa experiência em sua prática: "Hoje, sinto-me bem melhor, minha equipe e eu estamos muito mais alinhados e eu não fico mais tão frustrado, nem tentado a fazer tudo sozinho".

Esses exemplos devem ser suficientes para convencer você de que é possível elevar muito mais a consciência e a responsabilidade com perguntas do que com ordens. E daí tiramos a conclusão de que a melhor forma de comunicação para o *coaching* é sempre a interrogativa. Um atributo chave para o estilo de liderança de *coaching* é a habilidade de fazer perguntas poderosas que concentrem a atenção e evoquem a clareza; perguntas que elevem a autoestima e a motivação; perguntas que ajudem os *coachees* a aprenderem, crescerem e chegarem ao sucesso. Mas primeiro precisamos examinar como se constroem essas perguntas poderosas.

A função das perguntas

Geralmente as perguntas são usadas quando se deseja obter alguma informação. Você pode precisar de informações para resolver um problema sozinho ou quando está orientando ou oferecendo uma solução para outra pessoa. No caso do *coach*, no entanto, as informações contidas nas respostas não são para você, e muitas vezes nem precisam ser completas. Você só precisa se certificar de que o *coachee* tem as informações necessárias. As respostas do *coachee* indicam a você, o *coach*, que linha deve ser seguida em suas próximas perguntas enquanto permitem que você monitore se o *coachee* está seguindo um caminho produtivo, de acordo com o propósito da conversa ou com a agenda do *coachee* e as metas da organização.

Perguntas Abertas

Perguntas abertas que exigem respostas descritivas promovem a conscientização, enquanto as perguntas fechadas são restritas demais por conta da precisão, e respostas do tipo sim ou não impedem uma exploração mais detalhada dos temas. Elas nem ao menos exigem que a pessoa use seu cérebro. Por isso, as perguntas abertas são muito mais eficazes para gerar conscientização e responsabilidade no processo de *coaching*.

A seguir, veja alguns exemplos de perguntas abertas:

- O que você quer alcançar?
- O que está acontecendo no momento?
- Como você gostaria que fosse?
- O que está impedindo você? O que está ajudando você?
- Quais problemas podem existir?
- O que você poderia fazer?
- Quem poderia te ajudar?
- Onde você poderia descobrir mais sobre isso?
- O que você vai fazer?

PALAVRAS INTERROGATIVAS

As perguntas mais poderosas para se aumentar a conscientização e a responsabilidade começam com palavras que buscam quantificar ou reunir fatos, palavras como *o quê, quando, quem, quanto* e *quantos*. *Por que* não é tão adequado, já que muitas vezes implica em críticas e acaba colocando a pessoa na defensiva, e junto com o *como*, usado de modo pouco cuidadoso, podem levar ao pensamento analítico, que pode ser contraproducente. Análise (pensamento) e consciência (observação) são modos mentais diferentes e que são virtualmente impossíveis de se empregar simultaneamente de forma plena. Quando se necessita de um relato preciso dos fatos, é melhor suspender temporariamente a análise de seu sentido e significado. Se você realmente precisar fazer essas perguntas, *Por que* pode ser mais bem expresso como *Quais as razões?* E *como* fica melhor na forma *Quais são os passos?* Isso evoca respostas factuais mais específicas.

FOCO NO DETALHE

As perguntas devem começar de forma ampla e depois focar cada vez mais nos detalhes. Essa exigência por mais detalhes mantém o foco e o interesse do *coachee*. Isso é algo muito bem ilustrado pelo exercício de olhar para uma pequena área de um carpete. Depois de observar a textura, a cor, o padrão e talvez um ponto ou mancha, o carpete despertará pouco interesse dos observadores e sua atenção começará a se desviar para coisas mais interessantes. Mas se você lhes der uma lupa, eles olharão novamente, em maior profundidade e por mais tempo antes de ficarem entediados novamente. Um microscópio poderia transformar aquele pequeno pedaço de carpete em um universo fascinante de formas, texturas, cores, micróbios e até mesmo insetos vivos, o que seria o suficiente para manter os olhos e a mente do observador concentrados por mais alguns minutos.

Assim é com o *coaching*. O *coach* precisa investigar o tema mais profundamente ou em maiores detalhes para manter o *coachee* envolvido e trazer à consciência aqueles fatores que muitas vezes estão parcialmente obscurecidos, mas que podem ser importantes.

O foco das questões abertas pode ser aumentado adicionando-se algumas poucas palavras, por exemplo:

- O que mais você quer?
- O que você realmente quer?
- O que exatamente está acontecendo agora?
- O que mais você poderia fazer?
- O que você fará precisamente ?

Suas perguntas não precisam corresponder aos exemplos dados aqui. Incorpore esses princípios em palavras que sejam confortáveis para você e que pareçam apropriadas à situação. Um simples *E daí?* pode funcionar muito bem no lugar de *O que você vai fazer precisamente?*. E uma das mais poderosas perguntas de *coaching* é simplesmente *O que mais?*

Áreas de interesse

PERGUNTAS PODEROSAS SEGUEM OS INTERESSES E AGENDA DO COACHEE

Mas então como os *coaches* determinam quais aspectos de um problema são importantes, ainda mais se estiverem atuando em uma área sobre a qual eles não têm muita informação? A ideia é que as perguntas devem seguir o interesse e a cadeia de pensamento do *coachee*, e não do *coach*. Dito de outra forma, o *coach* deve seguir a agenda do *coachee*. Se o *coach* guiar a direção das perguntas, isso prejudicará a responsabilidade do *coachee*. Mas e se a direção em que o *coachee* estiver indo for um beco sem saída ou uma distração? Confie que o *coachee* logo descobrirá isso sozinho, ou simplesmente pergunte: "O que seria mais útil examinarmos a seguir?".

Se os *coachees* não puderem explorar os temas nos quais tenham interesse, o fascínio provavelmente persistirá e causará distorções ou desvios no próprio trabalho. Depois de explorarem seus interesses, eles estarão muito mais presentes e concentrados no que surgir como o melhor caminho. Paradoxalmente, também pode ser valioso para o *coach* se concentrar em qualquer aspecto que o *coachee* pareça estar evitando. Para não quebrar a confiança e a responsabilidade do *coachee*, esse caminho de exploração é aceito mais facilmente quando se usa uma declaração seguida de uma pergunta: "Eu percebi que você não mencionou (tal coisa). Existe alguma razão especial para isso?". Perguntar se "Existem outros problemas?" gera uma resposta *Não*, enquanto que algo do tipo "Que outros problemas podem existir?" leva a mais reflexão.

A atividade a seguir irá ajudá-lo a praticar e refletir sobre o impacto de perguntas poderosas e como você pode trazê-las para o seu trabalho.

Consulte a caixa de ferramentas de perguntas de *coaching* ao final do livro e escolha algumas perguntas para começar a praticar 1. Qual foi o impacto que você percebeu? 2. Que passos você daria para usar perguntas poderosas?	**Atividade:** O uso de perguntas poderosas

PONTOS CEGOS

Jogadores de golfe e tenistas podem se interessar pelos paralelos físicos desse princípio. Um treinador de esportes pode perguntar a um atleta qual parte de seu *swing* ou rebatida ele acha mais difícil de sentir ou de ter precisão. É mais provável que nesse *ponto cego* exista um desconforto ou uma falha reprimida no movimento. À medida que o treinador busca mais e mais consciência nessa área, a sensação é restaurada e a correção ocorre naturalmente, sem recorrer à contribuição técnica. As propriedades curativas da consciência são enormes!

VARIÁVEIS CRÍTICAS

Em seu livro *O Jogo Interior do Trabalho,* Gallwey diz que quando focamos nossa atenção nas coisas que mudam e que têm mais peso para o resultado desejado – as *variáveis críticas* – nossa interferência interna diminui e nossa *performance* melhora. Por exemplo, ele relata que o tédio, o estresse e o ressentimento em relação aos supervisores levaram a baixos *índices de cortesia* entre os operadores de serviços ao cliente da AT & T. Em vez de dizer aos operadores para serem mais corteses, ele os orientou a identificar e explorar duas variáveis críticas para a cortesia: como elas ouviam e como conversavam. Eles jogaram um jogo que exigia que ouvissem mais de perto a voz do cliente e rastreassem o impacto de suas próprias respostas na vitalidade do cliente. Suas avaliações de cortesia aumentaram. E como resultado de sua maior consciência, confiança e prazer, sua velocidade e precisão também melhoraram.

Evite guiar as perguntas e as críticas

As perguntas direcionadas, um recurso de muitos *coaches* mal treinados, indicam que o *coach* não acredita no que está tentando fazer. O *coachee* rapidamente reconhece isso e a confiança será reduzida. É melhor que o *coach* diga ao *coachee* que tem uma sugestão a fazer, em lugar de tentar manipular o *coachee* nessa direção. Perguntas que implicam críticas também devem ser evitadas, como "Por que diabos você fez isso?".

Para resumir, as perguntas poderosas:

- Criam consciência e responsabilidade
- Seguem o interesse do *coachee*
- Inspiram criatividade e desenvoltura
- Aumentam possibilidades / visão
- São focadas em metas e soluções
- Não são julgadoras
- Provocam a atenção, o pensamento e a observação
- Exigem um maior grau de foco, detalhe e precisão
- Exigem respostas que mostrem qualidade de pensamento, *performance* e aprendizado
- São solidárias e desafiadoras / motivadoras
- Criam um ciclo virtuoso de *feedback*

A Bolsa de Perguntas 4 contém uma lista das dez principais perguntas poderosas que sempre considero úteis no *coaching*. Você com certeza vai acumular suas próprias, com mais experiência no *coaching*. Mas acima de tudo, elas devem ser autênticas.

8 Escuta ativa

Os significados do ideograma chinês para ouvir já dizem tudo:
Orelha = O que se usa para ouvir (ouvir)
Rei = Preste atenção como se a outra pessoa fosse um rei (obedeça)
Dez e Olho = Seja observador, como se tivesse dez olhos (atenção)
One = Ouça com atenção individual (atenda)
Coração = Ouça também com o seu coração (além de ouvido e olho, hearken)

É um luxo ser ouvido de verdade. A maioria das pessoas não é boa ouvinte; elas foram orientadas a ouvir desde a escola, mas nunca foram treinadas ou desenvolvidas como ouvintes. Normalmente, quando as pessoas parecem estar escutando, estão apenas esperando a sua vez de falar, e uma vez que conseguem, seguem sua própria agenda. Elas podem falar sobre algo que não tem nada a ver com aquele assunto ou então simplesmente passam a compartilhar suas experiências, pensamentos e opiniões, ou a dar conselhos. Agora pare um minuto, e lembre-se de como você se sentiu na última vez em que alguém *ouviu* você dessa maneira.

Fique atento às respostas

Uma abordagem de *coaching* significa estar totalmente atento às respostas do *coachee* – e isso inclui tanto o que é dito quanto os sentimentos transmitidos. A confiança será perdida se isso não acontecer, e o *coach* não saberá a melhor pergunta a ser feita a seguir. O questionamento deve ser um processo espontâneo. Perguntas preparadas mentalmente de antemão interrompem o fluxo da conversa e não seguem o interesse ou a agenda do *coachee*. Se você estiver pensando na próxima pergunta enquanto o *coachee* estiver falando, vai ficar bem claro que você não está ouvindo de verdade. É muito melhor ouvir a pessoa e depois fazer uma pausa, se necessário, enquanto a próxima pergunta vem à mente. E se você ouviu de verdade, a sua intuição é o seu melhor guia.

ONDE ESTÁ A SUA ATENÇÃO?

Ouvir é uma habilidade que requer concentração e prática. No entanto, por mais estranho que pareça, poucas pessoas têm dificuldade em ouvir as notícias ou em prestar atenção a um bom programa de rádio. O interesse prende a atenção. Talvez você precise aprender a se interessar pelos outros, a se permitir ficar curioso. Quando você realmente ouve alguém, ou quando alguém escuta você de verdade, isso é muito precioso. Quando você ouve, está realmente ouvindo? E quando olha, está realmente enxergando? Estou me referindo a fazer contato visual com a outra pessoa. A obsessão com seus próprios pensamentos e opiniões e a compulsão para falar, especialmente se você é colocado em qualquer tipo de papel consultivo, são muito fortes. Já foi dito que como você tem dois ouvidos e somente uma boca, deveria ouvir duas vezes mais do que fala. Talvez a coisa mais difícil que um *coach* tenha que aprender a fazer seja calar a boca!

Palavras e tom de voz

O que – e para que – você ouve? O tom de voz do *coachee* carrega sua emoção e você deve ouvi-la. Um tom monocórdio pode sinalizar um baixo interesse ou a repetição de uma velha linha de pensamento. Uma voz mais animada sugere o despertar de novas idéias e maior motivação. A escolha de palavras do *coachee* pode ser muito reveladora: uma predominância de termos negativos ou uma mudança em direção à formalidade ou à linguagem infantil têm um significado oculto que pode ajudar o *coach* a entender, e com isso atuar de forma mais eficaz.

Linguagem corporal

Além de ouvir, o *coach* precisa observar a linguagem corporal do *coachee*, não com o objetivo de fazer comentários banais, mas novamente para ajudar na escolha da pergunta. O alto nível de interesse do *coachee* na direção do *coaching* pode ser percebido em sua postura inclinada para frente. Incerteza ou ansiedade nas respostas podem ser reveladas pela mão cobrindo parcialmente a boca enquanto fala. Braços cruzados sobre o peito geralmente indicam resistência ou desafio, e uma postura corporal aberta sugere receptividade e flexibilidade. Eu não vou entrar em muitos detalhes da linguagem corporal aqui, mas uma boa indicação é que se as palavras dizem uma coisa e o corpo parece estar dizendo outra, é mais provável que o corpo esteja indicando os verdadeiros sentimentos.

Refletindo de volta

Já que existe escutar, ouvir, observar e compreender, os *coaches* precisam ser autoconscientes o suficiente para saber o que estão fazendo a cada momento. Por mais seguro que o *coach* se sinta, vale a pena se reportar ao *coachee* de tempos em tempos, resumindo os pontos principais do que está sendo discutido. Isso garante a compreensão correta e tranquiliza o *coachee*, assegurando que ele está sendo ouvido e entendido. Também lhes dá uma segunda chance de verificar a autenticidade do que disseram. Na maioria das sessões de *coaching* alguém precisa tomar notas, mas isso pode ser acordado entre o *coach* e o *coachee*. Quando sou o *coach*, prefiro fazer as anotações eu mesmo, para que o *coachee* esteja mais livre para pensar.

Autoconsciência

Finalmente, os bons *coaches* aplicam a autoconsciência para monitorar cuidadosamente as suas próprias reações, emoções ou julgamento, a qualquer resposta do *coachee* que possa interferir na objetividade e no distanciamento necessários do *coach*. Sua própria história psicológica e seus preconceitos – e ninguém está livre de qualquer um deles – irão influenciar sua comunicação. Monitorar sensações em seu próprio corpo, como ombros tensos ou desconforto na barriga, pode levar a uma percepção das emoções do *coachee*, que você captou intuitivamente.

Transferência

Projeção e transferência são os termos dados a essas distorções psicológicas que todos aqueles que ensinam, orientam, treinam ou lideram precisam aprender a reconhecer e minimizar. Projeção significa perceber em outra pessoa seus próprios traços ou qualidades positivos ou negativos. A transferência é *o deslocamento de padrões de sentimentos e comportamentos, originalmente experimentados com figuras significativas de sua infância, para os indivíduos em seus relacionamentos atuais.* No local de trabalho, uma das manifestações mais comuns disso é a transferência de autoridade.

Em qualquer relação hierárquica percebida entre líder/subordinado direto ou até mesmo entre *coach/ coachee*, as questões de ambas as partes ou os sentimentos inconscientes sobre autoridade estarão sempre operando. Por exemplo, muitas pessoas delegam seu poder às autoridades designadas – *elas sabem mais, têm todas as respostas, são mais desenvolvidas* e assim por diante – e se tornam pequenas e infantis em face disso. Isso pode servir aos desejos de um líder autocrático pelo domínio e dependência, mas funciona contra o objetivo do *coaching*, que é gerar responsabilidade no *coachee*.

Outro exemplo comum de uma reação de transferência inconsciente de autoridade é a rebelião ou a sabotagem encoberta das metas de trabalho. A transferência individual aumentará as frustrações e sentimentos coletivos de impotência sempre que o estilo de liderança limitar a escolha. Um grande fabricante de motores costumava avaliar o estado das relações de trabalho a partir da porcentagem de peças boas despejadas nas caixas de rejeitos ao lado da linha de montagem.

Contratransferência

A contratransferência, que é uma complicação adicional da transferência, ocorre quando pessoas em posições de autoridade, líderes ou *coaches*, inconscientemente reagem à transferência de sua própria história, perpetuando a dependência ou a rebelião. Bons *coaches* reconhecem o seu potencial para isso e compensarão os efeitos de todas as manifestações de transferência trabalhando conscientemente para capacitar os *coachees*. Se não o fizerem, essas distorções se transformarão em relacionamentos gerenciais ou de *coaching*, com o efeito de longo prazo de minar seriamente o que seu estilo de liderança pretende alcançar.

Habilidades de escuta ativa

As habilidades de escuta ativa estão resumidas na Tabela 3. As habilidades de refletir/espelhar, parafrasear e resumir mostram a alguém que você está ouvindo suas palavras (o conteúdo), verificando que você entendeu, reproduzindo e talvez verificando o significado do que está sendo dito e validado.

Experimente suas habilidades de escuta com a atividade a seguir.

TABELA 3: Habilidades auditivas ativas

Habilidade	Descrição
Reflexão/ espelhamento	Usar exatamente as mesmas palavras de alguém.
Paráfrase	Usar palavra(s) ligeiramente diferente(s) que não alteram a substância ou o significado do que a outra pessoa disse.
Resumo	Repetir o que foi dito, de forma abreviada, sem alterar a substância ou o significado.
Esclarecer	Expressar sucintamente a essência/base do que foi dito, acrescentando algo valioso captado intuitivamente sobre as emoções ou as discrepâncias de palavras ou expressões de rosto ou corpo que não foram expressas verbalmente, para gerar *insight* e clareza para o falante e verificar que você entendeu: "Estou entendendo que (tal coisa). O que você tem a dizer sobre isso?".
Encorajar a autoexpressão	Criar confiança e intimidade para encorajar a abertura.
Considerar o julgamento, a crítica e o apego	Manter a mente aberta. Julgamentos e críticas tornam as pessoas defensivas e impedem que elas falem.
Escutar o potencial	Concentrar-se em capacidades e pontos fortes, e não na *performance* passada ou em ver alguém como um problema.
Ouvir com o coração	O que a pessoa poderia liberar se não houvesse limites? Ouvir mensagens não verbais, como o tom de voz, vocabulário, expressão facial e linguagem corporal. Ouvir atentamente no nível do sentimento e do significado (intenção) para escutar a alma/essência do que está sendo transmitido.

Atividade: Habilidades auditivas	Relembre uma conversa recente que não tenha sido iniciada por você. Tente avaliar a qualidade de suas habilidades de escuta.
	1. Quem conduziu os temas abordados? Você deu conselhos?
	2. Da próxima vez que alguém quiser discutir algo com você, tente ouvir ativamente e depois avalie a si mesmo. Você seguiu a pauta proposta pela pessoa? Usou a sua intuição? Você esclareceu e/ou refletiu sobre o que a outra pessoa disse? Você segurou a vontade de dar opinião ou conselho? Você suspendeu o seu julgamento? Você ajudou seu colega a explorar seus próprios pensamentos?
	3. O que você aprendeu sobre suas habilidades de escuta?
	4. Em que área de escuta você prefere se concentrar, para se desenvolver?

O *coaching* exige que você esteja totalmente atento ao que o *coachee* está dizendo e aos sentimentos que está transmitindo. Uma pessoa pode comunicar uma coisa em palavras e ainda assim trair algo muito diferente em tom de voz, linguagem corporal ou expressão facial. Se você escutar ativamente alguém, você pode se sentir *sintonizado* com ele, como se o entendesse em vários níveis de uma vez, e até mesmo sentir fisicamente o que está sentindo. Você pode então começar a usar sua intuição, ouvindo *além das* e *entre as* palavras, observando pausas, tom de voz, níveis de energia, linguagem corporal e outros sinais emocionais. Tendo estabelecido as habilidades básicas com perguntas poderosas e escuta ativa, vamos agora apresentar o modelo GROW, uma estrutura para conversas de *coaching*.

9 O modelo *GROW*

Metas, Realidade, Opções e Vontade

Até agora, estabelecemos a natureza essencial da consciência e responsabilidade pelo aprendizado e pela melhoria da *performance*. Também analisamos o contexto do *coaching*, nos paralelos entre *coaching* e liderança, e também com a cultura organizacional e a alta *performance*. Exploramos o papel e a atitude do *coach* e consideramos as perguntas poderosas e a escuta ativa como as formas primárias de comunicação no *coaching*. Agora, temos que determinar sobre o que versarão as perguntas e em que sequência serão feitas.

Formal ou informal?

É importante enfatizar que é possível que o *coaching* seja relaxado e informal, de modo que os funcionários nem percebam que estão recebendo *coaching*. Para a rotina dos informes e relatórios, não há nada melhor do que o *coaching*, mas ele não deve ser identificado como tal; melhor ser visto como exemplo de liderança eficaz. Neste caso, o *coaching* deixa de ser uma ferramenta e torna-se simplesmente o caminho para se liderar pessoas, em minha opinião, o caminho mais eficaz. No outro extremo do espectro, uma sessão de *coaching* pode ser programada e estruturada de tal forma que sua finalidade e funções não sejam ambíguas. Enquanto a maioria dos *coachings* se encaixa no primeiro tipo, examinaremos o último em detalhes, porque embora o processo seja o mesmo, os estágios são mais bem definidos.

Individual

Por motivos de simplicidade e clareza, vamos analisar o *coaching* individual ou *1 a 1*, embora o formato de *coaching* de equipe ou até mesmo o autotreinamento permaneça exatamente o mesmo. Ambos serão tratados em detalhes em capítulos posteriores. O *coaching* individual pode acontecer entre colegas, entre um líder e um subordinado direto, entre um antigo professor e um aluno, entre um *coach* e um *coachee*. O *coaching* individual pode até ser usado em uma direção ascendente, embora geralmente de forma encoberta, por um funcionário com seu chefe. Afinal, já que ninguém chega muito longe dizendo ao chefe o que ele deve fazer, atuar como *coaching* do chefe traz uma taxa de retorno muito maior!

Um modelo de *coaching*

Seja em uma sessão formal ou em uma conversa informal de *coaching*, a sequência de perguntas que sugiro segue quatro etapas distintas:

- **D**efinição de metas para a sessão, bem como a curto e longo prazo.
- **C**hecagem de realidade para explorar a situação atual.
- **O**pções e estratégias alternativas ou cursos de ação.
- **O** que, quando, por quem deve ser feito e a vontade de fazê-lo.

Em inglês, as iniciais dessa sequência formam convenientemente a palavra *GROW* (Crescimento), a que vamos nos referir com frequência. E como a escolha e a automotivação são críticas para o sucesso, gosto sempre de enfatizar o elemento Vontade no estágio final, porque é aqui que a intenção se transforma em ação e é por isso que a chamo de transformacional: Meta, Realidade, Opções e Vontade.

Veja a Figura 9 para as principais perguntas a serem feitas em cada etapa.

FIGURA 9: O modelo *GROW*

Meta O que você deseja?	**R**ealidade Onde você está agora?	**O**pções O que você poderia fazer?	**V**ontade O que você vai fazer?

Essa sequência pressupõe que é desejável visitar todos os quatro estágios, o que geralmente é o caso quando se lida com um problema pela primeira vez. Muitas vezes, no entanto, o *coaching* será usado para avançar em uma tarefa ou processo que já foi discutido antes ou que já está em andamento. Nesses casos, o *coaching* pode começar e terminar em qualquer estágio. Uma das coisas que torna o GROW tão eficaz é que o *framework* é flexível.

Origens do modelo *GROW*

Quando trouxemos o Jogo Interior para a Europa em 1979, inicialmente nossos clientes eram atletas de tênis e golfe. Mas logo percebemos o valor do Jogo Interior para líderes em organizações. Por isso, passamos grande parte da década de 1980 desenvolvendo a metodologia, os conceitos e as técnicas para melhorar a *performance* nas organizações. Com o firme propósito de causar um impacto positivo real na vida das pessoas, mostramos que era possível melhorar a *performance*, aumentar o aprendizado e o prazer e encontrar um senso de propósito no trabalho.

A empresa de consultoria em administração McKinsey tornou-se nossa cliente (e de outros colegas) em meados dos anos 80. Muitos dos programas que aplicamos para a McKinsey incluíam trabalho de *coaching* experiencial em quadras de tênis. O *coaching* foi tão bem sucedido em melhorar a *performance* e o potencial de desbloqueio que a McKinsey pediu a mim e a Graham Alexander que criássemos uma estrutura de base para o *coaching* – um modelo para organizar o que estava acontecendo nas quadras e em outros locais onde os programas aconteciam.

Decidimos filmar a nós mesmos e aos nossos colegas de *coaching*. Convidamos especialistas em programação neurolinguística (PNL) para assistir as gravações, e realizamos entrevistas e questionários para tentar descobrir o que estava acontecendo e se havia algum modelo que guiava nossa competência inconsciente. E havia, seja na quadra ou no ambiente de negócios.

Inicialmente formatamos as descobertas naquilo que chamamos de Modelo de *Coaching* 7S, porque a McKinsey já tinha o 7S *Framework*. Porém, não ficou muito bom, e na verdade o que tínhamos era mais como 1, 2, 3, 4, ou às vezes 1, 3, 4 ou apenas 1, 2, 3. Por fim, surgiu a sigla *GROW* para aqueles quatro estágios principais que identificamos. Sugerimos essa e algumas outras idéias para uma pessoa da comunicação interna na McKinsey, que disse que achava que soava muito bem. Eles gostaram especialmente porque era simples e porque era focado em ações e resultado. Não tínhamos a menor ideia do que significaria isso na época!

Tornei-me o primeiro a publicar o modelo quando do lançamento da primeira edição deste livro, em 1992. Graças ao sucesso do livro e de nosso trabalho internacional, o modelo *GROW* tornou-se mundialmente famoso e hoje é um dos modelos de *coaching* mais populares do mundo.

A Meta, antes de tudo

Pode parecer estranho estabelecer metas antes de examinar a realidade. O senso comum nos sugere o oposto, pois certamente precisamos conhecer a realidade antes de podermos definir qualquer meta. Mas não é bem assim – metas baseadas apenas na realidade atual podem ser negativas, sendo simples respostas a um problema, limitadas pela *performance* passada, pela falta de criatividade diante da mera extrapolação, pelos incrementos menores do que poderiam ser atingidos, ou mesmo demonstrando ser contraproducentes. Metas fixas de curto prazo podem até nos afastar de metas de longo prazo. Minha experiência com o estabelecimento de metas em cursos de *coaching* em equipe é que as equipes invariavelmente estabelecem metas com base no que foi feito antes, e não no que pode ser feito no futuro. Em muitos casos, elas nem tentam calcular o que é possível.

Metas formadas pela determinação da solução ideal de longo prazo ou pela visão e pela enumeração de passos realistas em direção a esse ideal são geralmente muito mais inspiradoras, criativas e motivadoras. Aqui cabe um exemplo. Se começarmos a tentar resolver um problema de volume de tráfego pesado em uma rota estratégica explorando a realidade, provavelmente estabeleceremos metas baseadas apenas em aliviar o fluxo de tráfego existente, como por exemplo alargando uma estrada. Isso pode contrariar uma meta de longo prazo mais visionária, que seria formada pela identificação do padrão de tráfego ideal para a região em algum momento no futuro e a observação dos estágios necessários para se mover nessa direção.

Portanto, minha sugestão é, na maioria das circunstâncias, usar a sequência sugerida acima.

Mais do que o *GROW*

É preciso sublinhar que o modelo *GROW* não tem nenhum valor sem o contexto de consciência e responsabilidade e a intenção e a habilidade de gerá-los através de escuta ativa e de perguntas poderosas. Um modelo não substitui a realidade – o *GROW* por si não é o *coaching*. Existem muitas e muitas siglas no campo do *coaching*. Temos o *SPIN*, as metas *SMART*, o *GRIT* e o modelo *GROW* de *coaching*. Às vezes são apresentados ou percebidos erroneamente como remédios infalíveis para todos os males dos negócios. Mas estão longe disso: só são valiosos de acordo com o contexto em que são usados, e o contexto do GROW é o de consciência e responsabilidade.

Um chefe autoritário pode cobrar de seus funcionários assim:

- Minha **meta** é vender 1.000 unidades este mês.
- A **realidade** é que vocês tiveram uma péssima *performance* no mês passado, vendendo apenas 400. Vocês são um bando de preguiçosos. O produto do concorrente é melhor que o nosso, então vocês precisam se esforçar mais.
- Já considerei todas as **opções** e não vamos aumentar nossa publicidade e nem mudar a embalagem do produto.
- Vocês **vão** fazer o seguinte...

Qualquer ditador pode usar o modelo *GROW*. Esse chefe seguiu o modelo à risca, mas não houve uma única pergunta. Não criou consciência e embora ache que ameaçar seus funcionários pode fazer com que assumam alguma responsabilidade, isso não é verdade, porque os funcionários não têm escolha.

Contexto e flexibilidade

Se você tirar uma única lição deste livro, espero que seja sobre consciência e responsabilidade, que são muito mais importantes do que o modelo *GROW*. Dito isso, o melhor argumento a favor de emendar a sequência do *GROW* com perguntas poderosas de *coaching* é que isso é algo simples, flexível e que funciona.

No entanto, o modelo está sujeito a reciclagem. O que quero dizer com isso é que você só consegue definir uma meta vaga antes de examinar a realidade em mais detalhes. Depois vai ser necessário voltar atrás e definir a meta com muito mais precisão antes de avançar. Mesmo uma meta inicial bem definida pode exigir alguma revisão ou mesmo substituição por uma meta diferente, uma vez que a realidade esteja mais clara.

Ao listar as opções é necessário checar novamente se cada uma delas pode levar de fato até a meta desejada. Finalmente, antes de estabelecer de modo concreto o **quê** e o **quando**, é fundamental verificar uma última vez se eles atingem a meta. Em caso positivo, ainda que a automotivação seja baixa, mesmo assim a meta, e especialmente o compromisso de todos com a meta, deve ser revista.

Você deve avançar na sequência GROW de acordo com a sua intuição. Revisitar cada etapa, conforme necessário e em qualquer sequência, garante que os *coachees* permaneçam energizados e motivados e que sua meta se adapte à meta da empresa, ao mesmo tempo em que se alinha com seu propósito individual e seus valores pessoais. Siga sua própria intuição e instinto ao invés de tentar obedecer a uma regra. À medida que você se familiarizar com o poder do GROW, você começará a se sentir confiante sobre qual elemento do GROW precisa ser explorado.

A chave para o Crescimento (*GROW*)

A chave para usar o GROW com sucesso é gastar tempo suficiente explorando a primeira etapa até que o *coachee* estabeleça uma meta que seja inspiradora e expansiva, para só então avançar com flexibilidade pela sequência, de acordo com a sua intuição, incluindo revisitar a meta sempre que necessário.

Passo 1: Quais são suas Metas?

- Identifica e esclarece o tipo de meta através da compreensão das metas finais, das metas de *performance* e das metas de progresso ao longo do caminho.
- Fornece compreensão dos principais metas e aspirações.
- Esclarece o resultado desejado da sessão.

Passo 2: Qual é a Realidade?

- Avalia a situação atual em termos da ação realizada até então.
- Esclarece os resultados e efeitos de ações realizadas antes.
- Fornece compreensão de obstáculos internos e blocos que atualmente impedem ou limitam o progresso.

Passo 3: Quais são as suas Opções?

- Identifica as possibilidades e alternativas.
- Descreve e questiona uma variedade de estratégias para o progresso.

Passo 4: O Que Você Vai Fazer?

- Fornece compreensão sobre o que foi aprendido e sobre o que pode ser alterado para atingir as metas iniciais.
- Cria um resumo e um plano de ação para implementação das etapas identificadas.
- Descreve possíveis obstáculos futuros.
- Considera a continuação da consecução das metas e o apoio e desenvolvimento que podem ser necessários.
- Estima a certeza do compromisso com as ações acordadas.
- Destaca como a prestação de contas e o alcance das metas serão assegurados.

Exemplos de perguntas para cada estágio do *GROW* podem ser encontrados na Bolsa de Perguntas 5 no *kit* de ferramentas de perguntas de *coaching*. Nos próximos quatro capítulos analisaremos mais detalhadamente cada um desses passos e as melhores perguntas para elevar a consciência e a responsabilidade.

10 G: Definição de Metas

Quando quero, eu me saio melhor do que quando tenho que Eu quero para mim, eu tenho para você. A automotivação é uma questão de escolha

Já se escreveu tanto sobre a importância e o processo de estabelecer metas que certamente não há necessidade de repetir tudo em um livro sobre *coaching*. A definição de metas poderia preencher um livro inteiro. No entanto, acredito que mesmo aqueles que se consideram especialistas em definição de metas apreciarão este capítulo sobre os aspectos da definição de metas que são especialmente importantes para o processo de *coaching*.

O objetivo da sessão

O *coaching* invariavelmente começa com a definição de um objetivo. Se o *coachee* buscou a sessão, claramente é ele quem precisa definir o que quer obter. Mesmo que a sessão tenha sido solicitada pelo *coach* para resolver um problema específico, o *coachee* ainda deve ser perguntado se há algo mais que deseje naquela sessão.

Perguntas como:

- O que você gostaria de obter nesse nosso tempo juntos?
- Temos meia hora, onde você gostaria de chegar nesse tempo?
- Qual seria a coisa mais útil para você obter?

Isso eliciaria respostas como:

- Um esboço para o mês que possa desenvolver.
- Uma ideia e um compromisso claros com os meus próximos passos de ação.
- Uma decisão sobre que caminho seguir.
- Uma compreensão de quais são os principais problemas.
- Um orçamento acordado para o trabalho.

O objetivo da pergunta

Agora, chegamos à meta ou às metas relacionadas ao assunto em questão, e aqui é preciso ser capaz de distinguir as metas finais das metas de *performance*:

- **Meta final** O objetivo central – tornar-se o líder do mercado, ser nomeado diretor de vendas, conseguir uma determinada conta-chave, ganhar a medalha de ouro – raramente será algo que depende apenas de você. Você não tem como saber ou controlar o que seus concorrentes farão.

- **Meta de *performance*** – Identifique o nível de *performance* que você acredita que lhe proporcionará uma boa chance de alcançar sua meta final. Está em grande parte sob o seu controle e geralmente existe alguma forma de se medir o progresso. Exemplos de metas de *performance* podem ser que 95% da produção passe no controle de qualidade pela primeira vez, vender 100 unidades no próximo mês ou correr dois quilômetros em menos de 5 minutos até o final de setembro. É importante observar que é muito mais fácil comprometer-se e assumir a responsabilidade com uma meta de *performance*, que está sob seu controle, do que com uma meta final, que não está.

Uma meta final deve, sempre que possível, ser apoiada por uma meta de *performance*. A meta final promove o pensamento de longo prazo e pode fornecer a inspiração, enquanto a meta de *performance* define as especificações, os principais resultados que podem ser medidos.

Metas de *performance* são cruciais

A falta de uma meta de *performance* estabelecida teve um papel importante em um famoso problema da equipe inglesa de atletismo nas Olimpíadas de 1968. O galês Lyn Davies havia conquistado a medalha de ouro no salto em distância quatro anos antes. E ele, o russo Igor Ter-Ovanesyan e o campeão americano Ralph Boston deveriam dividir as medalhas. Mas aí apareceu um imprevisto na forma do americano Bob Beamon, que na primeira rodada saltou cerca de 60 cm além do recorde mundial. Quando você considera que o recorde mundial tinha subido apenas 15 cm desde 1936, era um feito verdadeiramente prodigioso. Davies, Boston e Ter-Ovanesyan ficaram completamente desmoralizados e, apesar de Boston ter conquistado o bronze e o russo estar em quarto lugar, ambos ficaram 15 centímetros aquém da suas melhores marcas. Davies, que ficou 30 cm abaixo da sua melhor marca, admite que estava focado apenas no ouro, e que se tivesse estabelecido uma meta de *performance* de, digamos, saltar 8 metros ou bater seu recorde pessoal, ele teria ganho pelo menos a prata. Eu me pergunto quão desmotivados não se sentiram os outros nadadores masculinos 40 anos depois, nos Jogos Olímpicos de Pequim, quando Michael Phelps seguiu acumulando medalhas de ouro em todas as modalidades até sua contagem final de 11.

Da inspiração à ação

As metas finais e de *performance* às vezes precisam ser superadas e seguidas por dois outros componentes, que não são necessariamente os objetivos (veja a Figura 10). Tomemos o exemplo de Rebecca Stevens, a primeira mulher britânica a escalar o Monte Everest. Ela dá palestras para empresas e escolas sobre sua conquista. Você pode ter certeza de que, depois de ouvir sua palestra inspiradora, muitos alunos correram para casa e imploraram a seus pais que os levassem para escalar montanhas ou pelo menos para a academia mais próxima com uma parede de escalada. "Vou escalar o Everest" pode ser uma afirmação infantil, mas também é um sonho pessoal, uma visão que inflama a ação. Às vezes você precisa se lembrar, ou ser lembrado por uma boa pergunta, daquilo que o inspirou a começar ou a continuar a fazer o que você deseja. Você poderia chamar isso de uma *meta dos sonhos*. Depois de uma considerável experiência com alpinismo, Stevens alcançou o nível de habilidade para o qual escalar o Everest parecia uma meta razoável; se é que escalar o Everest pode ser considerado razoável! No entanto, ela ainda tinha muito trabalho pela frente, treinamento de preparação e aclimatação para fazer. Se ela não estivesse disposta a investir a fundo nesse processo, o Everest teria permanecido apenas como um sonho. "Quanto você está disposto a investir no processo?". É uma pergunta que faço frequentemente na etapa de definição de metas de *coaching* para qualquer atividade. Eu chamo isso de metas de processo ou mesmo metas de trabalho.

Ser *dono* das metas

Embora os líderes da empresa possam ser livres para estabelecer suas próprias metas, muitas vezes as divulgam como decretos imperiais que não podem ser questionados. Isso nega o direito de escolha daqueles que devem atingir essas metas, e sua *performance* provavelmente sofrerá os reflexos disso. Líderes inteligentes se esforçam para manter um distanciamento saudável de suas próprias metas quando querem motivar seus gerentes, e os encorajam a estabelecer suas próprias metas desafiadoras sempre que possível. Mas se não fizerem isso e o trabalho for apresentado como uma prescrição rigorosa, nem tudo estará perdido, pois o líder pode ao menos dar aos colaboradores alguma escolha e propriedade sobre o modo como o trabalho será feito, sobre quem faz o quê e quando.

FIGURA 10: Definição de metas – da inspiração à ação

	Desejo, inspiração	Intenção, compromisso
META DOS SONHOS *propósito e significado* Futuro desejado ou visão O grande Por que?	"Qual é o cenário global?" Construir o *Banco do Futuro* que realmente sirva às diversas comunidades nas quais ele opera.	• transformar com sabedoria a organização em um banco moderno, inovador que sirva à comunidade integrando inovações e empresas de tecnologia financeira à nossa grande base de relações e clientes.
META FINAL *um alvo claro* Manifestação concreta de um sonho O grande "O Que"?	"O que queremos atingir?" Transformar nossos serviços financeiros nos próximos cinco anos usando o potencial e o poder das novas tecnologias, inovações e modelos de negócio das *fintechs*, através de um estilo de liderança de *coaching* em todo o primeiro escalão.	• Compromisso de transformar a visão aprovada pelo conselho de administração em realidade dentro de cinco anos e ainda transformar o sucesso do nosso banco de nossa grande base de clientes atuais para a economia digital por meio do desenvolvimento e oferta de novos serviços e tecnologias financeiras.
MARCOS TANGÍVEIS Apoiar as metas do sonho e final 99% sob o nosso controle "O Que você vai entregar?"	Metas de *performance* Construir a lealdade oferecendo a experiência de um banco digital de qualidade aos nossos clientes e colaboradores	• reduzir e automatizar nossas operações digitais até o fim de 2020 com um sistema integrado de finanças, risco e *compliance* para reduzir os custos e a complexidade e, ao mesmo tempo promover a venda de produtos e serviços inovadores e rentáveis – alinhados com nossa estratégia global
METAS DE PROCESSO metas SMART O trabalho precisa atingir as metas de *performance* Serve a todas as metas acima 100% sob o nosso controle	"Que ações você vai realizar?" • Integrar os processos financeiros com análises automatizadas em tempo real e traduzi-los em perspectivas de negócios voltadas para o futuro em toda a organização Ações: configurar a unidade de análise de negócios em seis meses; configurar equipe de gerenciamento de análise e responsabilidade (oito semanas); estabelecer uma estratégia de comunicação (interna e externa) (oito semanas) • Trabalhar de perto e regularmente com nossa equipe de transformação para apoiar decisões rápidas e comunicações claras com todos os nossos colaboradores, mantendo seus corações e mentes engajados Ações: marcar reuniões quinzenais de gerenciamento de transformação para ser informada sobre o progresso...	

COACHING PARA A ATITUDE DE DONO

Mesmo que determinada meta seja um imperativo absoluto, ainda é possível realizar um *coaching* para estimular a atitude de dono. Eu discutia o treinamento com armas de fogo com uma força policial local quando me perguntaram: "Como é possível estimular que os participantes se apropriem das regras de segurança com armas de fogo se elas são absolutas e inflexíveis?". Sugeri que em vez de apresentar as regras desde o início, eles deveriam ter uma discussão, usando *coaching*, a partir da qual os participantes criariam juntos o seu próprio conjunto de regras de segurança. A maior probabilidade é de que elas sejam bem próximas das regras institucionais. Onde houvesse discrepância, as razões para a diferença poderiam ser exploradas por meio do *coaching*, com um mínimo de entrada do *coach*. Dessa forma, os formandos teriam um grau muito maior de apreciação, compreensão e apropriação das regras institucionais de segurança com armas de fogo.

META DE QUEM?

O valor da escolha e da responsabilidade em termos de automotivação nunca deve ser subestimado. Por exemplo, se os membros de uma equipe de vendas apresentarem uma meta menor do que aquela que o líder deseja, ele deve considerar as consequências com muito cuidado antes de ignorar os números apresentados e impor os seus. É bem melhor engolir o orgulho e aceitar os números da equipe. A insistência na meta do líder pode ter o efeito de diminuir a *performance* da equipe, mesmo que a meta do líder seja maior que a deles. Eles podem ou não considerar a proposta do líder como algo desencorajadoramente irrealista, mas certamente ficarão desmotivados pela falta de escolha. É claro que se o líder conhece bem a sua realidade ainda tem uma carta na manga, que é começar com a meta da equipe e guiar seu avanço, explorando e ajudando a equipe a desarmar as barreiras para conseguir mais resultados. Nesse caso, a equipe mantém a responsabilidade pelos números que forem finalmente alcançados.

Num ambiente de trabalho, as metas precisam ser acordadas entre todas as partes envolvidas: o líder que acha que deve defini-las, o gerente de vendas e os membros da equipe que têm que fazer o trabalho. Sem acordo, a atitude de dono e a responsabilidade vital da equipe de vendas são perdidas e sua *performance* será prejudicada. Como líder de *coaching*, é útil pensar que você está ao lado, e não na frente (*puxando*) ou atrás (*empurrando*) do *coachee*. Dessa forma, o *coachee* sempre mantém a propriedade sobre o objetivo.

Pode ser necessário fazer algum esforço para garantir que todas as metas sejam claramente compreendidas, pois muitas vezes premissas imprecisas podem distorcer a percepção de algumas pessoas, até mesmo das metas que elas próprias criaram.

Qualidades de uma boa meta

Além de apoiar uma meta final (que não está sob seu controle) usando metas de *performance* e processo (que estão), toda meta precisa ser *SMART*:

- e**S**pecífica
- **M**ensurável
- **A**cordada
- **R**ealista
- fixada no **T**empo

e também *PURE*:

- **P**ositivamente declarada
- **U**niversalmente compreendida
- **R**elevante
- **É**tica

E *CLARA*:

- **C**ompetitiva (Desafiadora)
- **L**egal
- **A**mbientalmente sadia
- **R**egistrada
- **A**propriada

A razão de se ter uma meta com a maioria dessas qualidades é autoevidente e não precisa de mais elaboração, mas algumas observações podem ser úteis.

O modelo *SMART* foi criado para os líderes definirem metas para suas equipes. Como os objetivos são definidos pelo líder, eles precisavam garantir que a meta fosse clara ou *específica*, mas não se preocupavam com o quão interessante ou motivadora, ela era. Eles também tinham que ser cuidadosos para não tornar a meta muito difícil, daí o *realista*. Se uma meta não é realista, não há esperança, mas se ela não representar um desafio, não há motivação. Portanto há um padrão aqui no qual todas as metas devem se encaixar.

Metas inspiradoras

É essencial gastar bastante tempo no início da fase *G* do *GROW*, para garantir que os *coachees* identifiquem as metas que os inspirem e energizem, ou que os deixem apaixonados ou entusiasmados. Uma meta inspiradora que é positivamente delineada irá manter os níveis de energia e motivação elevados desde o início. Uma meta pessoal que está inserida dentro da meta da empresa sempre faz a diferença.

Quando você estabelece metas para si mesmo, existe a tendência de se mirar muito baixo, limitando-se pelo medo. Encoraje os seus *coachees* a mirarem alto, para que eles se esforcem para realizar o melhor que puderem. Em um ambiente de apoio, uma meta inspiradora que também é desafiadora resultará em sucesso, o que aumenta a autoconfiança e a segurança, levando a uma melhor *performance*.

> *Você tende a conseguir aquilo no que concentra suas energias e foco. Se você tem medo de falhar, seu foco está no fracasso e é isso que acaba recebendo.*

Foco positivo

É muito importante estabelecer metas positivas. O que acontece com uma meta declarada no negativo, como por exemplo "Não devemos permanecer na parte inferior do *ranking* regional de vendas"? Onde está o foco da atenção? Na parte inferior do *ranking*, claro. Se eu disser para você "Não pense em um balão vermelho", o que vem à sua mente? Ou se eu disser a uma criança "Não derrube o copo, não derrame a água, não erre"? O exemplo que eu mais gosto vem do futebol, nas temíveis disputas de pênalti. No momento em que o próximo batedor passa pelos adversários, um gaiato diz a ele "Vê se não bate para fora...". E ele tem toda a longa caminhada até a entrada da área para pensar em bater para fora, e acaba fazendo exatamente isso. Metas negativas podem ser facilmente convertidas para o seu oposto positivo, como nos exemplos, *atingir pelo menos o quarto lugar no ranking* ou *bota essa bola na rede!*.

Padrões éticos

Pode parecer estranho sugerir que as metas devem ser **legais, éticas** e **ambientalmente corretas**, mas cada indivíduo tem seu próprio código de conduta sobre essas coisas, e a única maneira de garantir o alinhamento total dos colaboradores é estar sempre em conformidade com os mais altos padrões. Colaboradores mais jovens tendem a ter padrões éticos mais elevados e estritos do que seus líderes veteranos, que costumam ser surpreendidos e cuja desculpa geralmente é *mas nós sempre fizemos dessa maneira*. Além disso, a nova ênfase na prestação de contas nos negócios e em toda a sociedade e as consequências de ser exposto por uma delação ou pela denúncia de um consumidor vigilante certamente supera qualquer ganho de curto prazo que possa atrair os mais inescrupulosos. Em *Sporting Excellence*, David Hemery cita Sir Michael Edwardes que diz:

> Você não conseguirá que as melhores pessoas trabalhem com você, a não ser que mantenha os mais altos padrões de integridade nos negócios. Se você valoriza as mil libras que ganha com uma economia porca, o dano que você causa com a desmotivação das equipes é pelo menos 20 vezes maior.

Meta olímpica

Talvez o mais notável e bem sucedido exemplo de estabelecimento de metas que conheço venha das Olimpíadas e da natação, mas uma década antes de Michael Phelps nascer. Um universitário americano chamado John Naber viu Mark Spitz ganhar sete medalhas de ouro nas Olimpíadas de 1972, em Munique. Na mesma hora, John decidiu que iria ganhar o ouro nos 100 metros costas em 1976. Embora tivesse vencido o Campeonato Nacional Júnior na época, ele ainda estava quase 5 segundos aquém do necessário para vencer as Olimpíadas – uma diferença enorme para se tirar nessa idade e em um espaço de tempo tão curto.

Ele decidiu tornar o impossível possível e a primeira coisa que fez foi definir uma meta de *performance* de bater o recorde mundial, para em seguida dividir o seu déficit de 5 segundos pelo número de horas de treinamento que conseguiria realizar em quatro anos. Ele descobriu então que precisaria melhorar seu tempo em um quinto de uma piscada de olhos para cada hora de treinamento, e achou que isso era possível se trabalhasse de maneira inteligente e poderosa. E conseguiu.

Ele melhorou tanto em 1976 que foi nomeado capitão da equipe de natação americana em Montreal, e ganhou o ouro nos 100 e nos 200 metros costas, o primeiro batendo o recorde mundial e o segundo batendo o recorde olímpico. Belo exemplo de como ajustar uma meta! John Naber era motivado por uma meta final definida claramente, que ele apoiou com uma meta de *performance* que estava sob seu controle. E fundamentou isso com um processo sistemático, que foi a base sobre a qual ele construiu sua conquista.

> *Aqueles que precisam ganhar, ganham muito.*
> *Aqueles que temem perder, perdem muito.*

PERFOMANCE OLIMPICA NOS NEGÓCIOS

Então, como a *performance* olímpico se traduz em negócios? Jorge Paulo Lemann tem sido uma figura proeminente no desenvolvimento econômico do Brasil há mais de 40 anos. Em 1971, Lemann fundou o Banco de Investimentos Garantia, e logo recrutou Carlos Sicupira e Marcel Telles para se juntar ao que muitos consideram o *Goldman Sachs* do Brasil. À medida que adquiriram diversos ativos, o trio transformou a economia brasileira, abrindo-a para investidores externos, ao mesmo tempo em que criavam estabilidade interna. Através de sua empresa de *private equity*, a 3G Capital, eles agora possuem ou participam de grandes marcas como Burger King, Anheuser-Busch InBev e a Kraft Heinz Company.

Eles administram seus negócios motivando seus funcionários. Em seu livro *Sonho Grande*, Cristiane Correa explica que eles queriam atrair e reter as melhores pessoas, motivadas por algo mais do que o dinheiro. Lemann explica sua fórmula:

> Crie um grande sonho. Mantenha-o simples, para que seja facilmente compreendido e medido. Atraia as pessoas certas, que trabalhem

bem juntas. Meça os resultados de forma consistente. Você pode criar, executar ou melhorar qualquer coisa com esta fórmula. (Harvard Business School, 2009)

Em *No Jeito 3G*, Francisco Homem de Mello resume esse estilo de liderança como *Sonho+Gente+Cultura*. Eles conseguiram recrutar ótimas pessoas e criaram uma cultura na qual essas pessoas podem prosperar e compartilhar as recompensas de sonhar grande. Essa abordagem levou-os dos bancos de investimento e finanças até a cerveja e os hambúrgueres, do Brasil à América Latina e, depois à Europa e aos Estados Unidos.

Então, como isso funciona? Primeiro, o sonho grande é um sonho comum, mantido vivo em toda a empresa como um mantra. Na linguagem da pirâmide de metas (veja a Figura 10), se a meta dos seus sonhos fosse transformar a economia brasileira e abrir o mercado de uma maneira que isso criasse a estabilidade, sua meta final poderia ser fazer isso tornando-se a maior empresa de cerveja do mundo. A partir das metas de sonho e final, a empresa desdobra as metas anuais da empresa (metas de *performance*) para em seguida desdobrá-las sob a forma de metas do CEO, metas dos VP, metas dos diretores, até as metas para os colaboradores nas fábricas, todos trabalhando alinhados por metas derivadas daquela meta dos sonhos. E quando a meta dos sonhos é alcançada depois de alguns anos de foco feroz, a empresa define outra, que seja pelo menos tão grande e ambiciosa quanto a anterior.

Sua abordagem tem sido admirada por muitos comentaristas e gurus da administração, incluindo Jim Collins, que cunhou o termo *Metas Grandes, Audaciosas e Cabeludas*, uma categoria na qual os sonhos de Lemann, Sicupira e Telles se encaixam. Afinal, como Lemann observou: *sonhar grande dá tanto trabalho quanto sonhar pequeno*.

Uma amostra de conversa de *coaching*

Nos capítulos que abordam as habilidades práticas, vamos ilustrar alguns dos pontos apresentados utilizando o extrato de uma conversa fictícia de *coaching* entre Sam e sua gerente, Michelle. Sam é gerente de projetos em uma empresa multinacional de telecomunicações. Recentemente, ele assumiu o gerenciamento de projetos da Summit, um *pool* de empresas, o que exigiu que ele desenvolvesse ainda mais suas habilidades de gerenciamento de pessoas para influenciar os membros da equipe do projeto que não se reportavam diretamente a ele. Sendo um fazedor, Sam está dedicado a resolver os muitos problemas que surgem no projeto, o que o deixa exausto, sobrecarregado e frustrado com alguns membros da equipe. Vamos dar uma olhada em como Michelle se concentra em metas para que Sam possa botar o projeto novamente nos trilhos.

O coach afirma claramente o propósito da conversa e pergunta ao coachee no que ele quer trabalhar

MICHELLE: Queria falar sobre o projeto Summit e, em especial, queria saber como você está lidando com a equipe do projeto. Agora é um bom momento? (*Sam assente*) Qual você gostaria que fosse o resultado da nossa discussão?

SAM: Seria bom conversar sobre os problemas que estou enfrentando com algumas pessoas que não estão correspondendo, e o fato de não termos os recursos adequados para cumprir os prazos do projeto.

MICHELLE: OK, parece que você tem muita coisa para enfrentar no momento. Eu quero focar nossa atenção nas suas habilidades de gerenciamento de pessoas, pois você assumiu essa função de gerenciamento de projetos para desenvolvê-las. Mas, considerando o que você acabou de dizer, eu me pergunto o que seria mais útil para você explorar ou resolver agora.

SAM: Mais cinco pessoas para trabalhar no projeto seria ótimo, mas aposto que você vai dizer que não tem orçamento para isso!

MICHELLE: Você está certo, não temos orçamento para contratar mais gente. Estou percebendo que a falta de pessoal é a coisa mais importante em sua mente neste momento. Qual você diria que é sua a preocupação mais urgente?

SAM: Para ser honesto, Johann e Catherine, que não estão entregando. Eles dizem que vão fazer uma coisa e não fazem. Eu não posso confiar neles. Daí, quando eu os cobro sobre isso, ficam chateados ou começam a me culpar. É um pesadelo, e por causa deles, nosso primeiro marco de entrega está em risco.

MICHELLE: Como você está lidando com tudo isso?

SAM: Está me estressando. Eu já estou de saco cheio das desculpas deles. Não sei como vou dizer ao cliente que vamos perder a primeira entrega...

MICHELLE: Eu estou aqui para apoiá-lo com isso e tenho certeza que você conseguirá resolver. Qual seria um bom resultado da nossa discussão sobre essas questões?

SAM: Que Johann e Catherine se liguem e façam o que são pagos para fazer.

MICHELLE: Mas o que **você** quer?

SAM: Estar menos estressado e ter mais tempo para fazer as coisas que eu pretendia fazer para colocar o projeto nos trilhos.

Mudar o foco da questão/ preocupação para uma meta que seja significativa para o coachee

MICHELLE: Estou sentindo que é importante para você cumprir os prazos de entrega para o cliente. O que significa para você entregar este projeto no prazo?

Ser mais específico sobre o resultado/ meta desejados

SAM: Fazer o melhor trabalho possível e manter o cliente feliz é o que mais importa.

MICHELLE: E dando um passo para trás por um momento para olhar para a situação global, o que é mais importante sobre essa meta para você?

SAM: Bem, ter sucesso aqui vai me dar a experiência e o resultado que eu preciso para me candidatar a uma vaga na equipe regional de vendas, a minha meta final.

MICHELLE: Ótimo, ter sucesso aqui significa que você está um passo mais perto da sua meta final. Voltando ao projeto, então, o que você diria que é a sua meta geral?

SAM: Todos na equipe do projeto se unindo para entregar ao cliente, não apenas alguns de nós.

MICHELLE: Estou ouvindo sua frustração com alguns membros da equipe. Como você desejaria que fosse o seu relacionamento com eles?

Fica curioso sobre como atingir essa meta de performance servirá à meta final/dos sonhos

SAM: Quero que eles assumam a responsabilidade pelo trabalho e tenham orgulho do que fazem. E também quero que me respeitem.

MICHELLE: Parece que você tem dois objetivos: 1. Recuperar o projeto e manter o cliente feliz. 2. Melhorar seu relacionamento com Johann e Catherine. Seria útil alcançar esses dois objetivos?

Resume as duas metas de performance e convida o coachee a trabalhar nas metas de processo a seguir

SAM: Sim, com certeza.

Michelle tem sua própria pauta para essa discussão com Sam, que ela descreve claramente no início da conversa. No entanto, em vez de forçar essa pauta, ela convida Sam a falar sobre o que ele quer discutir. Na conversa que se segue, Michelle reconhece suas preocupações e transfere a discussão da solução de problemas para os resultados desejados e a definição de metas. Observe as diferentes camadas de metas dentro desse curto diálogo: metas para essa conversa – o que Sam deseja obter com a conversa – bem como suas metas maiores – as coisas que têm propósito e significado para ele. Isso cria a motivação para Sam continuar, apesar de estar sobrecarregado, exausto e frustrado, e como foi ele quem determinou o resultado ideal e elaborou em suas próprias palavras a meta final, ele é o *dono* da meta, portanto está mais comprometido em alcançá-la do que se Michelle tivesse simplesmente dito a ele o que fazer.

DETERMINAÇÃO DE METAS E A CURVA DE PERFOMANCE

Sam identificou que seu relacionamento com Johann e Catherine está sendo muito difícil. Ele não consegue o que quer deles, o que aponta para uma falha de comunicação de sua parte em torno das metas, bem como uma falta de confiança, que eles percebem e respondem com hesitação. A falta de clareza em torno das metas causa muita interferência e baixa *performance*. Sem metas claras, as pessoas não podem buscar o melhor de si mesmas, porque há confusão sobre qual é o resultado desejado. E se Sam não pode ser honesto com Johann e Catherine sobre seu desejo de consertar o relacionamento e trabalhar em busca de confiança e respeito, não há muita chance de que a confiança se desenvolva por conta própria.

Se pensarmos na descrição da curva de *performance* no Capítulo 2, Sam e essa pequena parte de sua equipe estão operando no estágio de *performance* mais baixa, **impulsiva** – as coisas vão acontecer. Note que Sam parece estar buscando chegar a **dependentes** (baixa e média *performance*), porque em suas palavra há um quê de *se eles fizessem o que eu digo*. Por outro lado, Michelle está operando de forma interdependente (alta performance) – ela confia que trabalhando com Sam eles vão transformar esse tropeço em um salto. Michelle identificou que Sam está tendo dificuldade com suas habilidades na liderança de pessoas nessa área e está estabelecendo uma parceria com ele para desenvolvê--las. Ela ressalta o tempo todo como este sucesso pode servir à meta final de Sam. Através desse diálogo, ela se tornou consciente do que está acontecendo e agora isso é sua prioridade, pois afetará a *performance* do projeto como um todo. Através de seu *coaching*, Michelle está oferecendo a Sam um treinamento de liderança no trabalho, o que é inestimável.

Depois de falarmos de metas, agora é hora de dar uma olhada na realidade.

11 R: O que é realidade?

Quando a realidade é clara, traz os objetivos para um foco mais nítido

Tendo definido vários objetivos, é necessário esclarecer a situação atual. Pode-se argumentar que as metas não podem ser estabelecidas até que a situação atual seja conhecida e compreendida e, portanto, você deve começar com a **realidade**.

Rejeito esse argumento com base em que um propósito é essencial para dar valor e orientação a qualquer discussão. Mesmo que os objetivos possam ser definidos de maneira pouco ampla antes que a situação seja analisada em alguns detalhes, isso precisa ser feito primeiro. Então, quando a realidade estiver clara, os objetivos poderão ser mais nítidos, ou até alterados se a situação for um pouco diferente do que se pensava anteriormente.

Objetividade

O critério mais importante para examinar a realidade é a objetividade. A objetividade está sujeita a grandes distorções causadas pelas opiniões, julgamentos, expectativas, preconceitos, preocupações, esperanças e medos do observador. Consciência é perceber as coisas como elas realmente são; a autoconsciência é reconhecer os fatores internos que distorcem sua própria percepção da realidade. A maioria das pessoas pensa que é objetiva, mas a objetividade absoluta não existe. O máximo que você consegue é um grau de objetividade, mas quanto mais próximo você gerenciar isto, melhor.

Destacamento

Para abordar a realidade, portanto, as distorções potenciais do *coach* e do *coachee* devem ser contornadas. Isso exige um alto grau de desapego por parte do *coach* e a capacidade de formular perguntas de uma maneira que exija respostas factuais do *coachee*. "Quais foram os fatores que determinaram sua decisão?" evoca uma resposta mais precisa do que "por que você fez isso?" – o que tende a produzir o que o *coachee* acredita que o *coach* deseja ouvir, ou uma justificativa defensiva.

Descrição, não julgamento

O *coach* deve usar e, tanto quanto possível, incentivar o *coachee* a usar terminologia descritiva, em vez de terminativa avaliativa. Isso ajuda a manter o desapego e a objetividade, e reduz a autocrítica contraproducente que distorce a percepção. A Figura 11 ilustra o ponto.

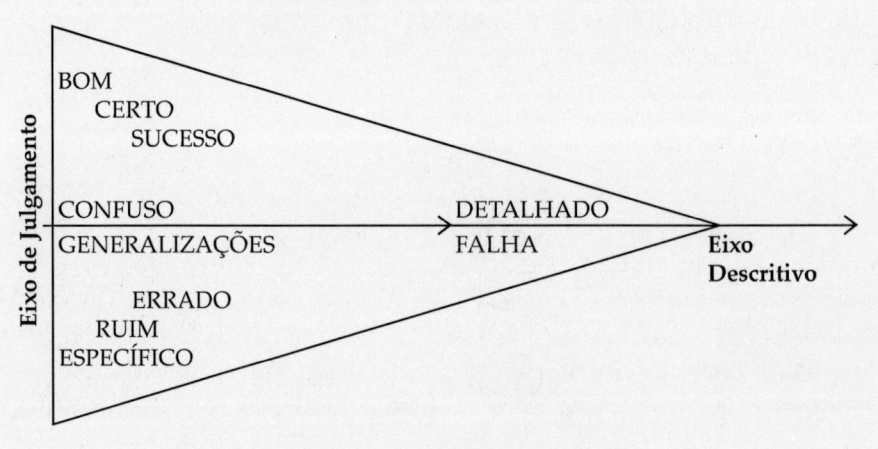

FIGURA 11: Envelope de comunicação

```
Eixo de Julgamento

BOM
  CERTO
    SUCESSO

CONFUSO                    DETALHADO
GENERALIZAÇÕES             FALHA          → Eixo Descritivo

    ERRADO
  RUIM
ESPECÍFICO
```

A terminologia usada nas conversas normais e em muitas interações de liderança geralmente cai na extremidade esquerda do envelope. Ao treinar, você tenta se mover para a direita. Quanto mais específicas e descritivas suas palavras e frases se tornam, menos críticas elas tendem a apresentar e mais produtivo será o treinamento.

As perguntas da realidade, quando o *coachee* as aplica a si mesmas, fornecem os meios mais diretos de autoavaliação. A habilidade de fazer perguntas poderosas sobre a realidade é fundamental, independentemente da aplicação.

Consciência mais profunda

Se um *coach* apenas faz perguntas e recebe respostas do nível normal de consciência, ele pode estar ajudando o *coachee* a estruturar seus pensamentos, mas não está buscando novos níveis de consciência. Quando o *coachee* precisa parar para pensar antes de responder, talvez levantando os olhos para isso, sua consciência está aumentando. O *coachee* está tendo que procurar novas profundidades de consciência para recuperar as informações. É como se estivessem investigando em seu armário interno para encontrar a resposta. Uma vez encontrada, essa nova consciência se torna lúcida e o *coachee* é fortalecido por ela.

Você tem uma medida de escolha e controle sobre o que está ciente, mas o que você desconhece controla você.

Siga o *coachee*

Seguir o interesse ou a cadeia de pensamento do *coachee*, ao mesmo tempo em que monitora como isso se relaciona com o assunto como um todo, é chamado de acordo com a agenda do *coachee*. É uma das habilidades mais básicas de treinamento. Somente quando o *coachee* estiver pronto para deixar cada aspecto do problema, o *coach* levará algo que considere omitido. Se o *coachee* parece ter andado muito longe da pista, uma pergunta como "De que maneira isso se relaciona com o objetivo?" pode trazê-lo de volta ou revelar um motivo válido. De qualquer forma, ele permite que o *coachee* continue liderando o processo. Isso lhes permite explorar completamente o potencial inexplorado dentro de si e encontrar seus próprios recursos para enfrentar qualquer desafio.

Comunicação direta entre pares

No contexto comercial, um líder pode precisar ajustar essa abordagem de alguma forma. Digamos que uma líder sênior, Alison, queira investigar e corrigir um aparente problema no departamento de Peter. Se ela levantar o problema desde o início, ele pode se sentir ameaçado e ficar na defensiva. Se ela não levantar o assunto e permitir que ele conduza a conversa, chegará ao assunto que deseja abordar?

Em vez disso, Alison precisa se concentrar no objetivo e garantir que ela não tenha julgamento sobre o que vê como o problema. É claro que isso exige grande autogerenciamento – você pode ver por que a inteligência emocional é a principal qualidade de liderança valorizada acima do conhecimento técnico. Alison pode começar da seguinte maneira:

ALISON: Gostaria de juntar nossas cabeças para abordar algo que estou notando sobre nossos dois departamentos. Está tudo bem para você? (*Peter concorda*) O que eu gostaria que acontecesse é que os departamentos trabalhassem juntos sem problemas. O que eu noto é que pontos de discórdia continuam ocorrendo. Qual é a sua opinião sobre isso?

Ao adotar uma abordagem construtiva, sem criticar, ela conseguiu seu próprio julgamento e criou as condições para ela e Peter trabalharem em colaboração a fim de resolver esse importante problema.

Quando os funcionários começam a se ver como um apoio e não como uma ameaça, eles ficam muito mais felizes em levantar seus problemas. Quando isso acontece, diagnóstico e diálogo honestos são possíveis, levando à resolução precoce. A cultura de culpa que prevalece na maioria das empresas funciona contra isso, pois causa "síndrome da falsa realidade" ou "Vou lhe dizer o que acho que você quer ouvir ou o que me manterá longe de problemas". Quaisquer correções colocadas a partir de então serão baseadas em uma falsa realidade. O *coach* sábio começa com uma investigação mais geral e segue a conversa do *coachee*. O *coach* pode ajudar o *coachee* com outra dificuldade menor, estabelecendo credenciais como suporte e não como ameaça. É muito mais provável que essa abordagem conduza oportunamente à causa do problema, em vez do sintoma que é visto inicialmente. Os problemas devem ser abordados no nível abaixo do qual eles se mostram, se tiverem que ser eliminados permanentemente.

Use os sentidos

Se os *coachees* estão aprendendo uma nova habilidade física, tal como operar uma ferramenta comercial, de um motor ferroviário a uma raquete de tênis, o treinamento também se concentrará nos sentidos: sensação, som e visão.

A consciência corporal traz consigo a autocorreção automática. Se a princípio parecer difícil de acreditar, feche os olhos por um momento e concentre sua atenção internamente nos músculos faciais. Você provavelmente notará uma sobrancelha franzida ou uma mandíbula apertada. Quase simultaneamente com essa consciência, você provavelmente experimentará um desapego, após o qual a sobrancelha ou a mandíbula ficarão totalmente relaxadas. O mesmo princípio se aplica a um movimento físico complexo. Se sua atenção estiver focada internamente nas partes móveis, as tensões de redução de eficiência serão sentidas e liberadas automaticamente, resultando em melhor *performance*. Essa é a base da nova abordagem de treinamento para a técnica e a competência esportivas.

A consciência interna aumenta a eficiência corporal, o que resulta em uma técnica aprimorada. É uma técnica de dentro para fora, em vez de fora para dentro. Além disso, é uma técnica de própria, integrada e exclusiva do corpo em questão, em oposição alguma outra ideia de boa técnica à qual você obrigou seu corpo a se adaptar. Qual a mais provável de levar à *performance* ideal?

Tentar arduamente ou tentar mudar provoca tensão corporal e ação descoordenada, que muitas vezes resulta em fracasso.

As consciências corporal e interna também são relevantes se os *coachees* estiverem aprendendo a usar um novo comportamento, como a comunicação poderosa para que possam melhorar a eficácia de suas apresentações. Neste exemplo, os *coachees* observam seu estado atual ao descreverem sua experiência na última vez em que apresentaram perguntas como:

- Como foi ficar na frente da plateia?
- O que você notou sobre o seu ritmo?

- Que emoções você sentiu quando começou a falar?
- Em uma escala de 1 a 10, o quanto você se sentiu confiante?
- Como estava sua respiração?
- Que pensamentos eram dominantes antes de você pronunciar suas primeiras palavras?
- Como você estava?
- De que maneira você estava sendo poderoso?
- O que seu corpo estava comunicando?

Dê a eles a oportunidade de dizer o que sentem – continue fazendo perguntas abertas e ouvindo, e deixe o silêncio fazer o trabalho pesado.

Avalie atitudes e tendências humanas

A autoconsciência também precisa ser exercida em seus pensamentos, atitudes e tendências humanas no momento e naqueles aos quais você normalmente tem menos acesso consciente. Cada um de nós traz consigo, às vezes desde a infância, crenças e opiniões de longa data que irão colorir nossas percepções e nossos relacionamentos com os outros. Se não reconhecermos sua existência e compensarmos seus efeitos, elas distorcerão nosso senso de realidade.

Corpo e mente estão interligados. A maioria dos pensamentos carrega uma emoção; todas as emoções são refletidas no corpo; sensações corporais frequentemente desencadeiam pensamentos. Conclui-se, portanto, que preocupações, bloqueios e inibições podem ser abordados através da mente, do corpo ou das emoções, e a limpeza de uma tende a libertar as outras, embora nem sempre. O estresse persistente, por exemplo, pode ser reduzido pela identificação de tensões corporais, evocando a consciência dos sentimentos que alimentam o excesso de trabalho ou descobrindo atitudes mentais como o perfeccionismo. Pode ser necessário trabalhar nos três separadamente. Aqui, lembro o tema de Gallwey de que o jogador do Inner Game melhora a *performance*, procurando remover ou reduzir os obstáculos internos à *performance* externa.

Limite a profundidade

É hora de uma palavra de cautela. Um *coach* pode ficar ciente de investigar mais profundamente os impulsos e motivos ocultos de um *coachee* do que o previsto. Essa é a natureza do treinamento transformacional: trata da causa, não apenas dos sintomas. O treinamento pode ser mais exigente do que cobrir as falhas interpessoais no escritório com diretivas, mas também é mais gratificante em termos de resultados. No entanto, se você não é treinado adequadamente em *coaching* ou tem coração sensível, fique de fora. Se você suspeitar que um problema de relacionamento com funcionários tem origens profundas, é melhor contratar um profissional com as habilidades necessárias. Uma distinção entre *coaching* e aconselhamento é que o *coaching* é principalmente proativo, tendo em vista o futuro, e o aconselhamento geralmente é reativo, tendo em vista o passado.

Questões de realidade

As questões da realidade precisam especialmente seguir as orientações de "observe a bola" discutidas no Capítulo 7. Aqui elas são repetidas em termos ligeiramente diferentes. Eles são os seguintes:

- A demanda por uma resposta é essencial para **obrigar o *coachee* a pensar**, examinar, olhar, sentir, estar envolvido.
- As perguntas precisam exigir **foco de alta resolução** para obter os detalhes de informações de alta qualidade.
- As respostas da realidade buscadas devem ser **descritivas, não julgadoras**, para garantir honestidade e precisão.
- As respostas devem ser de qualidade e frequência suficientes para fornecer ao *coach* um **ciclo de feedback**.

É na fase de realidade do *coaching* que as perguntas devem ser geralmente iniciadas pelos interrogativos "o quê", "quando", "onde", "quem" e "quanto". Como já foi discutido, "como" e "por que" "devem ser usados apenas com moderação ou quando nenhuma outra frase for suficiente. Essas duas palavras convidam à análise e à opinião, bem como à defensividade, enquanto os interrogadores buscam fatos. Na fase da realidade, os fatos são importantes e, como na investigação policial, a análise antes de todos os fatos pode levar à formação da teoria e à coleta de dados tendenciosa a partir de então. Os *coaches* precisarão estar especialmente alertas, ouvindo e observando, para captar todas as pistas que indiquem a direção do questionamento a ser seguido. Deve-se enfatizar aqui que é o *coachee* cuja consciência está sendo elevada. O *coach* geralmente não precisa conhecer toda a história de uma situação, mas apenas ter certeza de que o *coachee* está sendo claro a respeito. Portanto, isso não é tão demorado quanto seria se o *coach* exigisse todos os fatos para fornecer a melhor resposta.

Uma pergunta da realidade que raramente deixa de contribuir com valor é "Que ação você executou quanto a isso até agora?", seguida por "Quais foram os efeitos dessa ação?" Isso serve para enfatizar o valor da ação, e a diferença entre ação e pensamento quanto a problemas. Geralmente, as pessoas pensam sobre os problemas há muito tempo mas; somente quando perguntadas sobre o que fizeram a respeito deles, elas percebem que realmente não exerceram nenhuma ação. Em cenários de *coaching* de negócios, a realidade inclui aumentar a conscientização do *coachee* sobre a realidade externa (estratégia organizacional, políticas e processos, cenário político, normas comportamentais, cultura, regras não escritas, dinâmica de poder etc.), bem como a realidade interna do *coachee* (pensamentos, sentimentos, crenças, valores e atitudes internos). Qualquer pessoa que trabalhe em uma organização coexiste em um sistema que inclui outras pessoas e coisas que podem ajudar os *coachees* a atingir seus objetivos ou atrapalhar. Talvez isso seja melhor ilustrado por meio de um exemplo. Vamos imaginar que Petra tenha o objetivo de implementar com sucesso um novo processo de vendas em sua organização. Ao explorar a realidade, o *coach* de Petra aumenta sua consciência sobre todos os aspectos relevantes da realidade externa relacionados ao seu objetivo. Isso pode incluir coisas como entender a atitude e o comportamento das equipes de vendas que serão afetadas pelo novo processo; identificar quem tem poder ou influência nas vendas que poderia bloquear ou apoiar a implementação; as regras não escritas para processar vendas que podem afetar as pessoas que usam o novo processo; ou as normas comportamentais de como essa organização lida com as mudanças do processo. O *coach* de Petra também aumentaria sua consciência de todos os aspectos relevantes de sua realidade interna relacionados ao seu objetivo, como sua motivação, suas crenças sobre sua capacidade de influenciar os principais interessados, sua confiança em lidar com pessoas que resistem e o quanto de sucesso vai significar para ela.

Resolução antecipada

É surpreendente a frequência com que a investigação aprofundada da realidade gera a resposta antes mesmo de você entrar no terceiro e quarto estágios do treinamento. Cursos óbvios de ação que surgem na realidade ou mesmo ocasionalmente na etapa do objetivo são muitas vezes acompanhados pelo grito "Eureca!" de reconhecimento e um impulso extra para concluir a tarefa. O valor disso é tal que os *coaches* devem estar dispostos a permanecer por tempo suficiente em objetivos e realidade, e resistir à tentação de se pecipitar nas opções prematuramente. Portanto, para que não façamos exatamente isso, vamos revisitar a conversa de *coaching* entre Sam e sua líder Michelle

MICHELLE: Um dos seus objetivos é recuperar o projeto. Em que altura do caminho está o projeto atualmente?

SAM: Bem, na verdade, é apenas o elemento de entrega de serviço que está fora do prazo, pois ainda nem foi iniciado. O resto está praticamente dentro do cronograma.

MICHELLE: Vamos voltar a analisar o elemento de entrega de serviço em um momento. Você disse que o resto está dentro do cronograma. Isso é brilhante, bom trabalho! O que ajudou você a manter o resto nos trilhos?

SAM: Os analistas de negócios trabalharam muito e ouviram atentamente os requisitos do cliente. Os desenvolvedores de software levantaram problemas antecipadamente, o que significava que éramos capazes de resolver problemas que surgiriam durante o teste antes que eles realmente se tornassem problemas.

MICHELLE: Como você contribuiu para os analistas de negócios e desenvolvedores trabalharem assim?

SAM: Eu assegurei que soubessem o que era esperado deles e sempre tivessem pelo menos duas pessoas de cada uma das equipes participando das reuniões dos clientes, para que pudessem ouvir as coisas em primeira mão.

MICHELLE: O que mais você fez?

SAM: Contratei os líderes de equipe no início do projeto para que entrassem em acordo sobre como monitorar o progresso e a *performance* das pessoas.

MICHELLE: O que mais?

SAM: Eu levantei todas as preocupações que tive com os indivíduos diretamente e certifiquei-me de reconhecer as pessoas que mais se esforçaram.

MICHELLE: Qual a diferença na maneira como você trabalha com as pessoas que prestam serviços? É aí que Johann e Catherine trabalham, certo?

SAM: Eles entraram na equipe do projeto posteriormente a todos os outros e, apesar de terem sido convidados para as reuniões da equipe do projeto, não foram a nenhuma delas.

Ajuda o coachee a ser objetivo e ver as coisas como são sem distorção

MICHELLE: O que além disso tem sido diferente a respeito de como você trabalha com eles?

SAM: Eu ouvi de Bob que eles não eram confiáveis, então fiquei decepcionado quando soube que estavam se juntando à equipe. Eu não os teria escolhido.

Ajuda o coachee a reconhecer e celebrar o que está funcionando bem

MICHELLE: Como você acha que isso afetou a maneira como você interage com eles?

SAM: Suponho que fiquei um pouco impassível com eles e, para ser sincero, não passei com eles o mesmo tempo que com outras pessoas da equipe.

Aumenta a consciência do papel e da contribuição do coachee e o que ele aprendeu sobre si mesmo no processo

MICHELLE: Se estivesse no lugar deles, o que você precisaria da parte do gerente de projeto?

SAM: Uma orientação clara e depois que me deixasse seguir em frente, sem interferir constantemente.

MICHELLE: O que você acha que Johann e Catherine diriam sobre a maneira como os gerencia neste projeto?

Expande a consciência além de si próprio para incluir outros (indivíduos, equipes) e o sistema do qual o coachee faz parte

SAM: Tenho certeza de que eles diriam que eu os microgerencio.

MICHELLE: O que você acha que eles precisam de sua parte como gerente de projeto?

SAM: Autonomia. Confiança. Sentir-se como um membro valioso da equipe do projeto.

MICHELLE: O que você precisa fazer para gerar isso?

SAM: Bem, eu preciso contratar o líder da equipe de prestação de serviços no início e gastar mais tempo fazendo Johann e Catherine se sentirem parte da equipe. Comecei tudo errado! Eu vou sair e fazer isso agora.

Michelle usa escuta ativa e perguntas poderosas para ajudar Sam a se tornar mais consciente da realidade atual. Ela começa aumentando a conscientização de Sam sobre o que está funcionando bem, para comemorar e destacar seus pontos fortes.

Michelle concentra a atenção de Sam na realidade externa. As normas comportamentais, a cultura e o cenário político formam o mapa de uma organização. Para que Sam tenha sucesso ao navegar nele, ele deve dar uma olhada objetiva na configuração do terreno e nas pessoas, o que Michelle o ajuda a fazer sem julgar.

O outro aspecto da realidade é a realidade interior de Sam, que inclui seus pensamentos, sentimentos, suposições e expectativas de si mesmo, e seu relacionamento com a realidade externa da qual ele faz parte.

Observe também que, somente depois que Sam compartilha seus pensamentos e opiniões, Michelle oferece seus pensamentos.

REALIDADE E CURVA DE *PERFORMANCE*

Michelle está aumentando a conscientização de Sam sobre seu impacto na liderança, concentrando a atenção no efeito que a liderança de pessoas está causando naqueles da equipe do projeto. Sam reconhece que ele é microgerenciador, um indicador de operação a partir do estágio dependente, assim como sua falta de confiança nos outros.

Isso resultou em baixa *performance*, com alguns membros da equipe do projeto agindo defensivamente, culpando os outros e não assumindo responsabilidades. Há indícios de que Sam também esteja operando no estágio independente, pois sente que precisa consertar as coisas sozinho e trabalhar cada vez mais. Você pode ser perdoado por pensar que a mentalidade predominante de liderar a partir do estágio independente, "eu tenho alta *performance*", é saudável de se cultivar.

No entanto, observe como Sam se pressiona para corrigir problemas e trabalhar mais e com maior intensidade, o que o leva à beira do esgotamento. Se Sam adotasse a mentalidade predominante de "somos verdadeiramente bem sucedidos juntos" e operasse a partir do estágio interdependente, ele envolveria os membros da equipe do projeto para antecipar e resolver os problemas por si próprios, porque sentiriam a propriedade da alta *performance* e não aceitariam padrões baixos. É evidente que Sam tem o desejo de avançar na direção do estágio interdependente. Michelle, com suas perguntas poderosas e sua escuta ativa, aumentou a consciência de Sam sobre o que será necessário para ele liderar a partir daí.

12 O: Quais são as suas Opções?

Quando você tem certeza de que esgotou todas as ideias, é hora de ter mais uma

O propósito da fase de Opções do modelo *GROW* não é encontrar a resposta *correta*, mas sim criar uma lista com o máximo de alternativas possível. Neste momento, a quantidade de opções é mais importante do que a qualidade ou a viabilidade de cada uma delas. Esse processo de estimular o cérebro para reunir todas as opções disponíveis é tão valioso como a própria lista de opções, pois permite que você solte a criatividade. É dessa ampla base de possibilidades criativas que os passos e ações específicas serão selecionados. Mas se você se prender a preferências, censura, vergonha, obstáculos ou à necessidade de ter algo completo durante o processo de levantamento de ideias, contribuições valiosas podem se perder e as escolhas acabarão sendo limitadas.

Maximizando as escolhas

Os *coaches* farão qualquer coisa para extraírem essas opções de seus *coachees* ou da equipe que estão liderando por meio do *coaching*. Para tanto, eles precisam criar um ambiente no qual os participantes se sintam seguros o bastante para expressarem seus pensamentos e ideias sem inibição ou medo do julgamento do *coach* ou dos colegas. Todas as contribuições, mesmo que pareçam bobas, precisam ser anotadas, geralmente pelo *coach*, pois elas podem conter o gérmen de uma ideia que pode acabar se mostrando muito promissora diante das sugestões seguintes.

Crenças negativas

Um dos fatores que mais restringem a geração de soluções criativas para uma empresa ou para outros assuntos são as crenças internas que carregamos, muitas das quais mal tomamos consciência. Por exemplo:

- Não pode ser feito
- Não pode ser feito assim
- Nunca concordariam com isso
- Isso deve custar muito caro
- Não temos esse tempo
- Os concorrentes já devem ter pensado nisso

Há muitas outras. Mas perceba que todas contém uma negativa ou um impeditivo. Nessa hora, um bom *coach* convidaria seus clientes a se perguntarem:

- Se não houvesse nenhum obstáculo, o que você faria?

E se interferências específicas aparecessem, eles continuariam a usar o "E se ?" Por exemplo:

- E se você tivesse orçamento para isso?
- E se tivesse mais mão-de-obra?
- E se você soubesse a resposta? O que faria?

Por meio desse processo, que ignora temporariamente a censura da mente racional, pensamentos mais criativos são liberados e talvez o obstáculo que foi realçado na verdade se mostre menos intransponível do que parecia a princípio. Talvez outra participante da equipe saiba como driblar este obstáculo, para que impossível de repente se torne possível por meio das contribuições combinadas de várias pessoas.

O EXERCÍCIO DOS NOVE PONTOS

Em nossos *workshops* de *coaching*, às vezes usamos aquele velho exercício dos nove pontos para ilustrar graficamente as crenças limitantes que todos temos a tendência de manter. Para aqueles que ainda não conhecem ou que conhecem mas se esqueceram da resposta deste exercício, basta dar uma olhada na Figura 12.

Você pode lembrar ou perceber que a crença que deve ser eliminada é a que diz que você deve *ficar restrito ao quadrado*. No entanto, não seja esnobe. Será que você consegue resolver o problema novamente com as mesmas regras, mas dessa vez usando apenas três linhas ou menos? Quais são as crenças que estão limitando a sua ação agora?

FIGURA 12: O exercício dos nove pontos.

Ligue todos os pontos, usando *apenas* quatro linhas retas. Você não pode tirar a caneta da página e não pode repetir nenhuma linha.

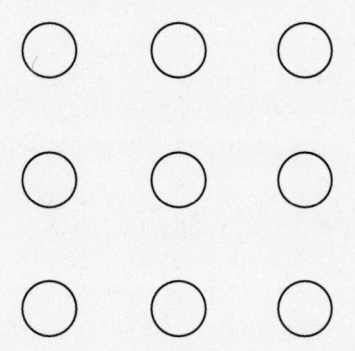

○ ○ ○

○ ○ ○

○ ○ ○

Claro, ninguém disse que você precisa desenhar a linha pelo *meio dos pontos*, mas eu aposto que você considerou isso. E se fossem apenas duas linhas, ou mesmo apenas uma?

Ninguém disse que você não pode arrancar a página, ou enrolá-la como um cone, ou rasgá-la em três tiras finas, ou dobrá-la como uma sanfona. O que acabamos de fazer foi quebrar outra crença, a de que você só tinha uma variável, a posição das linhas. Mas quem disse que você não podia mexer nos pontos? Reconhecer todas as variáveis vai expandir o seu pensamento e a sua lista de opções. Ir além dessas crenças autolimitantes liberta sua mente para resolver os problemas de formas totalmente novas. O segredo é identificar a crença falsa; a solução então se torna muito mais fácil de ser vista. (Várias soluções para o problema dos nove pontos são apresentadas no Apêndice 3)

Expandindo a criatividade

Quando as pessoas ficarem presas demais à sua perspectiva familiar ou à sua maneira de pensar pergunte algo como "O que você faria se fosse o líder?" ou "Pense na pessoa que você mais admira como líder. O que ela faria agora?". Isso os libera para que pensem a partir de uma perspectiva mais criativa. Você pode conectar o cliente com suas forças internas fazendo com que pensem nas qualidades que admiram em um herói e então perguntar "Como o Batman resolveria isso?".

Ou você pode convidá-los a se moverem (talvez até fisicamente) em direção a uma mentalidade de suas **subpersonalidades** (todos temos várias – veja o Capítulo 3), especialmente aquelas que eles geralmente não levariam para o trabalho, por exemplo o seu lado esportista ou motoqueiro.

Outra maneira poderosa de revelar opções é pedir que as pessoas criem uma **metáfora** para o assunto ou situação que precisam resolver. Desenvolva a metáfora e explore o máximo possível; não tente ancorá-la na realidade. E veja se a solução aparece no mundo metafórico.

Quando o cliente tiver exaurido todos os seus recursos, você pode se oferecer para um *brainstorm* de ideias que possam expandir as opções possíveis e injetar alguma criatividade de modo que isso reforce as suas habilidades de ser criativo e versátil. Dê ideias sem se prender demais a elas e incentive o cliente a sugerir outras ideias.

Selecionando ideias

CUSTOS E BENEFÍCIOS

Depois de gerar um rol extenso de opções, a fase da Vontade do *coaching* pode se resumir a uma mera questão de escolher a melhor da lista. Entretanto, em questões mais complexas, que costumam acontecer nas empresas, pode ser necessário reexaminar a lista e anotar os benefícios e custos de cada um dos cursos de ação propostos. Mais uma vez, isso deve ser feito por meio do *coaching*, e é aqui que combinar duas ou mais ideias pode acabar se mostrando ser a solução ótima. Neste momento, eu geralmente peço que os clientes anotem sua preferência com relação às ideias numa escala de um a dez.

SUGESTÕES DO COACH

Após os clientes terem esgotado sua lista e opções, o *coach* pode sugerir algumas também. Para manter o desenvolvimento dos seus *co-*

achees, no entanto, esse conselho deve ser seguido de avisos saudáveis. Como um *coach* pode oferecer suas ideias e ainda assim não minar a confiança e o senso de propriedade dos clientes? Simplesmente dizendo: *eu também tenho umas ideias, me diga o que acha delas*. Os clientes podem até pedir que o *coach* espere enquanto terminam o raciocínio. Qualquer sugestão por parte do *coach* só deve ser considerada se tiver o mesmo peso que as demais.

MAPEANDO AS OPÇÕES

Ao listar as opções, a hierarquia subconsciente que surge quando se faz uma lista vertical indica que o que vem primeiro é mais importante. Mas isso pode ser evitado listando as opções em ordem aleatória num pedaço de papel do mesmo modo que os especialistas em palavras cruzadas resolvem um anagrama.

Gerando opções na prática

Vamos ver como Michelle explora as opções junto com Sam.

MICHELLE: Vamos fazer um *brainstorm* e listar as coisas que você poderia fazer para motivar todos no projeto. Imagine que você não tivesse nenhuma limitação, o que você faria?

SAM: Eu daria um aumento para eles.

MICHELLE: E o que mais?

SAM: Poderia dar mais tempo livre. Mas essas coisas estão além do meu controle.

MICHELLE: E o que você poderia fazer que está sob o seu controle?

SAM: Poderia contar aos líderes de equipe que eles estão fazendo um bom trabalho e que isso pode gerar uma premiação em dinheiro ou mesmo um aumento no fim do ano.

MICHELLE: E o que mais?

SAM: Eu podia dizer *obrigado* mais vezes.

MICHELLE: E o que mais?

Expande o pensamento e a criatividade com permissão para discutir novas ideias, perguntas poderosas do tipo "E se?" ou "O que mais?"

Ampliando o olhar

SAM: Poderia fazer algo para que nos sentíssemos como uma grande equipe novamente, mas não sei o que poderia ser.

MICHELLE: Se você não precisasse se preocupar com dinheiro ou prazos, o que você faria para que todos se sentissem como parte de uma mesma equipe novamente?

SAM: Eu realocaria todo mundo no projeto para um escritório só, em outro prédio.

MICHELLE: E se você fosse o CEO dessa empresa? O que você faria para motivar as pessoas da equipe deste projeto?

SAM: Eu mostraria a eles o quanto valorizo o trabalho que estão realizando e o quão importante eles são para o futuro da empresa.

MICHELLE: Se você fosse Johann ou Catherine, que faria para motivar todo mundo na equipe do projeto?

SAM: Ah, essa é difícil Acho que contrataria um novo gerente de projeto para o meu lugar!

MICHELLE: Se você contratasse um novo gerente para o projeto, quais os atributos e comportamentos você acha que Johann e Catherine mais apreciariam vindo dessa pessoa?

SAM: Paciência. Não julgar demais. Essa pessoa ajudaria Johann e Catherine a resolverem os problemas por conta própria. Iria discutir mais, ao invés de confrontá-los com os problemas.

MICHELLE: Se você fosse o maior especialista do mundo em gerenciamento de projetos, o que faria para motivar todos os membros da equipe?

SAM: Faria reuniões mensais de progresso com cada membro da equipe para ajudá-los a alcançar o seu potencial.

MICHELLE: E o que mais?

SAM: Faria reuniões semanais com a equipe, mas reuniões curtas e focadas para que todos tivessem noção de quais são as prioridades dessa semana.

MICHELLE: E o que mais?

SAM: Eu criaria uma maneira mais simples para todo mundo acompanhar o progresso do projeto.

MICHELLE: Nós exploramos um monte de opções para motivar as pessoas da equipe do projeto: um aumento, dizer aos líderes do projeto que estão fazendo um bom trabalho, agradecer com mais frequência, colocar todo mundo em outro escritório, reuniões regulares, um modo mais simples de acompanhar o projeto, um novo gerente de projeto. Quais dessas você gostaria de discutir um pouco mais profundamente agora?

SAM: Colocar todo mundo junto em outro prédio faria toda a diferença.

MICHELLE: Ótimo, mas antes de avançarmos queria saber como você está se sentindo

Resume as opções e convida o cliente a considerar os prós e contras

SAM: Não sei, meio sobrecarregado.

indo mais fundo

MICHELLE: Eu tive uma ideia e queria incluir na lista, se você concordar.

SAM: Claro! O que é?

MICHELLE: Quando estou cheia de trabalho e começo a me sentir sobrecarregada, costumo ir à academia mais vezes na semana e isso me ajuda a liberar o *stress*. O que você poderia fazer para lidar com o *stress*?

SAM: Não sou fã de academia, então não ia adiantar.

MICHELLE: Mas o que funcionaria com você?

SAM: Alguma atividade externa, como cuidar do jardim ou ir pescar, ou só dar uma caminhada ao ar livre.

 Michelle começou ajudando Sam a expandir seu pensamento a respeito de todas as opções possíveis que poderiam ajudá-lo a alcançar sua meta de motivar as pessoas na equipe do projeto. Uma pergunta simples e poderosa como "E o que mais?" é muito útil para gerar opções além das coisas óbvias que Sam já tinha consciência, e com isso fazê-lo avançar para o terreno das novas ideias e possibilidades. Perceba como Michelle o deixa relaxado para explorar opções quase impossíveis usando perguntas do tipo "E se?".

 Michelle anotou as diferentes ideias e opções e resumiu tudo para que Sam pudesse escolher aquela que gostaria de discutir em mais detalhes. Agora, ela começa a afunilar, saindo da amplitude para a profundidade, elevando a consciência sobre prós e contras, e sobre as possibilidades de algumas das opções que pareciam interessar mais a Sam.

 Quase no fim da exploração das opções, Michelle sugere a Sam uma ideia que ela já aplicou a uma questão parecida, quando se sentia sobrecarregada no trabalho. Ela fez isso abertamente, ou em outras palavras, com transparência e sem se apegar demais à sua ideia. Quando Sam rejeitou a ideia, Michelle o ajudou a adaptar sua proposta ao assunto mais amplo da redução de *stress* de modo que funcionasse para ele.

AS OPÇÕES E A CURVA DE PERFOMANCE

Michelle continua operando no estágio interdependente, enquanto orienta Sam. As opções geradas fortalecerão o espírito de equipe. E ajudar Sam a identificar o que poderia reduzir o seu estresse trará para ele um equilíbrio mais adequado entre trabalho e vida pessoal. A abordagem e o *ethos* do *coaching* exigem que o *coach* seja realmente parceiro do cliente. Isso incentiva a alta *performance* através da conscientização e da responsabilidade.

13 W: O Que Você Fará?

Criar as condições para o aprendizado contínuo é a chave para a melhoria da performance

O objetivo desta fase final da sequência de *coaching* é transformar a discussão em decisão. É a construção de um plano de ação que atenda a um requisito que foi claramente especificado, em um contexto amplamente analisado, usando a maior variedade possível de insumos. O W da sigla *GROW* significa a palavra *will* em inglês, que simboliza a pergunta "O que você fará?" Mas *will* também representa o princípio da vontade, da intenção e da responsabilidade. Sem desejo ou força de vontade, não pode haver compromisso real com a ação. Depois de abrir os olhos do *coachee* para outras perspectivas e possibilidades, fazendo perguntas sobre as metas (**G**), a realidade (**R**) e as opções (**O**), é hora de amarrar os novos *insights* à ação, para que as novas ideias sejam postas em prática. Esta fase pode ser dividida em duas etapas:

- **Fase 1: Configuração de responsabilidade** – defina ações, prazos e indicadores de realização.
- **Fase 2: Acompanhamento e** *feedback* – analise o andamento das atividades e explore o *feedback* para o aprendizado.

Um artigo recente da McKinsey Quarterly, de autoria de Ewenstein *et al.* afirmou que muitas empresas, como a GE, a Gap e a Adobe Systems, *querem construir metas que sejam mais fluidas e mutáveis do que as metas anuais, discussões de feedback mais frequentes em vez de apenas anuais ou semestrais, coaching voltado para o desenvolvimento futuro ao invés das avaliações voltadas para o passado.* Essa mudança busca o desenvolvimento e o aprendizado contínuo por meio de um tipo diferente de *feedback*. E esta é, de fato, a nossa experiência – clientes como a Medtronic, líder global em tecnologia, serviços e soluções médicas, atualmente com

88.000 funcionários, é uma pioneira no uso de uma abordagem de *coaching* para transformar as reuniões de avaliação de *performance*. Através de uma parceria iniciada em 2008, essa abordagem está sendo colocada no centro do processo de desenvolvimento de *performance* e carreira da Medtronic, com o objetivo de desenvolver líderes capazes de estabelecer um diálogo significativo baseado no *coaching*, aplicado à gestão de *performance* e ao desenvolvimento de carreira. E é justamente na fase do W que o desenvolvimento contínuo acontece, porque é aqui que as pessoas pegam o que aprenderam e aplicam ao seu trabalho. Voltando ao exemplo da Medtronic, vamos começar a discussão explorando a criação de responsabilidade.

FASE 1: CONFIGURAÇÃO DE RESPONSBILIDADE

Pode-se dizer que o papel mais importante de um *coach* é manter a responsabilização, que é diferente da responsabilidade. Manter a responsabilização significa pedir que os *coachee*s definam especificamente o que farão e quando farão, e então confiar que eles farão exatamente aquilo. A razão pela qual a responsabilização é tão importante é que ela tem o poder de traduzir uma conversa de *coaching* em ação. Somos individualmente responsáveis pelo nosso próprio desenvolvimento. Aplicar uma abordagem de *coaching* a essa etapa vital significa ajudar alguém a desenvolver suas próprias medidas apropriadas de realização e estruturas de responsabilidade, integrando seu propósito, metas e agenda. Essa é uma habilidade fundamental de gerenciamento de *performance*, que converte o diálogo em decisões concretas e etapas de ação com prazos para conclusão. Isso também gera alinhamento, como um líder que participou de um de nossos *workshops* internos relatou: "Minha equipe adorou o fato de eu colocar a responsabilidade sobre eles – como vou saber? Quando? Isso realmente ajudou-os a pensar e a saber que estamos alinhados".

Para configurar a responsabilidade, as principais perguntas a serem feitas são:

- O que você vai fazer?
- Quando?
- Como eu vou saber?

É claro que você pode adicionar subconjuntos de perguntas para esclarecer cada um desses pontos e eu forneço mais exemplos abaixo, mas essas três questões principais formam uma espinha dorsal eficaz para essa fase. As exigências de um ditador gerencial são muitas vezes recebidas com resignação, resistência ou ressentimento, por mais que elas sejam expressas diplomaticamente. Como você verá no exemplo com Michelle e Sam, um estilo de *coaching*, por outro lado, pode trazer um grau surpreendente de resiliência a essa fase de questionamento sem causar nenhum sentimento ruim, já que os *coaches* não estão impondo sua vontade, mas sim ativando a vontade dos *coachees*. Os *coachees* sempre mantêm a escolha e a propriedade, mesmo que sua decisão seja não tomar nenhuma ação, portanto não se sentirão oprimidos com perguntas difíceis. Eles podem até se divertir com o reconhecimento de sua própria ambiguidade. Se se sentirem pressionados, isso sugere que os *coaches* estão inconscientemente revelando que pensam que os clientes deveriam seguir um curso de ação específico. Essas solicitações devem ser comunicadas diretamente, em vez de inseridas no processo de *coaching*.

Vamos explorar alguns exemplo de perguntas aplicáveis à maioria das situações de *coaching*, na perspectiva do que as torna perguntas poderosas.

- **O que você vai fazer?** Esta pergunta é bem diferente de "O que você poderia fazer?". Ou "O que você está pensando em fazer?". Ou "Qual desses você prefere?". Nenhuma delas implica uma decisão firme. Uma vez que o *coach* tenha feito essa pergunta em voz clara e firme, indicando que é o momento da decisão, ele pode seguir com uma pergunta como: "Em quais destas alternativas você vai agir?". Na maioria das questões de *coaching*, o plano de ação irá incorporar mais de uma das opções ou partes das opções combinadas.

Agora que as opções foram vagamente definidas, chegou a hora do *coach* fazer perguntas para esclarecer mais detalhes dessas opções escolhidas. De longe, a mais importante delas será:

- **Quando você vai fazer isso?** Esta é a mais difícil de todas as perguntas. Todos nós temos grandes ideias sobre o que gostaríamos de fazer ou sobre o que faremos de verdade, mas é somente quando estabelecemos um prazo que isso nos leva a um nível de realidade. E não vale dizer algo como *em algum momento do pró-*

ximo ano. Se algo vai acontecer, o momento precisa ser bastante específico.

Se só é necessária uma única ação, a resposta pode ser *às 10 da manhã, na próxima terça-feira, dia 12*. Geralmente é necessário estabelecer data e hora de início e uma data para o término. Se a ação é repetitiva, os intervalos precisam ser especificados: "Vamos nos encontrar às 9 da manhã na primeira quarta-feira de cada mês". Cabe ao *coach* comprometer o *coachee* com intervalos regulares. O *coachee* pode resistir, mas um bom *coach* não vai deixá-lo sair dessa facilmente.

- **Como essa ação contribui para sua meta?** Agora que você definiu a ação e um cronograma, antes de prosseguir é importante verificar se isso está conduzindo ao objetivo da sessão e à meta de longo prazo. Sem essa verificação, o *coachee* pode achar que se afastaram demais delas. Se isso acontecer, o importante é não se apressar para mudar a ação, mas sim verificar se,não é a meta que precisa ser modificada, à luz do que surgiu desde que foi definida.
- **Que obstáculos você pode encontrar no caminho?** É importante estar preparado para se antecipar a quaisquer circunstâncias que possam impedir a conclusão da ação. Pode ser que surjam cenários externos disruptivos, mas os internos também podem ocorrer, como o desânimo do *coachee*. Algumas pessoas experimentam um enfraquecimento do seu compromisso e começam simplesmente a torcer para que surja um obstáculo que lhes dê uma desculpa para o não cumprimento. Isso pode ser antecipado pelo processo de *coaching*
- **Como vou saber? Quem precisa saber?** Com demasiada frequência nos negócios os planos são mudados e as pessoas que deveriam ser informadas imediatamente acabam sabendo disso quando já é tarde demais, e geralmente como notícia de segunda mão, o que é muito ruim para as relações com os funcionários. Os *coaches* precisam se certificar de que todas as pessoas envolvidas estão listadas e que existe um plano para que elas sejam informadas.
- **De que tipo de apoio você precisa?** Possivelmente isso está relacionado à pergunta anterior, mas o apoio pode vir de muitas formas diferentes. Pode significar um esforço para trazer pes-

soas, habilidades ou recursos externos, ou pode ser tão simples quanto informar a um colega sobre sua intenção e pedir que ele o lembre o tempo todo sobre a meta a ser atingida. Só o fato de compartilhar sua ação com outra pessoa geralmente tem o efeito de garantir que você faça o que combinou.

- **Como e quando você vai conseguir esse apoio?** Não adianta pedir ajuda e não tomar as medidas necessárias para obtê-la. Aqui, o *coach* precisa persistir até que as ações do *coachee* sejam claras e certas.
- **Que outras considerações você tem?** Essa é uma pergunta necessária para que o cliente não possa afirmar que o *coach* escondeu alguma coisa. É responsabilidade do cliente garantir que nada seja deixado de fora.
- **O quão comprometido você está, em uma escala de 1 a 10?** Isso não está avaliando a certeza do resultado realmente acontecer. É uma classificação da intenção do cliente de realizar sua parte do trabalho. O término da tarefa pode depender do acordo ou da ação de outras pessoas, e isso não pode ser avaliado.
- **O que impede que seja um 10?** Verifique a motivação do *coachee* e persista fazendo perguntas do tipo "Se você deu menos de 8, como pode reduzir o tamanho da tarefa ou aumentar o prazo para aumentar a nota para mais de 8?". Se a nota ainda estiver abaixo de 8, melhor sugerir que o *coachee* volte à etapa e definição de ação, pois é improvável que ela a realize. Isso não significa que a pessoa vai sabotar o plano, como pode parecer, mas a nossa experiência é que aqueles que avaliam seu compromisso com nota menor do que 8 não estão realmente comprometidos com as ações e raramente seguem adiante. No entanto, quando confrontado com a necessidade de admitir a possibilidade de falha, o *coachee* pode de repente encontrar a motivação necessária.

COMPROMETIMENTO

A maioria de nós está familiarizada com os itens que continuam sempre voltando às nossas listas de tarefas, seja no trabalho ou nos afazeres domésticos. A lista acaba ficando tão amassada e rabiscada que eventualmente temos de fazer outra, e esses mesmos poucos itens continuam sempre presentes. Com o tempo começamos a nos sentir culpados, mas ainda assim nada fazemos. "Por que será que eu nunca consigo fazer isso?", nos lamentamos. E a nossa lista de trabalhos incompletos é uma prova escrita do nosso fracasso. Bem, por que se sentir mal com isso? Se você não vai mesmo fazer alguma coisa, retire-a da sua lista. E se você quiser ter sucesso para sempre, nunca coloque nada na sua lista que você não pretende fazer!

Lembre-se que o *coaching* visa construir e manter a autoconfiança do *coachee*. Você deve portanto orientar as pessoas para que tenham sucesso em benefício próprio ou das suas empresas.

REGISTRO ESCRITO

É importante que tanto o *coach* quanto o *coachee* tenham um registro escrito claro e preciso das etapas da ação e do cronograma combinado. Decida qual de vocês irá fazer as anotações e depois compartilhá-las, para que vocês estejam sempre na mesma página. O *coachee* é o dono da ação, portanto se o *coach* tomar notas, o *coachee* deve ler e confirmar que aquele é um registro fiel, que representa o plano combinado, que eles o compreendem completamente e pretendem executá-lo. É nesse momento que eu como *coach* geralmente me ofereço como apoio adicional e tranquilizo o *coachee* sobre a minha disponibilidade, caso precise de mim. Às vezes me ofereço para fazer contato depois de um intervalo de tempo adequado, apenas para ver como as coisas estão indo. Tudo isso serve para ajudar o *coachee* a saber que eles não têm só desafio (na sessão), mas também têm apoio (após a sessão). É minha intenção que o *coachee* deixe a sessão se sentindo bem consigo mesmo e inspirado a agir. Se conseguirem isso, o objetivo será alcançado.

Para o *coach*, certificar-se de ambos os lados têm clareza sobre o que vai acontecer a seguir e fazer acordos sobre quando e como esse progresso deve ser checado é algo fundamental para a responsabilidade.

ESTABELECENDO A RESPONSABILIDADE NA PRÁTICA

Vamos colocar isso em ação e ver como Michelle e Sam lidam com essa importante primeira etapa da fase da fase **W** do modelo *GROW*.

MICHELLE: Exploramos várias coisas que você poderia fazer para motivar sua equipe e colocar o projeto de volta nos trilhos. Quais são as coisas que você quer explorar?

SAM: Com certeza, a forma como lido com os problemas que surgem, para que eu me sinta menos estressado e, quem sabe, os outros também.

MICHELLE: Então, o que você vai fazer para lidar com os problemas?

SAM: Manter a calma e a confiança quando os problemas surgirem e discuti-los com as pessoas, ajudando-as a resolver esses problemas sozinhas.

MICHELLE: Quando você vai começar?

SAM: Agora mesmo.

Uma vez que as opções tenham sido totalmente exploradas, é hora de trabalhar com a vontade de fazer

MICHELLE: O que você fará para garantir que se sinta menos estressado e mais capaz de ter conversas produtivas?

Faz perguntas específicas e exatas

SAM: Vou respirar profundamente três vezes e depois ouvir sem julgamento, tentando entender o ponto de vista da outra pessoa antes de formar a minha opinião. Também vou me certificar de que minhas perguntas sejam formuladas em termos do que funciona e do que não funciona, ao invés de tentar buscar um culpado.

MICHELLE: O que pode impedir você de se manter calmo e confiante, buscando a conversa e não o confronto?

SAM: Se houver muitos problemas ao mesmo tempo.

MICHELLE: O que ajudaria com isso?

SAM: Dar uma parada para esfriar a cabeça.

MICHELLE: O que você vai fazer especificamente na próxima vez que houver muitos problemas e você precisar esfriar a sua cabeça?

SAM: Vou dar uma caminhada de 15 minutos no parque do lado de fora.

MICHELLE: O que mais você pode fazer para motivar a equipe do projeto e colocar as coisas de volta nos trilhos?

SAM: Eu acho que vou explorar a possibilidade de transferir a equipe do projeto para o novo prédio.

MICHELLE: O que você fará exatamente para explorar essa possibilidade?

Ajuda a identificar e acessar diferentes recursos

SAM: Preciso descobrir quem é responsável pelas instalações e qual é o processo para obter aprovação.

MICHELLE: Eu conheço a pessoa responsável, quer que eu ponha vocês em contato?

SAM: Sim, por favor.

MICHELLE: O que mais posso fazer para apoiá-lo nisso?

SAM: Você poderia descobrir quais critérios eles usam para uma transferência de equipe para o novo prédio?

MICHELLE: Sim, posso perguntar sobre isso. Vamos voltar nossa atenção para Johann e Catherine. O que você quer fazer sobre isso?

SAM: Será uma boa oportunidade para fazer as pazes com eles.

MICHELLE: O que especificamente você vai fazer de diferente na próxima vez que falar com eles?

SAM: Serei paciente e calmo.

MICHELLE: O que vai ajudar você a ser paciente e calmo durante essas conversas?

SAM: Preciso ter certeza de que tenho tempo para estar totalmente presente em minhas reuniões e começar a reunião pedindo avaliações de outras pessoas sobre quais são os problemas e como eles podem ser resolvidos. Vou então recapitular o que ouvi e fazer perguntas sem julgamento para obter uma imagem clara da realidade.

MICHELLE: Parece ótimo. E o que mais?

SAM: Vou reconhecer o fato de que começamos com o pé esquerdo, e vou deixar que eles saibam o quanto são importantes para o projeto.

MICHELLE: O que você vai fazer para tornar mais fácil para eles e outras pessoas apontarem problemas?

SAM: Não tenho certeza. Preciso pensar mais sobre isso.

MICHELLE: Quando você vai pensar nisso?

SAM: No caminho de casa esta noite.

MICHELLE: Como você vai se responsabilizar por isso?

SAM: Vou tomar notas das minhas reflexões e as compartilharei com você de manhã.

MICHELLE: Minha crença sobre você é que você está pronto para deixar de lado o estresse de fazer tudo sozinho e tem o potencial de extrair o melhor da sua equipe e ter satisfação naquilo que faz.

13 W: O Que Você Fará? | 149

SAM: Obrigado!

MICHELLE: Vamos apenas checar as metas que você definiu no início da nossa conversa. Você disse que queria sentir que é capaz colocar as coisas de volta nos eixos e queria algumas idéias sobre como motivar a equipe do projeto e criar relações saudáveis com Johann e Catherine. Onde você está com isso?

Percepções e planos para lidar com possíveis obstáculos

Configura a responsabilidade, pergunta: Como vou saber?

SAM: Estou me sentindo muito mais confiante e otimista de que posso por as coisas de volta nos trilhos. Na verdade, sinto que estou de volta aos trilhos e as coisas não são tão ruins quanto eu pensava. Também tenho algumas ações sólidas que com certeza motivarão toda a equipe, incluindo Johann e Catherine.

Verifica o compromisso

MICHELLE: Parece que você anotou todas as suas ações. Você quer recapitulá-los agora?

SAM: Não, estou confiante de que tudo está anotado e estou ansioso para começar.

MICHELLE: Em uma escala de 1 a 10, o quanto você está comprometido em tomar todas as ações que concordou?

SAM: Ah... uns 9.

MICHELLE: O que faria você chegar a 10?

Garante que foram feitas anotações

SAM: Saber que os membros da equipe do projeto estão alinhados com tudo isso. Acho que vou conversar com alguns deles agora.

Verifica o nível de comprometimento

A natureza das perguntas de Michelle muda, passando de perguntas abertas e expansivas que começam principalmente com o quê, para perguntas precisas que conduzem Sam para ação e incluem as perguntas com *quando* e *como*.

Michelle questiona Sam desafiando seu compromisso e não dando moleza para ele. Por exemplo, quando Sam diz que precisa pensar um pouco mais para tornar mais fácil para as pessoas levantarem questões, Michelle pede que ele diga quando fará isso. Isso tudo está a serviço da agenda declarada de Sam e não é uma oportunidade para Michelle simplesmente dizer a Sam o que ela acha que ele deve fazer!

Ela demonstra que é parceira de Sam nisso, oferecendo seu apoio, fornecendo acesso a recursos, oferecendo ideias para ajudar Sam a alcançar seus objetivos e expressando confiança em seu potencial através do uso de reconhecimento.

Michelle volta para a meta original de Sam para garantir que suas ações estejam alinhadas com ela e faz uma verificação final sobre o comprometimento de Sam com as ações que ele concordou, usando uma escala simples de 1 a 10. Você pode sentir o compromisso de Sam com a ação, porque ele apresenta as ações que o levarão a metas que tenham significado e propósito para ele pessoalmente, além de servirem à equipe e aos clientes do projeto.

Este exemplo é típico de um estilo de liderança de *coaching* em ação e serve para ilustrar a maioria dos princípios de *coaching*.

ESTÁGIO 2: ACOMPANHAMENTO E *FEEDBACK*

É neste estágio que surgem as lacunas nas expectativas e o aprendizado e alinhamento acontecem. É crucial que os caminhos de *feedback* sejam criados para que as pessoas aprendam, desenvolvam e melhorem a sua *performance*. Ao fazer uma parceria para *feedback*, usando um estilo de *coaching*, tudo isso acontece. O *feedback* torna-se a oportunidade de ativar o sistema natural de aprendizagem que está dentro de cada pessoa.

VERIFICANDO, NÃO COBRANDO

Ao fazer o acompanhamento das ações, uma dessas três coisas pode acontecer:

- O *coachee* foi bem sucedido (ou parcialmente sucedido).
- Eles não tiveram sucesso.
- Eles não realizaram a ação.

A Bolsa de Perguntas 6 fornece uma lista de perguntas que você pode usar em cada caso. É importante ter em mente que você está fazendo uma verificação (e não uma cobrança) sobre o que aconteceu, em um momento posterior. Isso mantém os canais de comunicação abertos e preserva o alinhamento. Construir um relacionamento de parceria baseado na confiança com o seu *coachee* os ajudará a sentir que podem se aproximar de você para ajudá-los a voltar aos trilhos. Se você está liderando membros de sua equipe, estabelecer confiança entre vocês irá encorajá-los a lhe dizer antes do prazo se algo mudou ou se estão se desviando do que foi acordado.

O objetivo de analisar as ações e o progresso de alguém é o desenvolvimento. O desenvolvimento de pessoas no trabalho demonstrou ser a forma mais eficaz de aprendizado – o modelo 70:20:10 frequentemente citado no campo do aprendizado e desenvolvimento indica que para líderes bem-sucedidos e eficazes, a maior parte do aprendizado (70%) acontece por meio da experiência no trabalho, enquanto 20% vem de aprender com os outros e apenas 10% nasce do aprendizado *formal*, como treinamento e cursos.

Usar o *coaching* para ajudar as pessoas a enfrentar desafios e resolver os problemas do dia-a-dia se encaixa nessa forma mais eficaz de aprendizado. E é fácil entender o porquê: isso coloca a aprendizagem em prática imediatamente, portanto de acordo com a teoria da aprendizagem de adultos, as pessoas estão aprendendo fazendo. E é o acompanhamento que aumenta o aprendizado e a conscientização, identifica os possíveis bloqueios e oferece mais apoio ou desafios para atingir as metas. Culpa ou crítica não tem lugar aqui e só vão servir para desfazer todo o seu bom trabalho. Isso não quer dizer que você não possa ser sincero.

EXPLORANDO O *FEEDBACK*

Como você transforma o *feedback* em uma oportunidade de aprendizado e desenvolvimento? Para completar a fase da vontade, você deve acompanhar e ver o que correu bem e o que poderia ser feito de forma diferente da próxima vez, explorando perspectivas em vez de *feedback* direto. Isso significa que *coach* e *coachee* compartilham um *feedback* rico em informações do ambiente, ao invés do *coach* simplesmente expressar sua opinião ao *coachee*, como iremos explorar agora.

Vamos primeiro analisar os cinco níveis de *feedback* mais usados. Eles são ilustrados abaixo, desde A, o menos útil, até E, o mais produtivo e o único dos cinco que promove grandes benefícios de aprendizado e *performance*. Os outros quatro, na melhor das hipóteses, produzem uma melhora mínima no curto prazo e, na pior das hipóteses, causam mais declínio na *performance* e na autoestima. A a D são amplamente utilizados nos círculos de negócios e, à primeira vista, podem parecer razoáveis – isto é, até ou a menos que sejam examinados com cuidado.

a. O *coach* grita: "Você é inútil".

Esta é uma **crítica personalizada** que destrói a autoestima e a confiança e está fadada a piorar ainda mais a *performance* futura. Não contém nada útil.

b. O *coach* grita: "Este relatório é inútil".

Este **comentário crítico** dirigido ao relatório, não à pessoa, também prejudica a autoestima do *coachee*, embora menos mal, mas ainda não fornece **nenhuma informação** sobre a qual ele possa agir para melhorar o relatório.

c. Intervenção do *coach*: "O conteúdo do seu relatório era claro e conciso, mas o *layout* e a apresentação estavam abaixo da exigência dos leitores-alvo".

Isso evita críticas e fornece ao *coachee* **alguma informação** sobre a qual agir, mas sem detalhes suficientes além de **não gerar propriedade**.

d. Intervenção do *coach*: "Como você se sente sobre o relatório?"

O *coachee* agora tem a propriedade, mas é provável que dê uma não resposta como *bem*, ou faça um **julgamento de valor** do trabalho como *ótimo* ou *péssimo*, em vez de dar uma descrição mais útil.

e. Intervenções do *coach*: "Com o que você está mais satisfeito?"; "Se você pudesse fazer isso de novo, o que faria de diferente?"; "O que você está aprendendo?".

Em resposta a uma série de perguntas como essas apresentadas de maneira não crítica, o *coachee* apresenta uma **descrição detalhada** do relatório e do pensamento por trás dele.

Então, por que a forma de *feedback* ilustrada em E acelera drasticamente o aprendizado e melhora a *performance*? É que apenas E atende a todos os melhores critérios de *coaching*. Para responder às perguntas em E, o *coachee* é obrigado a usar o seu cérebro e a se envolver. Eles precisam se lembrar e formular seus pensamentos antes de poderem articular suas respostas. Isso é consciência. Isso os ajuda a aprender a avaliar seu próprio trabalho e assim tornarem-se mais autossuficientes.

Dessa forma, eles *são donos* da sua *performance* e da sua avaliação. Isso é responsabilidade. Quando esses dois fatores são otimizados, a aprendizagem ocorre. Por outro lado, se um *coach* apenas der sua própria opinião, o engajamento real do cérebro do *coachee* provavelmente será mínimo; não há apropriação nem meios para que o *coach* mensure o que foi assimilado. O uso de terminologia descritiva e não de julgamento, seja pelo *coachee*, como visto em E, seja pelo *coach*, como em C, evita evocar a defensividade do *coachee*. A defesa deve ser evitada, porque quando está presente, a verdade/realidade se torna sufocada em desculpas e justificativas imprecisas, nas quais tanto o *coachee* quanto o *coach* podem acreditar e que não são base para a melhoria da *performance*. No entanto, na intervenção C, bem como em A e B, o *coach* mantém a propriedade tanto da avaliação quanto da correção, e o relacionamento é de dependência, de modo que o aprendizado para o futuro é minimizado. Intervenções de A a D estão aquém do ideal; no entanto, são as mais usadas nos negócios.

O MODELO DE FEEDBACK *GROW*

Eu falei sobre como usar o *GROW* para estruturar uma conversa de *coaching*. O *feedback* é, na verdade, uma conversa de *coaching*. Portanto, dentro da fase **W**, estou compartilhando um roteiro para ter conversas de *feedback* bem-sucedidas, chamado de Modelo de *Feedback GROW*. Para tornar o *feedback* uma oportunidade de aprendizado, as principais perguntas a serem feitas são:

- O que aconteceu?
- O que você aprendeu?
- Como você vai usar isso no futuro?

TABELA 4: Modelo de *feedback* GROW – dicas

A regra de ouro em cada etapa é que o *coachee* compartilha primeiro e depois o *coach* dá sua perspectiva.			
1. Defina Intenção	**2. Reconheça**	**3. Melhore**	**4. Aprenda**
• As perguntas de metas definem a intenção e o contexto para a discussão de *feedback*. Eles concentram a atenção e aumentam a energia. • Estabelecer o contexto e os objetivos de antemão estabelece as bases para uma conversa produtiva.	• Concentrar-se no que o *coachee* fez bem aumentará a energia e a conscientização dos pontos fortes, criando assim confiança e acelerando o aprendizado. • Se a *performance* for baixa, este passo ainda é vital. Quando terminarem, destaque o que você achou que fizeram bem. Reconheça seu esforço, mesmo que o objetivo não tenha sido totalmente alcançado. • Lembre-se: Nenhum julgamento ou crítica negativa.	• O não julgamento é a chave para um ambiente de aprendizagem seguro que inspira criatividade e cria engajamento. • Dar ao *coachee* tempo para refletir sobre o que eles gostariam de mudar antes de adicionar qualquer uma das suas próprias sugestões aumentará a autoconfiança e a responsabilidade.	• Verificar a aprendizagem e o que será diferente cria um relacionamento de parceria que reforça a confiança e a expectativa. • Vincular a metas gerais de desenvolvimento, quando relevante. • Combinar ações específicas. Verifique se vocês estão sendo claros sobre as prioridades, o cronograma e o comprometimento.
Pergunte: "O que você/nós queremos tirar disso?" Acrescente: "Eu quero..."	Pergunte: "O que está acontecendo/ correu bem?" Acrescente: "Eu gosto / gostei..."	Pergunte: "O que poderia ser feito de forma diferente?" Acrescente: "Que tal...?"	Pergunte: "O que é o aprendizado e o que você/nós faremos de maneira diferente?" Acrescente: "Estou aprendendo..."; "Eu farei..."
G	**R**	**O**	**W**

Vamos analisar essas questões no contexto do GROW (Figura 13) e ver como seria uma conversa completa de *feedback* usando um estilo de *coaching* para acelerar o aprendizado e melhorar a *performance*. Siga a regra de ouro e as dicas apresentadas na Tabela 4 e mergulhe na Bolsa de Perguntas 7 para explorar diferentes fases com mais profundidade.

FIGURA 13: Modelo de *feedback* GROW

REGRA DE OURO PARA CADA PASSO: o *coachee* compartilha primeiro, o *coach* acrescenta sua perspectiva depois.

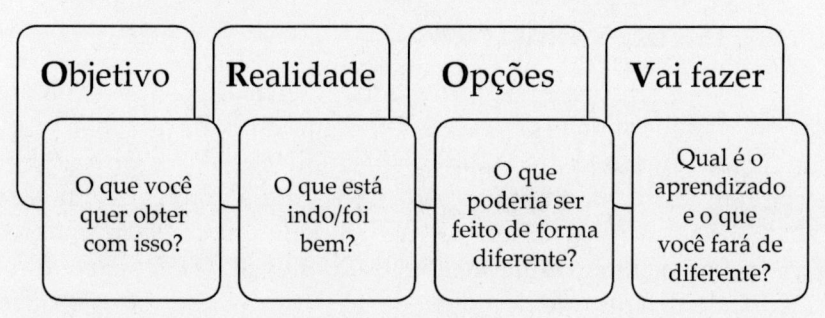

Objetivo	Realidade	Opções	Vai fazer
O que você quer obter com isso?	O que está indo/foi bem?	O que poderia ser feito de forma diferente?	Qual é o aprendizado e o que você fará de diferente?

FEEDBACK E ENGAJAMENTO DOS COLABORADORES

A qualidade do *feedback* é uma das áreas medidas em pesquisas de engajamento de funcionários e é nisso que nosso cliente MasterCard pediu para nos concentrarmos –as pessoas querem trabalhar em um ambiente onde há *feedback* de alta qualidade. Quando Ajaypal Singh Banga tornou-se CEO da MasterCard, ele definiu o negócio como *competir para vencer*. Usando informações coletadas de seus 6.700 funcionários globais em uma pesquisa anual de envolvimento de funcionários, a equipe de Desenvolvimento e Aprendizado identificou que uma área-chave para o desenvolvimento que apoiaria esta missão seria melhorar o *feedback*. Eles chamaram os consultores de *performance* para ajudá-los a criar uma cultura de *feedback* de *performance*.

Desenvolvemos um programa para os 1.500 líderes globais da MasterCard, chamados *Coaching for Impact*, que apresentava o modelo de *feedback* GROW. Os itens típicos em uma pesquisa com funcionários em torno do *feedback* geralmente são:

- "Recebo *feedback* regular".
- "Recebo *feedback* que me ajuda a melhorar minha *performance*".

Pensando nesses dois itens, você pode ver como um estilo de *coaching* e o modelo de *feedback GROW* garantem um *feedback* mais regular e também *feedback* de qualidade. Um ano depois, quando a próxima pesquisa de engajamento de funcionários foi realizada, todos os líderes globais passaram pelo programa e os resultados da pesquisa mostraram uma melhoria geral, com um salto notável na área de *feedback*.

APRENDENDO PARA TODOS

E, não se engane, isso não representa desenvolvimento apenas para o *coachee*, também inclui o desenvolvimento do líder de *coaching*. Esta é uma oportunidade para os líderes ficarem curiosos e aprenderem o que podem fazer diferente da próxima vez para criar uma alta *performance*. Afinal, como já discuti, a mentalidade e o comportamento de liderança são os maiores fatores que influenciam a *performance* e estão 100% dentro do controle do líder.

FEEDBACK NA PRÁTICA

Vejamos isso em um exemplo prático e descubra o que acontece algumas semanas depois, quando Michelle faz o acompanhamento com Sam.

Você verá que ela usa as perguntas da Bolsa de Perguntas 6 ao verificar como algumas coisas estão progredindo, além de acompanhar e revisar.

MICHELLE: Eu gostaria de falar com você sobre as ações que combinamos na semana passada. Eu me lembro que você estava se sentindo um pouco sobrecarregado com o projeto. Como foi esta última semana?

SAM: Melhor. Mas ainda estou tendo problemas com Johann e Catherine.

MICHELLE: OK, parece que esse é um bom tema para nós conversarmos. Você disse que está se sentindo melhor. O que está melhorando?

SAM: Eu tive uma ótima reunião da equipe usando o novo modelo sobre o qual conversamos e todo mundo está ansioso para ter um bate-papo individual mensal.

MICHELLE: Isso é ótimo. O que mais?

SAM: Falei com a pessoa com quem você me colocou em contato e ela vai considerar meu pedido para levar a equipe para o novo prédio – a boa notícia é que as implicações de custo são muito baixas. Preciso que você aprove o pedido quando chegar a esse estágio. Você ainda está bem com isso?

MICHELLE: Claro! E quanto ao processo para levantar questões e responsabilidade mútua? Você estava planejando fazer algumas mudanças, não é? *Claramente declara o propósito*

SAM: Eu estou em discussão com alguns dos membros da equipe do projeto sobre isso. Estou montando uma sub equipe liderada por Kim para revisar os processos e criar um novo fluxo. Jenny vai conduzir nossa reunião de equipe na próxima semana para discutir a responsabilidade e criar algumas regras de engajamento. *Começa por se concentrar no que está funcionando bem*

Comemora o sucesso

MICHELLE: Parece um grande passo à frente! Eu estava me perguntando como você estava se saindo sem fazer tudo sozinho. Você ficou de experimentar uma nova atitude. Como vai isso?

SAM: Surpreendentemente bem. Ver as questões como oportunidades para as pessoas se intensificarem e crescerem está me ajudando a voltar a me concentrar nas pessoas.

MICHELLE: Como é para você voltar a se concentrar nas pessoas?

SAM: Muito bom. Passei mais tempo conversando com a equipe do projeto e acho que conseguir ser *coach* deles.

MICHELLE: O que você está percebendo sobre o impacto que isso está causando no time?

SAM: Todos parecem mais felizes por enquanto, e há menos tensão. Eu queria que o mesmo fosse verdade com Johann e Catherine.

MICHELLE: Sim, você disse que ainda está tendo problemas. Agora é um bom momento para conversarmos?

SAM: Claro. Acho que estamos chegando ao estágio em que precisamos intensificar isso ainda mais. Eles ainda não estão fazendo o que devem e parecem estar ignorando todos os meus *e-mails*. *Permanece sem julgamento e pergunta sobre o que aconteceu ou não aconteceu sem assumir que o coachee está errado*

MICHELLE: Como você tem interagido com eles?

SAM: Eu tenho sido muito cuidadoso com a redação dos meus *emails* para não colocar nada que eles pudessem interpretar errado, e ao mesmo tempo tentei ser firme para que pudessem continuar com as coisas.

MICHELLE: Parece que você ainda não teve a oportunidade de falar com eles.

SAM: Não, eu mandei *email* várias vezes, mas eles não estão respondendo.

MICHELLE: Hmmm... Parece que estão mostrando alguma resistência real. O que mais você tentou?

SAM: Tentei reenviar os *emails*, mas ainda nada.

MICHELLE: Eu estou sentindo que há algo mais acontecendo aqui. Qual é a sua opinião sobre isso?

SAM: Eu acho que eles estão deliberadamente tentando provar um ponto e eu não vou me rebaixar ao nível deles. Já é hora de eles começarem a merecer o enorme salário que recebem para não fazer nada.

MICHELLE: Estou percebendo que seu vocabulário muda quando está falando sobre eles e estou ouvindo uma grande frustração. O que você está sentindo?

SAM: Estou com raiva. É ridículo que eles achem que podem se safar disso.

MICHELLE: Você está disposto a ouvir algum *feedback* que pode ser difícil de ouvir?

SAM: Sim.

MICHELLE: Parece que sua abordagem é combativa – estou ouvindo *nós contra eles*. Como você vê isso? Isso é uma afirmação justa?

SAM: Bem, eles não fizeram exatamente nenhum esforço para fazer parte do time.

MICHELLE: O que você fez para que eles se sentissem parte da equipe?

SAM: Convidei-os para as reuniões da equipe de projeto e eles não aparecem.

MICHELLE: Nós tivemos uma conversa na última vez que nos falamos, e eu lembro que você estava indo fazer as pazes com eles, reconhecendo que as coisas começaram mal, e você estava planejando deixar claro para eles o quanto eles são importantes para o projeto e que você gostaria de começar de novo construindo confiança e respeito. O que aconteceu?

SAM: Isso não aconteceu.

MICHELLE: Ah, tudo bem. E por que isso não aconteceu?

SAM: Como já disse, eles não estão respondendo aos meus *emails*.

MICHELLE: Parece que estamos dando voltas em círculos, Sam. Eu fico preocupada em saber que você esteja usando *emails* como forma de se comunicar com pessoas com quem está em conflito, especialmente quando sua intenção é fazer com que eles se sintam parte integrante da equipe. Eu sinto que você pode estar adiando ter o que poderia ser uma conversa difícil com Johann e Catherine. O que está acontecendo com você?

SAM: Não estou ansioso pela conversa, mas não é minha culpa se eles não responderem aos meus *emails*.

MICHELLE: Você está certo de que não pode fazer com que eles respondam aos seus *emails*. No entanto, gostaria de saber o que você poderia fazer de diferente para iniciar a conversa?

SAM: Eu acho que poderia pegar o telefone e ligar para eles. Mas eles provavelmente não atenderiam.

MICHELLE: Se você abordar isso com aquela atitude que você tem experimentado – de ser uma oportunidade para as pessoas se intensificarem e crescerem, incluindo você mesmo – como você iria interagir com Johann e Catherine?

SAM: Eu respiraria fundo e caminharia até as mesas deles e os levaria para tomar um café, para que pudéssemos conversar direito.

MICHELLE: Parece um bom começo. O que mais você faria?

Diz o que está sentindo e então deixa o coachee responder com o que é verdade para ele

Aponta para a linguagem que o coachee está usando para aumentar a consciência, e chama a reflexão sobre as emoções

Reflete de volta com o não julgamento, verifica se o coachee concorda

Confronta positivamente o coachee com o fato de ele não ter tomado as ações acordadas

Percebe uma resistência e menciona claramente, para que fique clara e possa ser e discutida

SAM: Eu provavelmente iria dar um passeio lá fora antes, para esfriar a cabeça e me sentir mais calmo.

MICHELLE: OK, o que mais?

SAM: Eu provavelmente escreveria os pontos-chave que quero abordar para não esquecer. Na verdade, vou fazer isso mesmo.

MICHELLE: Como você vai fazer para se lembrar de ver isso como uma oportunidade para todos vocês crescerem?

SAM: Acho que vou colocar essa frase no topo das minhas anotações.

MICHELLE: Quando você vai ter essa conversa, Sam?

SAM: Na próxima semana.

Estabelece parceria com o coachee para desenvolver modelos e / ou indicadores de sucesso

Faz perguntas para ajudar o coachee a romper a sua resistência

Defende a ideia

Configura nova responsabilidade, verifica o que o coachee está aprendendo

Reconhecimento adicional para aumentar a confiança e a autoconfiança

MICHELLE: Eu gostaria de ver você fazendo disso uma prioridade e adiantar essa conversa, Sam. Eu posso ver como isso tem afetado você e sei que você quer resolver isso. Você teve sucesso em abordar questões como uma oportunidade para crescer, por isso estou confiante de que conseguirá fazer as pazes com elas e fazê-las se sentir integrantes da equipe do projeto. O que você está pensando agora?

SAM: Eu acho que é uma prioridade e vou encarar isso agora.

MICHELLE: Você quer encarar ou resolver?

SAM: Resolver, de uma vez por todas.

MICHELLE: O que especificamente você fará, Sam, e quando?

SAM: Eu vou até o novo prédio com duas barras de chocolate como oferta de paz e os convido para o café.

MICHELLE: O que exatamente você vai dizer e o que você está aprendendo?

SAM: Vou começar dizendo que lamento ter andado atrás deles com *emails*, e digo que quero que pensem junto comigo para descobrir como podemos ter uma relação baseada em confiança e respeito, e assim eles podem trazer suas contribuições para a equipe que eu sei que vão beneficiar a todos. Estou aprendendo que não preciso sentir que sou eu contra eles, que estamos todos do mesmo lado.

MICHELLE: Parece um bom começo. Me diga como ficou essa questão antes de ir para casa esta noite, Sam. Gostei de ver que você está disposto a resolver isso mais cedo, demonstra muita força de caráter.

Observe como Michelle faz perguntas poderosas para que Sam reflita sobre o que aconteceu, qual foi o impacto, o que ele aprendeu e o que faria de diferente. Embora Michelle provavelmente tenha tido que se segurar algumas vezes para evitar mandar que Sam fosse falar diretamente com Johann e Catherine, ela conduziu Sam para que ele chegasse a uma conclusão sobre isso, então é muito mais provável que ele siga adiante.

Michelle não contornou a resistência que Sam estava exibindo e simplesmente a mencionou sem julgamento, convidando-o a dizer o que estava acontecendo. Isso permitiu que a conversa avançasse e revelou a relutância de Sam em enfrentar aquilo que ele considerava uma conversa difícil, de modo que Michelle o ajudou a elaborar um novo plano de ação com o qual ele se sentisse mais à vontade e fez um pedido de pronta execução deste plano, antes de configurar uma nova responsabilidade.

Assim como neste exemplo, se o *coaching* for integrado ao estilo de liderança, não parecerá uma *sessão de coaching*. Os não iniciados podem nem mesmo reconhecê-lo como *coaching*, eles simplesmente pensariam que aquela pessoa estava sendo particularmente prestativa e atenciosa com a outra. E que foi obviamente uma boa ouvinte. Estruturados ou informais, os princípios fundamentais de conscientização e construção de responsabilidade dentro do *coachee* continuam sendo a chave da abordagem do *coaching*.

VONTADE E CURVA DE PERFOMANCE

Quando Michelle entra na etapa final desse *coaching*, seu objetivo é motivar Sam a tomar medidas que o aproximem de seu objetivo. Isso move a conversa de boas idéias para o compromisso de tomar ações que servirão a um propósito maior. Ao conectar Sam de volta com o que é motivador para ele na entrega deste projeto, Michelle está capacitando-o a liderar a equipe do projeto no estágio interdependente, onde o potencial de Sam para permitir e inspirar um grande trabalho em equipe pode ser liberado. Michelle reconhece que é vital que os líderes mantenham o equilíbrio dentro de si mesmos para que não voltem a nenhum dos estágios anteriores, por isso ela é proativa ao apontar Sam em direção à autogestão para preservar o equilíbrio. Finalmente, ela demonstra que está junto com ele, deixando-o saber que ela está ali para apoiá-lo e que acredita nele.

Criando aprendizado

Para revisitar o exemplo da Medtronic, ao ensinar aos líderes como ter uma conversa de *performance* em um estilo de *coaching*, criou-se uma abordagem totalmente nova para o gerenciamento de *performance*. Extinguiu-se aquela a abordagem tradicional de entregar uma mensagem a um funcionário de que ele tem um defeito e precisa ser consertado. Em vez disso, o *coach* e o *coachee* se associam para explorar o que está indo bem e onde estão as oportunidades de crescimento. O foco está na aprendizagem. Ao aplicar um espírito de *coaching* ao *feedback*, você está focado em criar aprendizado, escolha e automotivação, procurando o que está funcionando e reafirmando isso e, quando necessário, apoiando o *coachee* a mudar de direção ou fazer algo diferente. Definir e acompanhar a responsabilidade mantém as pessoas conectadas ao seu sonho inspirador e torna mais atraente aquilo que poderia parecer um objetivo de processo tedioso (ver Capítulo 10). A responsabilidade, portanto, move-se a anos-luz de sua posição impopular na cultura tradicional de comando e controle para se tornar um instrumento crítico para a alta *performance* através do princípio abrangente do *coaching* – para aumentar a conscientização e a responsabilidade.

14 *Coaching* para Significado e Propósito

O objetivo não é se tornar um líder. O objetivo é se tornar você mesmo e usar-se completamente – todos os seus dons, habilidades e energias – para tornar sua visão manifesta. Você não deve reter nada.

Warren Bennis

Agora que analisamos a sequência GROW do começo ao fim e começamos a aprender os fundamentos do *coaching*, é uma boa hora para adicionar a profundidade crucial e ver como o *coaching* ajuda você a se conectar com o significado e propósito em sua vida. Eu recomendo que você escolha viajar por essa estrada, pois é onde está o verdadeiro ouro. Embora encontrar significado e propósito possa parecer assustador, sua jornada está totalmente sob seu controle.

Mencionei no Capítulo 1 que os autorrealizadores buscam significado e propósito, e muitas vezes o encontram contribuindo para os outros, para sua comunidade ou para a sociedade em geral. Mais e mais pessoas estão demonstrando que se importam tanto com justiça e com a situação dos outros quanto com eles mesmos. Essas tendências altruístas emergentes também estão fazendo com que elas questionem a ética e os valores corporativos, bem como o motivo do lucro. Quão bem sucedida e sustentavelmente a raça humana responde aos desafios externos está diretamente ligada ao quão conectados estamos com nós mesmos. Não é por acaso que o Google escolheu chamar seu Instituto de Liderança de *Search Inside Yourself* (Busque dentro de si mesmo), nem que o pioneiro da liderança, Warren Bennis, disse que não se trata de se tornar um líder, mas de se tornar você mesmo.

Tanto o líder de *coaching* quanto o *coach* profissional estão buscando liberar o potencial para maximizar a *performance* – no caso dos líderes, o potencial de suas equipes, e no dos *coaches*, o potencial de *coachees*. Um exame da realidade atual dos negócios ilustrará por que isso é tão urgentemente necessário.

A guerra pelo talento

O título resumido de um artigo do Financial Times diz: "Uma reconexão com os valores centrais: A ganância não é boa na nova era dos negócios: os trabalhadores são mais do que a soma de suas partes: Espiritualidade nos negócios: Stephen Overell se junta à busca pela máxima da vantagem competitiva, e descobre que as empresas estão tentando oferecer significado e propósito à equipe". Altos salários sozinhos não são mais suficientes para garantir os melhores talentos.

Ken Costa, então vice-presidente do grupo bancário UBS Warburg, diz: "Você pode ver a frustração. Demonstra-se na incerteza e falta de cumprimento e, finalmente, leva as pessoas a deixar uma organização. Mais pessoas estão deixando o mundo corporativo para trabalhar no setor voluntário... Na última rodada de seleção para a pós-graduação, uma quantidade surpreendente de pessoas perguntou *como é a política em relação à responsabilidade social*. Isso nunca aconteceu antes".

As empresas podem experimentar o mesmo tipo de crise de significado que muitas pessoas estão passando atualmente? Eu creio que possam e que isso acontecerá. E poderia ser mais difundido ainda? Será que o mundo corporativo, ou o próprio mundo, estaria se aproximando de uma crise coletiva de significado? Existem muitos sinais reveladores. Os indicadores econômicos e políticos não estão mais dando sinais claros do que está acontecendo. O ambiente, o cenário econômico e político instável e a ética corporativa em declínio estão colocando desafios imediatos e sem precedentes aos negócios, mas os negócios não estão reagindo, paralisados por seus antigos paradigmas e pela necessidade de gerenciamento imediato de crises. Na opinião de muitas pessoas, uma crise maior está na hora do dia, e a negação dela é abundante.

UMA ECONOMIA QUE SERVE ÀS PESSOAS

Muitas pessoas acreditam que uma grande mudança na atitude e no papel dos negócios é inevitável e de fato já está em andamento, impulsionada em grande medida pela demanda do público. As pessoas estão demonstrando que não toleram mais viver a serviço da economia; em vez disso, ela estão exigindo que a economia passe a servir as pessoas. Será que isso vai ocorrer por meio de uma série de correções de curso gerenciadas, à medida que as empresas aprenderem a aceitar sua responsabilidade, seu verdadeiro significado e propósito, ou elas continuarão em sua busca de riqueza a qualquer preço, até que se vejam diante de trincheiras ocupadas por pessoas comuns com demandas e aspirações mais elevadas?

Uma empresa com visão de significado não apenas acompanha o sentimento popular, mas estará à frente dele, especialmente porque percebe que tem uma responsabilidade para com a sociedade.

A MUDANÇA NO PAPEL DAS EMPRESAS

Estamos começando a testemunhar uma mudança do papel das empresas. John Browne, o ex-CEO da British Petroleum, escreveu em seu recente livro Connect:

> Em uma era de transparência ininterrupta, o mundo exige muito mais do setor privado... Há um enorme prêmio para empresas que escolhem atender a essas novas demandas com respeito, autenticidade e abertura, fazendo com que as necessidades da sociedade façam parte de seu modelo de negócios.

Claude Smadja, do Fórum Econômico Mundial, escreveu:

> As empresas privadas devem afirmar um sentido muito mais amplo e mais forte de responsabilidade social corporativa. E devemos ouvir as vozes responsáveis de uma nova "sociedade civil"...O surgimento das ONGs também reflete o crescente desencanto do público com todas as instituições – governos, corporações, organizações internacionais, mídia.

Michael Hirsh, da Newsweek, comentou que o debate é menos sobre a privatização do setor público do que o contrário, uma espécie de *publicização* do setor privado.

A PRÓXIMA ONDA DA EVOLUÇÃO

A globalização e a comunicação instantânea e contínua em todo o mundo estão borrando as distinções de espaço e tempo entre *nós* e *eles*. Assim, tanto as forças externas quanto nosso desenvolvimento interior estão conspirando para derrubar barreiras e nos persuadir a aceitar e abraçar o destino comum que todas as pessoas compartilham – e cuja responsabilidade também é compartilhada. Por fim, este é o nível final de Maslow que se relaciona com uma mentalidade de interdependência: o famoso *estamos todos juntos*.

A REALIDADE EXTERNA REFLETE A REALIDADE INTERNA

Mudanças estão ocorrendo em nossa realidade externa que correspondem à crescente conscientização de nossa realidade interior. O investimento global nos chamados fundos éticos está aumentando rapidamente; o sexismo e o racismo, anteriormente endêmicos em muitos locais de trabalho, são agora amplamente condenados; e a responsabilidade social corporativa e os relatórios de linha de base tripla estão sendo cada vez mais adotados.

A motivação para essas mudanças vem de pessoas comuns que querem expressar sua opinião sobre como são tratadas no trabalho e nos negócios. No entanto, a mudança climática também está enviando a todos nós, e às empresas em particular, algumas mensagens duras sobre nossos valores, comportamentos e responsabilidades no contexto global. Além disso, as consequências potenciais da criação intensiva de animais, de biocombustíveis e de modificação genética de culturas estão forçando uma séria reavaliação dos métodos agrícolas que estão além do terreno dos meros *amantes da natureza*. Qual será o próximo campo de batalha? Provavelmente estará na arena ambiental, mas não sabemos de onde virá, pois os controles do sistema da natureza estão se desintegrando e agora estamos além do ponto em que as reações são previsíveis. O próximo ponto é o *ponto de não retorno*. A maior preocupação é que ela parece muito mais séria do que é sugerido pelas respostas políticas e corporativas de curto prazo, totalmente inadequadas.

SIGNIFICADO E PROPÓSITO NAS ORGANIZAÇÕES

Com tudo isso acontecendo, não é nenhuma surpresa que a questão do significado e propósito esteja sendo levantada cada vez mais frequentemente pelas pessoas com quem trabalhamos nas organizações, decorrente do desejo de escapar daquilo que muitos vêem como o mundo corporativo sem sentido. Geralmente, um *coach* ouve o *coachee* lamentar sobre isso e até aventar a possibilidade de mudar de emprego, mas cuidado com a sedução de mudar formas e estruturas – é a consciência que deve mudar.

Significado e propósito: A diferença

No Capítulo 6, afirmei que aumentando nossa consciência podemos descobrir e nos conectar mais profundamente com nosso propósito. Significado e propósito são mencionados como sendo gêmeos siameses, mas não são idênticos e precisam ser diferenciados. Significado é o sentido que atribuímos a um evento ou uma ação em retrospecto, enquanto o propósito é a nossa intenção de embarcar em um curso de ação. O significado é principalmente psicológico, enquanto o propósito é um conceito espiritual. Para ser mais preciso, devemos especificar o significado, o propósito ou ambos. Vamos ver isso em relação a duas áreas:

- Encontrar seu significado e propósito na vida.
- Encontrar significado e propósito em situações que surgem diariamente.

Descobrindo seu significado e propósito

Um dos mantras dos consultores de *performance*, que é fundamental para o *coaching*, é *conhecer as pessoas onde elas estão*. Depois de conhecer alguém onde ele está, você pode fazer parceria com ele para ajudá-lo a chegar até onde ele gostaria de estar. Esta é uma parceria plena, que respeita o desdobramento da percepção no caminho da evolução da consciência. Vejamos uma atividade que você pode fazer agora para explorar seu significado e propósito.

Atividade: Explore o seu Significado e Propósito	Sente confortavelmente em um lugar tranquilo, com algumas canetas coloridas e um pedaço de papel em branco. Anote suas respostas para as perguntas a seguir. Se alguma imagem vier à sua mente, desenhe. O importante aqui é não pensar ou analisar demais as coisas – observe o que surge em sua mente e use as cores da sua preferência para cada resposta. • Qual é o seu sonho? • O que você deseja? • Que diferença você adoraria fazer no mundo? • O que é importante nisso para você? • No fundo, o que você realmente quer da sua vida? • Imagine que você tem 80 anos e está revendo a sua vida. Quais são os destaques? Escreva ou desenhe tudo o que vier à sua mente.

A partir das suas respostas a essas perguntas, você começará a ter uma noção do seu significado e propósito. Esta exploração começará a criar uma trilha de migalhas de pão – uma trilha que você pode seguir até encontrar seu significado e propósito na vida. À medida que mais detalhes da imagem chegarem até você, anote-os ou desenhe no papel. Dê o primeiro passo nesta jornada e recorra àquela parte de você que guarda o seu potencial ilimitado para criar isso.

DE VÍTIMA A CRIADOR

O passo mais importante para encontrar significado e propósito é perceber que, em última análise, sua realidade atual é sua oportunidade. Significa passar de vítima a criador do seu destino. O *coaching* capacita o *coachee* a assumir a responsabilidade pela sua situação atual, a escolher como se relacionar com ele e a tomar medidas para criar ou mudar as coisas e, finalmente, criar algo mais significativo.

Experimente esta atividade.

Pense em um desafio que você está enfrentando no momento e responda às perguntas: • Imagine que o desafio contém o presente perfeito que você precisa agora para crescer, qual é esse presente? • Por qual motivo você sente gratidão? • Quem você se tornará para enfrentar esse desafio?	**Atividade:** Enfrente o Desafio

Essa atividade pode ser uma abordagem extremamente desafiadora em situações que surgem em sua vida. No entanto, questões como essas permitirão que você saia completamente da posição de vítima para tornar-se um criador do seu destino, o que vai ajudar a criar significado e propósito em todos os momentos da sua vida.

Carl Jung disse: "Aquilo contra o qual você resiste, persiste". Se você não quer que os mesmos desafios aumentem o tempo todo no trabalho, na vida e no amor, eu dou a maior força para que você se volte para enfrentar os desafios que surgem em sua vida.

Descobrindo significado e propósito no local de trabalho

Vamos vincular isso ao trabalho que fizemos até agora nos capítulos anteriores. Nos diálogos de *coaching*, que começaram no Capítulo 10, seguimos Michelle e Sam enquanto eles trabalhavam juntos no projeto Summit. Mas e se Michelle se aprofundasse mais em busca do significado e propósito com Sam? Como isso seria?

Aqui estão algumas perguntas que ela poderia fazer:

- Sam, percebi que você deixa que Johann e Catherine joguem você em um comportamento reativo. O que você percebe sobre isso?
- **Se você soubesse, qual você diria que é a fonte desse gatilho em você?**
- **Como você responderia a isso se tivesse escolha?**
- O que faria com que você escolhesse uma resposta diferente?
- O que é importante para você em termos de escolher uma resposta diferente?
- Que impacto isso teria em sua vida?

De fato, se enxergarmos por essa lente, o projeto Summit é a plataforma através da qual Sam está cumprindo seu potencial; o que ele precisa fazer é reconhecer isso e descobrir o significado e o propósito intrínsecos nele. É claro que sua atenção precisa ser apontada nessa direção. E a pessoa que Sam deseja se tornar faz parte do desenvolvimento de sua carreira. Isso poderia acontecer com Michelle sentado com ele no início de seu trabalho em conjunto para explorar sua visão daquilo que ele quer alcançar, através de sua liderança, no trabalho e em sua vida. Mas é preciso fazer um alerta: como *coach* ou como líder adotando um estilo de *coaching*, faz sentido que você já tenha explorado seu próprio significado e propósito e tenha começado a criar seu próprio destino antes de conduzir seu *coachee* a esse espaço avançado. Outro princípio fundamental do *coaching* é não fazer uma pergunta ao seu *coachee* que você não estaria disposto a responder – ou que já não tenha respondido.

Está além do escopo do livro ensinar habilidades avançadas de *coaching*, então paramos por aqui no momento, mas um *coach* profissional ou um líder que tenha feito treinamento avançado de *coaching* seria capaz de facilitar essa exploração.

PARTE IV

Aplicações Específicas do *Coaching*

15 Sessões individuais de *Coaching* Formal

87% dos empregadores pesquisados oferecem coaching individual ICF e Instituto do Capital Humano

É hora de dedicar um capítulo inteiro às sessões formais e individuais de *coaching*, sejam elas conduzidas por *coaches* internos ou externos. A criação de sessões formais de *coaching*, períodos de tempo exclusivo para a realização do *coaching* individual, exige uma estrutura inicial. Independente de você ser um *coach* interno ou externo que vai realizar sessões formais de *coaching* nas organizações, aqui estão algumas diretrizes para ajudá-lo a obter o melhor de seu trabalho.

Períodos de tempo para coaching formal

O *coaching* formal, geralmente chamado de *coaching* individual ou *coaching* executivo, funciona melhor se ocorrer em um período de seis meses. Ao espaçar as sessões ao longo de meses, o *coachee* se beneficia com a oportunidade de maior prática dos novos hábitos e maneiras de fazer as coisas, tendo você, o *coach*, como um apoio ou defensor. Além disso, como o *coaching* é um relacionamento contínuo de parceria com foco no desenvolvimento e na mudança comportamental sustentável, requer tempo. Seis meses de *coaching* é o tempo recomendado para que o *coachee* obtenha benefícios reais, e é nisso que este capítulo se concentra.

Existe uma alternativa mais curta conhecida como *laser coaching*, que assume a forma de três sessões virtuais de *coaching* de 60 minutos e se concentra em um desafio específico enfrentado pelo *coachee*.

Geralmente, as organizações contratam essas sessões em pacotes e as oferecem como um recurso adicional aos seus funcionários.

Número de horas de *coaching*

O primeiro passo para qualquer contrato de *coaching* é o *coach* descobrir com o contratante o que exatamente ele está buscando. Isso fica mais fácil quando se estipula o número de horas de *coaching* e o formato preferido. Pode haver um custo diferente para sessões presenciais em comparação com o *coaching* virtual, o que afetará o orçamento. Tenha em mente que o período inicial ideal para o *coaching* é de seis meses, mas isso sempre pode ser estendido.

Formato e duração

Uma vez que a quantidade de horas de *coaching* tenha sido acertada, o segundo passo é conversar com o *coachee* sobre o formato mais adequado e também a duração das sessões. Existem três opções principais, mas novamente, o formato e duração do *coaching* variam de acordo com o local em que o *coaching* será oferecido. Por exemplo, na Índia, onde se pode levar três horas para cruzar de um lado a outro de Bangalore, o *coaching* é basicamente virtual. Em contraste, no Oriente Médio as sessões de *coaching* são mais frequentemente presenciais e podem durar até três horas. Na *Performance Consultants*, todo trabalho de *coaching* termina com uma avaliação individual de 60 minutos (veja como conduzir uma avaliação no Capítulo 19).

Estas são as opções:

- **Coaching presencial**, por exemplo, seis sessões de 120 minutos cada, uma vez por mês durante seis meses.
- **Coaching virtual ou por telefone**, por exemplo, 12 sessões de 60 minutos cada, a cada duas semanas, durante seis meses.
- **Formato misto**, por exemplo, uma sessão presencial de 60 minutos, mais 12 sessões de *coaching* por telefone de 45 minutos cada, aproximadamente a cada duas sema*nas*, combinadas com outra sessão presencial de 60 minutos.

A Figura 14 ilustra um típico contrato de *coaching* de formato misto. As próximas páginas fornecem mais detalhes sobre as sessões individuais e outras considerações.

FIGURA 14: Um contrato típico de *coaching* de formato misto

		Semana 1		Semanas 2 a 24		
Sessão	Reunião de *Empatia*	Sessão Inicial	Opção de 360º com partes interessadas	Sessões periódicas de *coaching*	Opção de 360º com partes interessadas	Sessão de avaliação
Formato	Presencial ou virtual	Presencial		*Mix* de presencial e virtual		Virtual
comprimento	Aprox. 30 min.	1 hora		12 sessões de 45 min. Aprox. a cada 2 semanas		60 min até um mês após a última sessão
	12 horas de *coaching* de formato misto ao longo de 6 meses					

Reunião de empatia

A reunião de empatia é quando você se encontra com o *coachee* pela primeira vez e geralmente não é cobrada. É uma oportunidade para você e seu cliente verificarem se vocês sentem que podem fazer uma boa parceria de trabalho. Geralmente após a reunião de empatia já é possível perceber se vocês se sentem bem um com o outro. Se não for o caso, não se preocupe – às vezes a química simplesmente não acontece.

Confidencialidade

Uma vez que você e seu *coachee* decidiram trabalhar juntos, é importante estabelecer uma parceria baseada na confidencialidade. A confidencialidade é a chave para qualquer relacionamento de *coaching*, e os limites precisam ser definidos desde o início. Coloque-se no lugar do seu cliente, que vai discutir questões profundas e pessoais. Sem a confidencialidade, os *coachees*, especialmente nas organizações, não estariam dispostos a compartilhar informações confidenciais importantes para o *coaching*, e isso provavelmente limitaria o seu impacto positivo. A Figura 15 mostra como a manutenção da confidencialidade significa que o líder ou patrocinador do *coachee* não vai saber tudo o que é discutido no *coaching* — as ovais representam o que às vezes chamamos de *muralhas chinesas*.

FIGURA 15: A confidencialidade é a chave para o relacionamento de *coaching*

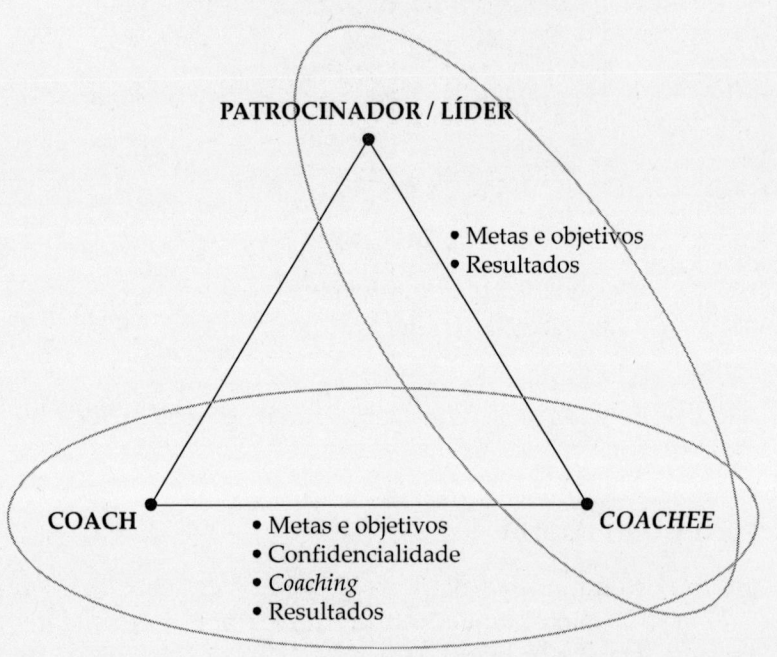

```
              PATROCINADOR / LÍDER

                    • Metas e objetivos
                    • Resultados




   COACH      • Metas e objetivos       COACHEE
              • Confidencialidade
              • Coaching
              • Resultados
```

Como *coach*, você precisa ser claro sobre quem o contratou, qual o seu relacionamento com o *coachee* e a quem você se reporta em relação ao *coaching*. Por exemplo, você pode ter sido contratado por:

- Um líder para trabalhar com um membro da equipe.
- Um indivíduo que contratou você através do departamento de RH.
- O RH, para trabalhar com um líder da empresa.

O patrocinador, que é quem controla o orçamento para o *coaching* e paga as contas, pode ou não ser o líder do *coachee*. Na Figura 15, o termo patrocinador representa o indivíduo que tem a responsabilidade orçamentária. O patrocinador, e possivelmente o líder do *coachee*, podem querer estar a par das metas e objetivos do *coaching* e dos seus resultados. É importante que você converse com o seu *coachee* sobre como essas pessoas estarão envolvidas no *coaching* e também que o *coachee* comunique isso a elas.

A comunicação de metas e objetivos no início do relacionamento e os resultados no final são ótimas oportunidades para você fortalecer o relacionamento que seu *coachee* tem com a organização. Isso cria um alinhamento entre o *coachee* e a organização. Esta é uma parte crucial do *coaching* e pode ser uma das razões pelas quais o *coaching* está acontecendo. Por essa razão, a comunicação com o líder do *coachee*, o patrocinador ou outros membros da organização deve sempre passar pelo *coachee*, de modo que em todos os momentos você esteja fortalecendo o relacionamento do seu *coachee* com a organização.

Há duas áreas para se pensar, de modo a garantir que a confidencialidade seja mantida e que você esteja capacitando os *coachees*:

- Ajudar os *coachees* a conversarem com seu líder ou patrocinador, que os ajudarão a se responsabilizar por suas metas e objetivos.
- Nos pontos em que os *coachees* não estiverem totalmente comprometidos com suas metas e objetivos, explore o que está bloqueando esse compromisso e ajude-os a encontrar os recursos internos para ter essas conversas autênticas com seu líder. Essas conversas normalmente trarão o alinhamento.

Em alguns casos, pode ser apropriado ter uma conversa de avaliação e definição de metas entre esses três polos. No entanto, seu foco deve sempre ser capacitar e apoiar o *coachee*, mantendo a confidencialidade, em vez de fortalecer seu próprio relacionamento com a organização.

Sessão Inicial

Uma sessão inicial de sucesso cria o compromisso do *coaching* com o sucesso. Como o nome indica, a sessão inicial é dedicada a iniciar o relacionamento de *coaching* com o seu *coachee*, e é importante que você gaste tempo suficiente fazendo isso. Isso é mais do que apenas ouvir o que o *coachee* quer, é aqui que você começa a definir suas necessidades e expectativas para que, juntos, possam criar um relacionamento de *coaching* de sucesso.

Há várias áreas que valem a pena abordar nesta sessão; embora esteja descrito na lista de verificação, não é recomendável que você realize um *coaching* formal individual sem ter passado por um treinamento certificado de *coaching*.

Lista de verificação para a sessão inicial

Formato e logística – formato (virtual, presencial ou *mix*); duração; frequência; local (também é importante para sessões virtuais).

Acordos – obtenha clareza sobre permissões e compartilhe suposições; pergunte quanto apoio e desafio o *coachee* deseja de você; combine as responsabilidades.

Treine o coachee – o que é *coaching* (não é *mentoring*, consultoria ou aconselhamento); o *coach* e o *coachee* têm uma responsabilidade compartilhada pelo relacionamento de *coaching*; o *coachee* precisa participar plenamente.

Metas – definir metas inspiradoras e energizantes (de curto e longo prazo); caso seja relevante, referir-se a avaliação recente; combine como você vai trabalhar com metas.

História resumida – antes da sessão, peça ao *coachee* para preparar um resumo dos momentos cruciais de sua vida até o momento (não toda a história de vida); trabalhar juntos para identificar padrões de comportamento e sistemas de crenças.

Fontes de energia ou valores – valorize a descoberta; descubra as forças; metáforas que inspiram o *coachee*; mentalidades e crenças limitantes.

Entre as sessões

Não se esqueça de que o trabalho real acontece entre as sessões, quando o *coachee* conscientemente tenta diferentes maneiras de fazer as coisas e coloca o aprendizado em prática na vida e no trabalho. Essa é uma das razões pelas quais a responsabilidade, o *check-in* e o acompanhamento são fundamentais.

É importante manter um registro dos resultados desejados, ações e cronogramas combinados e fazer o *check-in* nas sessões subsequentes para acompanhar essas ações (consulte os Capítulos 13 e 19 para obter mais informações sobre manutenção de registros).

Sessões subsequentes

Na maior parte, a estrutura das sessões restantes de *coaching* será algo assim:

- *Check-in* e acompanhamento da última sessão.
- Definição das metas da sessão.
- *Coaching*
- Definição de responsabilidade.

Feedback de 360°

Uma sessão de *feedback* de 360° pode ser uma referência muito útil antes e depois para *coaching*. É aqui que você usa um questionário de pesquisa ou entrevista o líder do *coachee*, os subordinados diretos e seus colegas, para obter uma visão de 360° sobre o impacto do *coaching* no *coachee*. Uma pesquisa 360º bem simples está disponível para *download* em www.coachingperformance.com. No início do relacionamento de *coaching*, isso fornece uma linha de base ou um ponto de partida para explorar áreas de desenvolvimento com foco no *coaching*. Então, fazer isso novamente ao final do *coaching* permite que você veja a extensão do desenvolvimento do *coachee*. Se você tiver um compromisso de *coaching* de longo prazo, por exemplo, por 12 meses, você também poderá fazer um *feedback* de 360 ° na metade do caminho.

Avaliação

Medir o impacto de um engajamento de *coaching* no indivíduo e no contexto mais amplo da organização e obter uma estimativa de ROI exige um capítulo à parte e é abordado no Capítulo 19.

16 *Coaching* para a Performance da Equipe

O coaching desenvolve a identidade e criatividade das equipes para alcançar seu potencial

Para que as equipes estabeleçam uma cultura de *coaching*, é preciso fomentar uma mentalidade de abertura e curiosidade, além de desenvolver a habilidade de estabelecer diálogos de *coaching*. O líder da equipe é quem está na melhor posição de autoridade e influência para promover essa mentalidade e essas habilidades, por isso vou me concentrar neste capítulo a discutir como os líderes de equipe podem ser *coaches*. O *coach* precisa lidar com a equipe com total atenção, curiosidade, confiança na desenvoltura da equipe e abertura para explorar diferentes maneiras de se realizar as tarefas. Além disso, para mobilizar totalmente o potencial da equipe como um todo, o *coach* precisa entender que:

- Uma equipe é uma entidade em si, com uma inteligência própria, com a qual podemos nos conectar.
- O *coaching* pode mobilizar a inteligência e o potencial da equipe, despertando, em vez de restringir ou corrigir, a dinâmica presente na equipe.
- O objetivo do *coaching* é criar consciência coletiva e gerar corresponsabilidade e alinhamento dentro da equipe.

Entender como uma equipe se desenvolve é importante para que sejamos capazes de conduzi-la à realização do seu potencial e para que possamos perceber qual o nível alcançado na Curva de *Performance*. Portanto, vou começar explorando a teoria de como as equipes se desenvolvem. Pesquisas da ICF e do *Human Capital Institute* mostram que

O *coaching* leva a um melhor funcionamento da equipe e desenvolve as habilidades de trabalho em grupo. Mais adiante neste capítulo, vou esclarecer as nuances do *coaching* com equipes em oposição ao individual, e de como explorar com sucesso a identidade única e a inteligência coletiva de uma equipe. Primeiro, o capítulo oferece algumas teorias básicas sobre a personalidade, as características, dinâmicas e evolução das equipes, para ajudar a explicar a melhor forma de melhorar a *performance* de uma equipe durante os diferentes estágios de seu desenvolvimento.

As equipes são os tijolos de uma organização. Eles executam tarefas interconectadas e demoradas demais para um indivíduo, ou muito complexas ou difíceis para um grupo de indivíduos trabalhando em paralelo. A capacidade de *performance* da equipe não depende apenas dos talentos e habilidades individuais dos membros da equipe, mas também da maneira como esses membros trabalham juntos e do grau com que compartilham objetivos, valores, objetivos e responsabilidades. Existe uma grande interdependência em equipes de alta *performance*. Na verdade, sem interdependência, você poderia dizer que uma equipe é apenas um grupo de pessoas. Uma tarefa só pode ser executada com sucesso se a sinergia e a cooperação estiverem presentes. Por isso as equipes, bem como o seu poder e potencial, são maiores que a soma de suas partes. Elas têm uma identidade própria que é diferente de todas as identidades individuais dentro delas.

> Equipes reais (1) têm limites claros; (2) são interdependentes para alcançarem algum propósito comum; e (3) têm pelo menos alguma estabilidade de pertencimento, o que dá aos membros tempo e oportunidade para aprenderem a trabalhar bem em conjunto. (Hackman et al.)

Estágios do desenvolvimento da equipe

Parte do papel de um *coach* é conhecer a identidade da equipe que está treinando, ajudando-a a criar ou fortalecer essa identidade para realizar seu potencial. De certa forma, conhecer uma equipe é como conhecer uma pessoa. É útil saber em que estágio de sua *vida* está, pois existem algumas regras gerais sobre diferentes estágios de desenvolvimento que são aplicáveis a todas as equipes. Ao mesmo tempo, cada equipe é única e tem sua própria personalidade, talentos e pontos fortes. Equipes com mais de 15 ou 20 membros provavelmente são compostas de subequipes, mas não importa se estamos falando de uma equipe de liderança ou de uma equipe secundária ou terciária, certas características permanecem as mesmas.

Da mesma forma que os indivíduos não podem pular da infância para a idade adulta, as equipes não podem se tornar maduras da noite para o dia. Os indivíduos têm que se desenvolver ao longo da infância e adolescência, assim como as equipes precisam de tempo para se desenvolver completamente até chegarem ao estágio interdependente da curva de *performance*.

É importante lembrar-se disso e considerar que este é um processo natural e necessário que pode ser auxiliado pelo *coaching*.

Eu uso um modelo simples de quatro estágios de desenvolvimento de equipe que é fácil de entender – Inclusão, Afirmação, Cooperação, Cocriação. Os três primeiros passos seguem a teoria *Firo-B* de comportamento interpessoal de William Schutz e são prontamente reconhecidos na maioria das equipes esportivas e de trabalho. Existem modelos complexos e sofisticados, mas na minha experiência, são pouco práticos de se trabalhar. Schutz foi um dos precursores da terapia do *grupo de encontro*, baseada no Instituto Esalen em Big Sur, Califórnia, junto com outras lendas como Abraham Maslow, Fritz Perls e Carl Rogers, os pais da psicologia humanista. Eu estava em Esalen nessa época, em 1970, e participei de muitos grupos *Firo-B*.

Os participantes da terapia de grupo têm muita dificuldade de expor suas vulnerabilidades emocionais até que se sintam seguros com os demais participantes, por isso cabe ao terapeuta de grupo criar esse ambiente seguro o mais rápido possível. Os *coaches* podem fazer o mesmo, entendendo os princípios do desenvolvimento das equipes. Vamos olhar para cada um dos estágios, separadamente.

Inclusão

O primeiro estágio é chamado de inclusão, já que é aqui que as pessoas determinam se são, e se sentem-se realmente como membros da equipe. A ansiedade e a introversão são comuns, mas podem ser disfarçadas pelo comportamento oposto compensatório de algumas pessoas. A necessidade de aceitação e o medo da rejeição são fortes neste estágio. Quando se depara com um novo ambiente social, seu cérebro fica muito ocupado tentando manter-se seguro, de modo que você fica realmente investido em ser aceito pela equipe. Os membros da equipe podem não ser muito produtivos mentalmente nesta fase, já que seu foco estará concentrado em suas próprias necessidades e preocupações emocionais. Se houver um líder designado, os membros se dirigirão a ele em busca de aceitação e orientação. Eles precisam se integrar; e procuram se enquadrar. O tom e o exemplo que o líder define neste estágio são importantes, porque se tornarão rapidamente a norma aceita pela equipe. Por exemplo, se um líder demonstra abertura e honestidade e revela sentimentos ou mesmo fragilidade, os demais membros tendem a seguir o exemplo e uma boa prática relacional será estabelecida. Esse é um momento de hesitação, e um bom líder tentará abordar e satisfazer as preocupações individuais para que o grupo como um todo possa avançar.

Felizmente, para muitas pessoas, essa fase não dura muito tempo, embora para alguns isso leve semanas ou meses até que se sintam parte da equipe. Aqueles que tiveram uma infância na qual desenvolveram um forte senso de segurança pessoal – e aqueles que ascendem a posições de liderança tendem a ser desse tipo – seria bom que fossem tolerantes e apoiassem aqueles que não tiveram tanta sorte.

Afirmação

Uma vez que a maioria dos membros da equipe se sinta incluída, surge outra dinâmica: a da afirmação individual. Schutz descreveu esse estágio como a necessidade de controle. É um momento de expressar poder e de estender fronteiras. Animais fazem isso: eles marcam seu território, e ai de qualquer adversário que ouse entrar nele. É a fase em que a hierarquia é trabalhada. O termo profissional educado para isso é estabelecimento de papéis e funções, mas as palavras geralmente são mais gentis que as ações. A competição dentro da equipe é acirrada, o que pode levar a uma *performance* individual excepcional, embora muitas vezes à custa dos outros. É uma fase em que as pessoas experimentam e descobrem seus pontos fortes, e a equipe pode compensar em produtividade o que ainda está devendo em termos de coesão.

Este é um estágio de desenvolvimento importante e valioso, mas que pode ser difícil para o líder. Haverá desafios para a liderança. Os membros da equipe precisam descobrir que podem discordar do líder antes que estejam dispostos a concordar. Eles precisam exercitar sua vontade internamente, a fim de aprimorar a dedicação da equipe. Um bom líder de grupo oferecerá e incentivará os membros da equipe a assumirem responsabilidades e satisfazerem suas necessidades de afirmação. É importante que o líder permita os desafios, mas infelizmente muitos líderes sentem-se ameaçados por eles e afirmam sua própria autoridade para controlar o processo. É preciso um esforço consciente de equilíbrio.

Como já disse, uma equipe nesse estágio pode ser bastante produtiva, o que pode blindar o reconhecimento de um potencial ainda maior. Na verdade, a maioria das equipes de negócios ou esportes raramente avança além do estágio de afirmação, em geral porque isso é o máximo que a sociedade industrial ocidental alcançou coletivamente. Ir além disso é ir além da norma, mas isso não é tão difícil de alcançar quanto geralmente se pensa – usando-se o *coaching*.

Cooperação

O terceiro e ideal estágio de equipe de Schutz é o estágio de afeto, mas muitos empresários se recusam a falar de afeto, então eu prefiro chamar de **cooperação**. Não estou sugerindo que uma equipe neste estágio seria sempre dócil e leve. De fato, um dos perigos do estágio de cooperação é que a ênfase excessiva na equipe se desenvolve, o que faz com que ela se sinta muito confortável, não permitindo qualquer divergência. As equipes mais produtivas serão altamente cooperativas, mas mantêm certo nível de tensão dinâmica. Um *coach* preserva isso com sensibilidade.

Se uma equipe estiver no estágio de cooperação e um de seus membros tiver um dia ruim, por exemplo, os outros se reunirão e o apoiarão. Se estiver no estágio de afirmação, os outros podem celebrar silenciosamente a queda de um concorrente. Se estiver no estágio de inclusão, poucos saberão ou se importarão. Por outro lado, se uma equipe estiver no estágio de cooperação e um membro da equipe tiver um triunfo pessoal, o restante participará da comemoração. Se a equipe estiver na fase de afirmação, o resto pode ficar com ciúmes. E se a equipe estiver no estágio de inclusão, os outros poderão se sentir ameaçados.

Cocriação

Nossa experiência de trabalho com equipes mostra que existe um quarto estágio para o desenvolvimento de equipes que vai além da cooperação. É o estágio da **cocriação**, da transformação e da evolução pessoal e organizacional. Uma equipe que opera nesse estágio sabe que é maior do que a soma de suas partes e que a equipe é o espaço em que o potencial da organização pode ser aproveitado.

Em cada um dos estágios, é importante criar consciência da dinâmica da equipe em jogo e identificar o que é necessário para alcançar uma maior *performance*. Um *coach* que cria um espaço seguro para que os membros da equipe expressem seus medos, desconfortos e necessidades irá promover a resiliência, o autocuidado, a força e a corresponsabilidade da equipe. Ao conscientizar a equipe sobre o estágio em que se encontra, o *coach* convida a equipe a assumir a responsabilidade pelo processo de desenvolvimento e a se autoajustar.

Hierarquia das Necessidades de Maslow e a Curva de *Performance*

Assim como na evolução pessoal, as equipes precisam passar por algum desenvolvimento até alcançarem os estágios de cooperação e cocriação, e é aí que o *coaching* pode ajudar. Este não é necessariamente um processo linear, mas uma sucessão de progresso, estagnação, salto, retrocesso e desenvolvimento.

No Capítulo 1 examinamos a hierarquia das necessidades de Maslow. O nível de desenvolvimento do grupo segue em paralelo às principais necessidades de Maslow no desenvolvimento individual. Uma equipe de indivíduos **autorrealizados** alcançaria rapidamente as alturas vertiginosas da cocriação e os resultados fabulosos do estágio interdependente. Uma equipe de pessoas que buscam autoestima teria uma *performance* muito boa individualmente, mas estaria inclinada ao *cada um por si*, encaixando-se no estágio independente. As pessoas que buscam estima dos outros competiriam fortemente entre si, produzindo algumas ótimas *performances* – e alguns perdedores. Uma equipe de indivíduos procurando pertencimento seria complacente e irritantemente útil, mais em palavras do que em ações, e estaria localizada no estágio dependente.

TABELA 5: *Fases do desenvolvimento da equipe*

Fase de desenvolvimento da equipe	Cultura	Características	Hierarquia de Necessidades de Maslow
COCRIAÇÃO (*performance*)	Interdependente	Energia direcionada para valores compartilhados e o mundo externo.	Autoatualização
COOPERAÇÃO (normalização) AFIRMAÇÃO (turbulência)	Independente	Energia dirigida para fora para objetivos comuns. Energia focada na competição interna.	Autoestima Estima de outras pessoas
INCLUSÃO (formação)	Dependente	Energia voltada para dentro dos membros da equipe.	Pertencimento

A Tabela 5 mapeia a hierarquia de necessidades de Maslow e, entre parênteses, o conjunto de rótulos de Bruce Tuckman, formando o processo de normatização, a sequência de desenvolvimento e os três estágios da curva de *performance*. Ela também destaca algumas das principais características distintivas durante cada estágio do desenvolvimento da equipe. É claro que as divisões entre esses estágios são permeáveis e sobrepostas, e a posição e o estado da equipe estão sujeitos à flutuação quando há qualquer rotatividade nos membros da equipe.

Coaching equipes para alta *performance*

Pode-se dizer que hoje é ainda mais difícil obter o melhor de uma equipe, pelas seguintes razões:

- A mobilidade global traz diversidade para equipes que exigem mentalidades mais flexíveis.
- As pessoas não trabalham mais em grupos estabelecidos, mas estão continuamente formando e reformando equipes.

- As equipes podem ser baseadas em projetos, funcionais, baseadas em matrizes, operacionais, virtuais, autoorganizadas.
- Algumas equipes estão espalhadas por fronteiras geográficas, tornando o contato mais raro e problemático, ou inteiramente virtual por natureza.
- Os cronogramas dentro dos quais as equipes devem se unir, formar e atuar para enfrentar um desafio comercial são mais curtos do que nunca.
- Os desafios de negócios aumentaram em complexidade.

O *coaching* tem um papel muito importante a desempenhar para ajudar as pessoas a trabalharem bem em conjunto. E ele pode ajudar as pessoas a estabelecerem se e quando precisam estar em equipe.

O *coaching* também tem um papel fundamental em ajudar na liderança das equipes. Diz-se que os líderes só têm duas funções: primeiro fazer o trabalho e segundo, desenvolver o seu pessoal. Com muita frequência, os líderes estão ocupados demais fazendo o primeiro para chegarem ao segundo. Da mesma forma, o primeiro e o segundo às vezes podem parecer conflitantes. O desejo de fazer bem o trabalho criou a *cultura de auditoria* – começamos a acreditar que podemos ter controle total de nosso resultado (seja individual, de equipe ou organizacional), quantificando e medindo tudo. No entanto, o desenvolvimento sempre tem a ver com o potencial, com o futuro, a visão, a inovação, a criatividade e o crescimento. Travadas com a tensão entre fazer o trabalho e desenvolver o nosso pessoal, as organizações tentaram separá-los, afastando a gestão da liderança. Para citar Alma Harris:

> Liderança tem a ver com aprender juntos e construir significado e conhecimento de forma coletiva e colaborativa... Significa gerar ideias em conjunto; buscando refletir e dar sentido ao trabalho à luz de crenças compartilhadas e de novas informações; criando ações que crescem a partir desses novos entendimentos.

A gestão tornou-se algo operacional, apenas fazer o trabalho acontecer, concentrando no processo e no presente. A liderança, por outro lado, tem o seu foco no desenvolvimento, na visão e no futuro. No entanto, no mundo rápido e complexo de hoje, as linhas entre gestão e liderança estão borradas, especialmente quando se trata de negócios do dia-a-dia.

Uma abordagem de *coaching* permite que a tensão entre gestão e liderança seja adotada e alavancada. O *coaching* pode ajudar as equipes a navegarem entre uma cultura de gestão e a atração por *brincar de forma segura* e uma cultura de liderança e a atração por *assumir riscos*. Isso permite um ambiente onde aprender, inovar e aumentar a conscientização e responsabilidade podem ser perseguidos simultaneamente.

Performance do projeto

Uma abordagem de *coaching* é sempre aplicável quando se trabalha com uma equipe, pois ajuda a explorar a inteligência coletiva. Um local onde muitos líderes de equipe acham fácil começar a usar essa abordagem é no início de um novo projeto, bem como durante a revisão de uma tarefa finalizada. Ter conversas de *coaching* nesses estágios de um ciclo de projeto cria um ambiente em que a equipe pode pensar em conjunto, aprender em conjunto e aproveitar sua liberdade de expressão. Isso, por sua vez, levará a uma *performance* em níveis muito mais altos do que se todos os membros da equipe simplesmente cumprissem sua parte da tarefa após um breve *briefing* sobre seu papel.

Mas como acontecem essas conversas? Vamos imaginar que uma equipe de negócios esteja lidando com um novo projeto. Algumas questões-chave que um *coach* pode ter em mente são:

- Como faço para aumentar a conscientização desta equipe sobre sua própria liberdade à luz desse projeto em particular? (O foco está na equipe como um todo, em oposição a cada membro individualmente.)
- Como os convido a tomar posse e responsabilidade pelo projeto como um todo? (Novamente, não apenas individualmente em seus papéis, mas como uma equipe.)
- Como essa equipe pode ser uma rede que mantém esse projeto coeso e ainda assim flexível?

Abordando a conversa através dessa lente coletiva, o *coaching* pode seguir o modelo *GROW*. Aqui estão algumas perguntas de amostra. A lista é infinita e será definida pelo contexto particular.

Meta

- Qual é a nossa meta?
- O que é importante sobre essa meta?
- Se este projeto / tarefa fosse um sucesso, como seria o resultado?
- O que seria diferente para nós / nossos clientes / nossos *stakeholders*?
- Se trabalhássemos juntos da melhor maneira possível, como seria isso?

Realidade

- Que pontos fortes temos como equipe que pode nos ajudar a realizar essa tarefa?
- Que desafios podemos encontrar em equipe? (Externos e internos)
- Em uma escala de 1 a 10, quão prontos estamos para enfrentar essa tarefa?
- De que ajuda precisamos?

Opções

- Como podemos nos preparar melhor para a tarefa? (faça um *brainstorm* sobre possíveis caminhos)
- Quais podem ser nossos aliados para realizarmos a tarefa? (faça uma lista)
- O que podemos fazer? (faça um *brainstorm* sobre ações possíveis)

Vontade

- O que devemos fazer como uma equipe? (crie ações em grupo)
- O que faremos individualmente? (ações individuais e responsabilidade)

Embora para facilitar as perguntas estejam listadas na ordem do modelo GROW, como em qualquer processo de *coaching*, isso pode não ser assim tão linear.

Coordenando as conversas de *coaching*

O processo de coordenar uma conversa de *coaching* de equipe pode variar muito. O *coach* pode fazer perguntas e pedir que os membros se reúnam em grupos de dois ou três para discutir as respostas de **Metas** e **Realidade**, e depois relatarem suas conclusões para todo o grupo. Ele pode misturar pessoas de funções diferentes neste processo de modo a estimular novas ideias. Eles podem tomar parte de um dos grupos de discussão. Os recursos e ideias do time inteiro são usados para pensar em **OPÇÕES**, e um plano de ação pactuado é alcançado e levado adiante pela Vontade combinada de todo o grupo.

Outra instância onde uma conversa de *coaching* pode ser implementada fácil e naturalmente é na revisão a *performance* passada da equipe diante de uma tarefa.

Se o foco estiver no aprendizado da equipe, a conversa seguirá o modelo GROW, mas centrada novamente na equipe como uma entidade em si:

- O que fizemos bem como equipe?
- Que pontos fortes da equipe apareceram enquanto realizávamos o projeto?
- O que foi difícil para nós como equipe?
- O que aprendemos?
- O que faríamos diferente na próxima vez?

Como exploramos antes, perceba como esse processo ao mesmo tempo cria *feedback* autodirigido e ciclos virtuosos para o futuro. Ele é bem completo, traz detalhes, garante clareza e compreensão, e recorre aos recursos de todos os membros da equipe. O processo também promove a propriedade e o comprometimento, e constrói a autoconfiança e a automotivação.

Coaching pelo exemplo

A única maneira de promover genuinamente uma mudança desejada é modelando-a, primeiro através da atitude, uma vez que a atitude irá colorir todas as nossas ações, e depois, pelas interações com os outros.

O líder da equipe precisa ter clareza sobre sua própria disposição de investir tempo e energia no desenvolvimento de sua equipe, com vistas a promover relacionamentos e *performance* de qualidade no longo prazo. Ele precisa criar uma cultura em que toda a equipe veja os relacionamentos como algo em que vale a pena investir e cuidar. Se os líderes apenas concordarem com os princípios de formação de equipes, eles não receberão mais do que o que puseram ali. Dedicação a um processo de equipe compensa.

Se os líderes de equipe desejam estabelecer abertura e honestidade na equipe, precisam ser abertos e honestos desde o início. Se querem que os membros da equipe confiem neles e uns nos outros, precisam demonstrar confiança e confiabilidade.

No entanto, o líder da equipe não é o único a criar essa cultura, e precisa envolver a equipe na conversa e cocriar junto com ela. O líder tem esse papel delicado mas poderoso, de iniciar e facilitar, de liderar, mas não impor, de aceitar o que é, enquanto vê claramente o que pode ser e o que é possível para a equipe.

Coaching e desenvolvimento de equipe

Os quatro estágios de desenvolvimento da equipe formam uma excelente base para a aplicação do *coaching* em equipes. Se o líder entender que as equipes têm a melhor *performance* quando chegam ao estágio de cocriação, podem usar o *coaching* com a equipe como um todo e com membros individuais para gerar progresso ascendente nas etapas. Por exemplo, se o objetivo acordado é elevar a equipe ao estágio de cooperação e a realidade é que agora ela está em algum lugar entre os estágios de inclusão e afirmação, que opções ela tem e o que seus membros farão? O processo de *coaching* em si é modelar a transformação, alavancando a sabedoria coletiva para permitir o próximo nível de desenvolvimento da equipe.

Lidando com a incerteza

As equipes precisam ser ágeis, criativas e inovadoras para terem uma boa *performance*. A maioria das pessoas experimenta a mudança, real ou antecipada, como um fator estressante e é desafiada pela velocidade e escopo da mudança. O cérebro não gosta de incerteza e, ao operar em um ambiente que não podemos prever ou controlar tanto quanto gostaríamos, tendemos a operar no modo de sobrevivência. A consequência direta do estresse no local de trabalho é que nos tornamos menos colaborativos, menos criativos e menos eficientes. Um *coach* tem um papel crucial a desempenhar, lembrando aos membros da equipe aquilo que está sob seu controle e quais os pontos fortes que eles possuem para ajudar a equipe a ter sucesso.

Formas práticas de fomentar uma cultura de *coaching* em equipes

Cada equipe, assim como cada família ou parceria, é diferente. Embora existam princípios e práticas gerais que são verdadeiros para aumentar a positividade e a produtividade em todos os relacionamentos, eu não concordo totalmente com Tolstoi, que disse: "Famílias felizes são todas iguais; toda família infeliz é infeliz à sua maneira". Cada equipe é um ecossistema próprio e precisa descobrir seu próprio modo de ser por meio da curiosidade, do comprometimento e da criatividade. O que funciona para uma equipe pode não funcionar para outra, e a dinâmica da equipe exige atenção, exploração e cuidado contínuos para tirar o melhor proveito dela.

A lista de opções a seguir foi compilada a partir de sugestões dos participantes em nossos *workshops* de desenvolvimento de equipe. Cada uma dessas opções pode ser considerada pela equipe usando uma abordagem de *coaching*: a discussão pode ser facilitada pelo líder da equipe, mas o que acontece deve ser decidido pelos próprios membros da equipe.

Acordar um conjunto de regras básicas ou princípios operacionais aceitáveis para todos os membros da equipe e para os quais todos contribuíram

Essas regras básicas devem estar sujeitas a verificações regulares sobre se estão sendo cumpridas e se precisam ser alteradas ou atualizadas. Todas as partes também devem concordar com o procedimento se os acordos forem negligenciados ou quebrados – não como uma medida punitiva, mas como uma maneira de um membro ou da equipe assumir a responsabilidade de reparar seus relacionamentos. Ao criar conscientemente os acordos de trabalho e redesenhá-los sempre que necessário, a equipe criará fortes relacionamentos, colaboração e alta *performance*. (Muitas das sugestões que se seguem podem ser incluídas como regras básicas).

Educar líderes e equipes sobre as principais habilidades de comunicação e dinâmicas necessárias para que uma equipe prospere

Embora cada equipe seja única, existem alguns princípios e práticas orientadoras que podem ajudar a melhorar a comunicação, bem como o bem-estar e a eficácia da equipe. Tornar essas práticas transparentes e educar as pessoas sobre como usá-las, permitirá que elas criem as interações e os resultados desejados. Os membros da equipe também precisam entender que embora cada um deles tenha um impacto no bem-estar da equipe, a dinâmica da equipe também influencia seu próprio bem-estar. Além disso, mesmo que cada membro da equipe tenha um impacto na cultura da organização, a equipe tem o poder, através de seu desenvolvimento, de transformar a organização como um todo.

Discuta e estabeleça um conjunto de metas comuns para a equipe

Isso deve ser feito dentro da equipe, independente de a organização ter definido a meta da equipe desde o início. Há sempre espaço para modificações e para se decidir como a tarefa deve ser executada. Cada membro da equipe deve ser convidado a contribuir, bem como a adicionar quaisquer metas pessoais que possam ser adotadas dentro da meta geral da equipe.

Realizar discussões em equipe sobre o significado e propósito individual e coletivo, conforme percebido pelos membros da equipe

Isso é mais amplo e profundo do que explorar metas. Significado e propósito são o que impulsionam as pessoas, e a falta delas leva à letargia, depressão e problemas de saúde. Jogar mais luz ou consciência em algo tão presente e sobre o que mal temos consciência, aumentará a propensão e a qualidade de vida no trabalho e em casa.

Reserve tempo regularmente, geralmente em conjunto com uma reunião de tarefa agendada, para o trabalho de desenvolvimento de equipe

Durante esse período, os acordos são revisados, elogios e queixas são expressos, e o compartilhamento pessoal pode ser incluído para que a abertura e a confiança sejam construídas. Depois de experimentar algumas dessas reuniões facilitadas pelo *coach*, uma equipe de alta *performance* será capaz de fazer esse trabalho sozinha.

Criar sistemas de suporte para lidar com confiança, se solicitado, com problemas individuais ou preocupações à medida que surgirem

Se as reuniões de processo não puderem ser realizadas com frequência por razões geográficas ou outras, um sistema de amigos pode ser instituído, por meio do qual cada membro da equipe tenha outro membro como um amigo com quem pode conversar, se necessário. Dessa forma, questões menores podem ser resolvidas prontamente e o valioso tempo de reunião do processo não é desperdiçado.

Anote os pontos de vista dos membros da equipe sobre a conveniência de organizar tempo social estruturado juntos

Algumas equipes têm melhor *performance* se fortalecerem os relacionamentos por meio da experiência compartilhada de atividades não relacionadas ao trabalho. Se um evento regular é planejado e um indivíduo escolhe não comparecer por causa de compromissos anteriores ou para respeitar a necessidade de mais tempo com a família, isso deve ser reconhecido. Esse membro da equipe, por outro lado, precisa estar preparado para algum sentimento de separação como consequência dessa escolha.

Desenvolver um interesse comum fora do trabalho

Algumas equipes descobriram que uma atividade em grupo, como um esporte ou um interesse comum fora do trabalho, quando compartilhado por todos os membros, pode ser uma excelente oportunidade de ligação. Lembro-me de uma equipe que *adotou* uma criança em um país em desenvolvimento e, com uma pequena contribuição mensal, pagou por sua educação. Essa equipe sentiu que havia contribuído ainda mais com suas vidas do que com a dela.

Aprenda uma nova habilidade em conjunto.

Algumas equipes concordaram em aprender uma nova habilidade, como uma língua, ou participar de um curso relacionado ao trabalho ou mesmo fazer um curso sobre *coaching*! Isso pode acontecer em um ambiente de competição saudável com outras equipes locais, por exemplo, na mesma organização.

A decisão de adotar uma ou mais dessas opções deve ser feita democraticamente, mas também deve ser específica e registrada, das maneiras recomendadas no Capítulo 13. Lembre-se de que a base do *coaching* para melhorar a *performance* da equipe não é impor, mas aumentar a consciência e a responsabilidade individual e coletiva.

Como mostra a Curva de *Performance*, é preciso ter vontade e foco de um líder de *coaching* e muita inteligência emocional para criar as condições e fomentar a mentalidade e a cultura necessárias para que as equipes se tornem e permaneçam com alta *performance*. O *coaching* de equipe fornece o espaço onde a aprendizagem, o ajuste e o desenvolvimento em tempo real são possíveis.

17 *Coaching* para o Lean Performance

Juntos, o Lean e o coaching criam um círculo virtuoso de melhoria incomparável na performance

O sistema de fabricação Lean foi adotado em muitos setores para melhorar a *performance* do processo, eliminando desperdícios, reduzindo inconsistências e suavizando cargas de trabalho. Desenvolvido pela Toyota Motor Company na segunda metade do século XX, agora está sendo usado em um contexto de negócios mais amplo.

Organizações e equipes que usam princípios Lean podem criar as condições ideais para um verdadeiro ambiente de aprendizado e *performance* máxima, se também trouxerem um estilo de liderança de *coaching*. Isto porque alcançar a melhoria contínua por meio da aprendizagem, que é a essência do Lean, exige que as pessoas realizem passos contínuos para fora da *zona de conforto* onde operam regularmente e entrem em sua *zona de aprendizado*, aproximando-as de seu potencial. O *coaching* desafia as pessoas a se aventurarem nessa área e as apoia no aprendizado e desenvolvimento para criar novos comportamentos e padrões, em vez de apenas *passar pela* experiência antes de retornar à sua zona de conforto. Caroline Healy, gerente sênior de aprendizado e desenvolvimento da Medtronic, diz que trazer uma abordagem de *coaching* coloca "empatia, coração e propósito no centro do Lean, e dá aos profissionais um impulso para melhorar a *performance*. Equipando-os com habilidades de *coaching* que complementam perfeitamente o que já estão fazendo, os praticantes de Lean e suas equipes se sentem mais empoderados, mais engajados e capazes de fazer mais com menos".

Algumas organizações lutam para incorporar totalmente a prática Lean, possivelmente porque sentem falta da necessidade de envolver seus funcionários no processo, por meio da prática de uma abordagem de *coaching*. Este capítulo ilustra a compatibilidade do *coaching* com o Lean, delineando os elementos dos sistemas Lean mais bem-sucedidos e relacionando-os ao *coaching*.

Da dependência à interdependência

Em termos de produção, os sistemas Lean que estão operando bem são a manifestação de uma cultura de aprendizagem interdependente e de alta *performance*. Eles demonstram o valor de entender cada uma das etapas de um processo e o impacto de cada etapa na próxima, bem como as necessidades atuais da próxima etapa. Se tivéssemos de traduzir isso em uma equipe de pessoas, imagine se cada indivíduo compreendesse como suas ações afetam os outros na equipe e fosse capaz de comunicar suas necessidades a cada um dos outros, a fim de alcançar um bom resultado juntos.

Por que então muitas organizações que optam por implementar o Lean acham difícil sustentar os benefícios depois que a primeira redução de custos ou a melhoria da eficiência foi alcançada? Uma possibilidade é que tanto esforço seja colocado na implementação dos processos técnicos do Lean, e tão pouca atenção seja dada ao elemento humano. Da mesma forma que apenas usar o GROW em si não é *coaching* (qualquer ditador pode usar o GROW), simplesmente seguir uma série de etapas estabelecidas em uma intervenção Lean não trará melhorias de processos sustentáveis – se as pessoas não estiverem engajadas e envolvidas É mais do que provável que o líder esteja usando um estilo diretivo, que simplesmente reforça uma cultura de dependência e enfraquece o processo Lean.

De fato, a importância das relações estabelecidas entre os líderes e suas equipes é parte integrante da cultura Lean mais bem-sucedida, o Sistema Toyota de Produção (TPS), no qual o respeito pelas pessoas e o trabalho em equipe são princípios fundamentais. É aqui que a aplicação de habilidades e princípios de *coaching* pode suportar o impacto dos processos Lean e levar à verdadeira interdependência e, claro, à alta *performance*.

Comece com o desafio em mente

Ao começar a desenvolver uma cultura Lean, o ponto de partida é identificar o desafio geral pelo qual a equipe quer se esforçar. Exemplos comuns de desafios que as organizações podem visar incluem eliminar todo o desperdício, reduzir custos e melhorar a satisfação do cliente. Compare-os com as metas finais e as metas dos sonhos discutidos no Capítulo 10, que fornecem uma direção consistente a seguir no processo de *coaching*.

Identificar os desafios gerais dessa maneira ajuda a conectar-se a metas e atividades de curto prazo (metas de *performance* e metas de processo), o que, por sua vez, permite que a equipe concentre esforços e trabalhe eficientemente em direção ao que deseja alcançar. Na prática Lean, o hábito de ter discussões frequentes de melhoria cria um foco no curto prazo, sempre com a consciência do desafio geral de mantê-los o mais relevante possível. Ter um senso de direção claro significa que as pessoas podem se tornar muito mais intencionais em suas ações – e trabalhar com intenção em suas ações tem mais probabilidade de aproximar você do que você está trabalhando.

Nunca é bom o suficiente

Kaizen, ou *nunca é bom o suficiente*, é um princípio bem conhecido dentro das culturas Lean. A crença de que nenhum processo é perfeito abre as possibilidades de inovação e evolução contínuas para avançar para o desafio através de melhorias incrementais e avanços ocasionais.

O fato de que todos nós possuímos muito mais potencial do que geralmente demonstramos é tão importante para nos permitir manter uma mentalidade de *coaching* e procurar ativamente pelo potencial que existe. Os *coaches* podem ajudar os *coachees* a acessar esse recurso para obter melhoria contínua de *performance*.

Conscientização de alta qualidade é a chave

Descobrir a verdadeira situação atual (realidade) é fundamental tanto no Lean quanto no *coaching*. Nos sistemas Lean, isso significa ir até onde o trabalho acontece e tornar as coisas o mais visíveis possível para que os problemas não fiquem ocultos. No *coaching*, isso significa trabalhar a partir da perspectiva do *coachee* e não basear as decisões em suposições ou hábitos.

O Lean pode ser uma ótima maneira de aplicar o pensamento científico e o aprendizado às situações – identificando o que realmente está acontecendo através de atenção e medição focadas, ao invés de ficar travado no que você espera ou acha que está acontecendo. Usar perguntas poderosas para investigar com mais detalhes e desafiar suposições é onde o aprendizado começa, tanto no Lean quanto no *coaching*. Na prática, trata-se de atingir altos níveis de consciência – o ponto de partida para melhorar a *performance*, a partir da qual você pode gerar responsabilidade e autoconfiança.

PDCA

Não é surpresa que um sistema de melhoria contínua como o Lean tenha continuado a se desenvolver como forma de gerenciar a *performance*. É importante verificar regularmente e com frequência se aquilo que você está fazendo ainda está funcionando e, ao identificar oportunidades de melhoria, fazer ajustes nas formas de se trabalhar.

No Lean, a prática de melhoria incremental vem do ciclo Planejar/ Fazer/ Verificar/ Agir (PDCA):

- **Planejar** – qual é o objetivo desse processo, o que mudará como resultado dessa próxima melhoria?
- **Fazer** – Implemente as alterações identificadas.
- **Verificar** – avaliar os resultados em relação ao plano.
- **Agir** – o que será padronizado agora no novo processo?

FIGURA 16: *Coaching* e o Ciclo PDCA

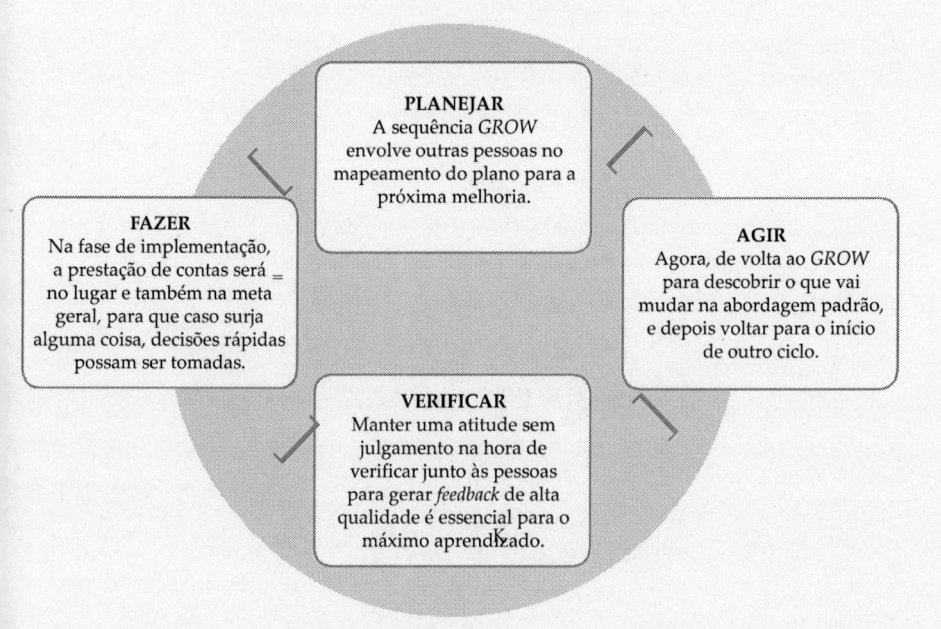

PLANEJAR
A sequência *GROW* envolve outras pessoas no mapeamento do plano para a próxima melhoria.

FAZER
Na fase de implementação, a prestação de contas será no lugar e também na meta geral, para que caso surja alguma coisa, decisões rápidas possam ser tomadas.

AGIR
Agora, de volta ao *GROW* para descobrir o que vai mudar na abordagem padrão, e depois voltar para o início de outro ciclo.

VERIFICAR
Manter uma atitude sem julgamento na hora de verificar junto às pessoas para gerar *feedback* de alta qualidade é essencial para o máximo aprendizado.

Um benefício de se seguir este ciclo é que ele leva a um foco contínuo na melhoria da *performance* – ele se baseia na abordagem *kaizen* de que sempre há oportunidades para se construir sobre o que já foi alcançado.

Manter uma mentalidade de *coaching* e usar processos de *coaching* naturalmente apoia cada estágio desse ciclo – e cria mais tempo para o *coaching*. Esse círculo virtuoso é ilustrado na Figura 16.

A zona de aprendizado e o elemento humano

Talvez o fator decisivo em como um estilo de *coaching* irá maximizar os benefícios de se seguir uma metodologia Lean é como ele equilibra os níveis de suporte e desafio. Quando o Lean funciona bem, o processo exige que as pessoas experimentem ou tentem abordagens diferentes. Muitas vezes elas serão bem-sucedidas e às vezes falharão. Em ambos os casos, é o aprendizado do experimento que é importante.

Sempre que um indivíduo, equipe ou organização quiser mudar, será necessário um elemento de aprendizado. Isso requer que cada pessoa saia de sua zona de conforto para sua zona de aprendizagem. Você pode se lembrar de um momento em que fazia parte de uma equipe ou organização que operava em uma cultura de dependência, com muitas regras sobre o que as pessoas deveriam ou não deveriam fazer. O que daria o primeiro passo para trabalhar de forma mais independente? Como alguns líderes teriam reagido para permitir que outros tomassem decisões, deixando de lado seu papel de *especialista*?

Se você pensar no exemplo de Fred no Capítulo 5, a zona de aprendizagem pode às vezes ser um lugar desconfortável e assustador para se estar. Por definição, ela é parcialmente desconhecida – você nunca tem 100% de certeza sobre o que encontrará e estará ansioso com a possibilidade de falhar.

Os processos de *coaching* em si terão impacto limitado se os clientes não se sentirem aptos a entrar na zona de aprendizado ou se temerem as consequências de cometerem um erro. O papel do *coach*, portanto, é ajudar cada indivíduo, equipe e organização a navegar entre a zona de conforto e a zona de aprendizagem, equilibrando os níveis de apoio e desafio que as pessoas precisam para dar saltos no desconhecido – ajudando-os a gerenciar seus medos e ansiedades.

Uma abordagem de *coaching*

Vejamos como um líder que usa abordagem de *coaching* pode enfrentar uma situação em que surgiu um problema no processo. Jim, o supervisor de uma equipe de operadores de máquinas, está reunido com sua gerente, Alice.

ALICE: Oi, Jim, no que você está pensando hoje?

JIM: Temos tido um problema com unidades excedentes – a equipe de estoque me disse que está ficando sem espaço para nossa linha.

ALICE: Bem, nós temos 10 minutos agora, o que você gostaria de alcançar no final desta conversa?

JIM: Eu gostaria de ter uma ideia do que eu poderia mudar para consertar a situação.

ALICE: OK, eu entendo que consertar este problema é uma prioridade para você agora. Antes de chegarmos aos detalhes, se você corrigisse isso, de que outra forma isso te ajudaria?

JIM: É sempre a questão de ser o mais eficiente possível – eu nunca tenho certeza de uma semana para a outra sobre qual será a carga de trabalho, então planejar as horas de trabalho e as horas extras é um pesadelo.

ALICE: Qual é a imagem de longo prazo que você gostaria de pintar?

JIM: Bem, acho que seria *consistência*.

ALICE: Consistência?

JIM: Sim, ter um fluxo de trabalho mais previsível – parece que estamos constantemente tentando atrasar ou desacelerar. Eu acho que é difícil para a equipe também, já que nunca sabem quando eu vou pedir horas extras ou rejeitar os pedidos deles para trabalho a mais, porque eu não sei. Está afetando a qualidade também. Quando estamos correndo, podemos ver que mais unidades estão sendo devolvidas.

ALICE: O que mais você está percebendo?

JIM: Bem, em algum nível isso deve estar atingindo a empresa. Tenho certeza de que as coisas não são tão eficientes quanto poderiam ser e, no final das contas, continuamos sendo lembrados de que isso é o que buscamos – eficiência máxima.

Estágio de planejamento do PDCA

ALICE: Sim, definitivamente é a visão de longo prazo. Que passo você gostaria de privilegiar em relação a este problema imediato para melhorar a eficiência?

Identifica o (s) objetivo (s)

O maior desafio

JIM: Gerenciar uma taxa de produção estável para atender a demanda seria um ótimo começo.

Próxima condição alvo

ALICE: Qual é a situação agora?

ALICE: Quantas unidades?

Estabelece a realidade

JIM: Na noite passada, eram 20, o que é muito alto — o objetivo é ter no máximo dois.

JIM: Nós temos um grande excedente.

ALICE: OK, o que você já tentou?

JIM: Principalmente ajustar a taxa de produção — eu disse a dois dos funcionários da agência que não precisaremos deles pelo resto da semana, e eu deixei alguns membros da equipe saírem mais cedo esta noite.

ALICE: Que efeito você espera que isso tenha na situação?

JIM: Nas taxas atuais, vamos remover o excedente até o final desta semana.

ALICE: Quantas vezes isso está acontecendo?

JIM: Parece que todo mês até aqui, sempre tenho que pedir às pessoas que trabalhem horas extras ou diminuam o ritmo.

ALICE: O que mais você precisa para ajudar a consertar isso no longo prazo?

JIM: O que eu preciso é de acesso a informações sobre a demanda futura – quais ordens estão no sistema.

ALICE: Onde você encontraria essa informação?

JIM: Bem, a equipe de vendas – eles estão fechando negócio com os clientes, então eles devem ter detalhes sobre quantidade e prazos etc.

ALICE: O que está impedindo você de conseguir isso deles?

JIM: Nada, realmente.

ALICE: Então, o que você vai fazer a seguir?

JIM: Vou falar com Mark, o gerente lá.

ALICE: O que você vai dizer a ele?

JIM: Eu gostaria de ter mais informação sobre vendas.

ALICE: Especificamente, de quanta antecedência você precisa?

JIM: Tanto quanto possível.

ALICE: Eu entendo, mas isso é muito difícil. Que tal colocar um prazo para avaliar como está funcionando?

JIM: Bem, se eu tivesse duas semanas de antecedência para novos pedidos, isso certamente ajudaria.

Possíveis próximos passos

Combinam ações

Desafios para ser o mais específico possível em ação

ALICE: OK, duas semanas, e sobre a correção dos pedidos, que você mencionou antes?

JIM: Ah, sim, onde temos pedidos regulares e repetidos, tudo bem, pois sei quantas são necessárias a cada semana. É quando algo muda e não estou ciente disso até o último minuto que há um problema.

ALICE: Então, o que você precisa nesses casos?

JIM: Se é uma pequena mudança, provavelmente apenas uma semana, mas para algo maior eu gostaria de ter duas semanas de antecedência novamente.

ALICE: O que você quer dizer exatamente com pequenas e grandes?

JIM: Bem, menos de 10% do pedido normal é pequeno, qualquer coisa maior que isso é grande.

ALICE: Isso é mais claro. Então qual é o seu pedido para o Mark?

JIM: Duas semanas de antecedência para novas encomendas e alterações superiores a 10% e uma semana para alterações inferiores a 10%.

ALICE: E como você vai saber se isso está funcionando?

JIM: Idealmente, não teríamos horas extras e ainda atenderíamos a demanda.

ALICE: E quanto aos níveis de estoque?

JIM: Bem, sim, ficaríamos com no máximo dois.

ALICE: OK, parece que falar com Mark é o seu primeiro passo. Quando você quer fazer isso?

JIM: Eu devo ser capaz de resolver isso esta semana.

ALICE: Esta semana? Quando exatamente esta semana?

JIM: Vou falar com o Mark no final da tarde sobre uma consulta ao cliente, então vou fazer isso.

ALICE: Então, quando seria um bom momento para fazermos o *check-in* para ver o que aconteceu?

JIM: Eu posso avisar você sobre a conversa com Mark depois da reunião. Acho que levará algumas semanas para vermos como isso está afetando nosso fluxo de trabalho.

ALICE: OK, vamos acompanhar até o final do dia, e então podemos concordar com a próxima atualização.

Acompanhamento

O benefício de ajudar Jim a entender bem a responsabilidade é que existe um alinhamento claro de expectativas e metas. Alice vai querer verificar com ele, não a partir de uma posição de julgamento, mas sim estabelecer seu aprendizado a partir da ação inicial, e depois como parte do estágio de *verificação* do ciclo de melhoria do PDCA. Verificar e acompanhar são formas de criar uma cultura de aprendizagem, apoiando as pessoas à medida que entram na sua zona de aprendizagem.

Vamos ver o *check-in* inicial.

ALICE: Jim, queria falar com você sobre a conversa com Mark que você estava planejando. Você tem alguns minutos agora?

JIM: Sim, não há problema. Tudo correu bem, obrigado.

ALICE: O que aconteceu?

JIM: Contei a ele sobre os problemas que temos tido com a redução do estoque excedente e ele concordou que precisava ser resolvido.

ALICE: O que vocês combinaram sobre os próximos passos?

JIM: Eu disse a ele que me ajudaria muito se eu tivesse mais informações sobre os pedidos e perguntei se ele poderia ajudar com isso. Ele disse que tudo bem, e ele vai me informar sobre as encomendas com quatro semanas de frente.

ALICE: Quatro semanas? Isso é mais do que o necessário, não é?

JIM: Bem, é, mas eles produzem essas informações de qualquer maneira, então dessa forma eles não terão que criar novos relatórios. Vou usar as encomendas de duas semanas mais próximas para o meu planejamento.

ALICE: Quando isso vai começar?

JIM: No final desta semana, o que é ótimo.

ALICE: Você parece feliz com isso. Fico feliz que esteja dando certo e é ótimo ver o progresso que você fez. Será interessante medir o impacto agora sobre a situação. O que você aprendeu até aqui?

JIM: As pessoas ficam felizes em ajudar quando explicamos a situação.

ALICE: Isso é bom. O que mais você está aprendendo?

JIM: Pode haver outras áreas que poderíamos melhorar trabalhando mais de perto com outros departamentos.

ALICE: Como?

JIM: Bem, eu não tive uma conversa detalhada com a equipe de estoque sobre a situação, mas tenho certeza que eles poderiam sugerir mais coisas.

ALICE: Então, qual seria o próximo passo com isso?

JIM: Seria possível montar uma reunião trilateral – nós, vendas e estoque?

ALICE: Tenho certeza de que isso seria possível. Ajudaria se você e eu nos encontrássemos novamente para falar sobre isso com mais detalhes – talvez em nosso próximo individual?

JIM: Sim, isso parece uma boa ideia.

ALICE: Posso deixar uma pergunta para você pensar antes da reunião?

JIM: Claro, vá em frente.

ALICE: Obrigado, Jim. Gostaria de saber sua opinião sobre o que seria possível se todos os departamentos entendessem o que poderiam fazer para facilitar a vida de cada um dos outros?

JIM: Certo, essa é uma ótima pergunta e vai me fazer pensar sobre isso! Eu te respondo no nosso individual na próxima semana.

Faça estágio do PDCA

O que aconteceu?

Qual é o aprendizado?

Qual é o próximo?

Semeia as sementes para um trabalho mais interdependente

Os Estágios Verificar e Agir do PDCA

Durante as próximas quatro a oito semanas, Alice vai trabalhar em estreita colaboração com Jim para estabelecer o que estava acontecendo com relação aos níveis de estoque excedente, a fim de avaliar o impacto da mudança que implementaram. É provável que mais alterações sejam identificadas ao longo do caminho por meio de acompanhamentos regulares e conversas de *feedback* (como a reunião trilateral identificada na segunda conversa). Cada mudança criaria um *mini* ciclo PDCA usando as conversas de acompanhamento, cujo objetivo é incentivar a experimentação e uma maior conscientização da situação.

Assim, após oito semanas, uma avaliação minuciosa poderia ser conduzida e um acordo alcançado sobre quais mudanças permanentes nos processos e sistemas serão feitos. A sequência GROW poderia ser usada como uma estrutura para a conversa, bem como destacar a próxima melhoria a ser focada – e assim o ciclo começaria de novo. Esta é uma ilustração das enormes oportunidades que os usuários do Lean podem obter ao adotar uma abordagem mais orientada para o *coaching* em suas intervenções.

18 *Coaching* para *Performance* de Segurança

Coaching cria uma cultura de interdependência e alta performance de segurança

Como mencionado no Capítulo 2, ensinar uma abordagem de *coaching* em um ambiente de segurança melhora radicalmente a *performance* de segurança – no HRO Linde, por exemplo, a *performance* melhorou em 73%. As razões para isso são claras: estudos mostram que uma cultura de interdependência tem a mais alta *performance* de segurança. Por meio do *coaching*, os líderes e supervisores podem criar esse tipo de cultura, ao envolver e capacitar todos os membros da equipe diretamente na *performance* de segurança. Além de criar um ambiente seguro em geral, situações particulares de segurança nas quais a abordagem de *coaching* pode ser aplicada incluem inspeções no local de trabalho, diálogos de segurança, investigações de incidentes, palestras sobre ferramentas e avaliação de riscos.

O *coaching* cria interdependência

Vamos pensar em duas abordagens diferentes para o aprendizado: a instrução, que promove uma cultura dependente, e o *coaching*, que promove uma cultura interdependente.

É justo dizer que ambos podem resultar em uma melhora na *performance*, mas eles o fazem de maneiras muito diferentes, e a *performance* do último excede em muito a do primeiro. Por que isso acontece? A instrução pode ser bastante limitadora, porque geralmente ela envolve apenas aprender a maneira de alguém fazer algo, e não desenvolver a sua maneira própria. Como resultado, isso leva à dependência da outra pessoa. Por exemplo, pode haver informação demais para tentar se reter em um curto período. Então da próxima vez que você tiver que repetir essa tarefa, talvez seja necessário encontrar o instrutor novamente para lembrá-lo de algumas informações.

O *coaching*, por outro lado, usa um processo de exploração. Ele ajuda você a encontrar sua melhor maneira de realizar essa tarefa específica. Isso permite explorar o potencial e as possibilidades, em vez de se fixar em uma ideia de que há apenas uma maneira de realizar uma tarefa. No processo, o *coaching* aumenta a autoconfiança: à medida que você encontra seu próprio caminho e reconhece seu próprio progresso, a sua autoconfiança pode crescer. É também uma forma mais divertida de aprender, o que significa que em termos de poder replicar a *performance*, deve ser mais fácil de fazer.

Há uma história famosa sobre uma visita presidencial à NASA no início dos anos 1960, quando os EUA estavam se preparando para enviar pessoas ao espaço. O presidente John F. Kennedy estava andando por um corredor onde um faxineiro por acaso estava trabalhando. O Presidente parou para conversar com ele e perguntou: "O que você está fazendo aqui?" "Bem, Sr. Presidente", ele respondeu: "Estou ajudando a colocar um homem na Lua". Esse é um ótimo exemplo de alguém que entende que, por menor que seja sua contribuição, sem essa contribuição seria mais difícil atingir o objetivo geral. Ter visão do impacto do que cada pessoa faz sobre o trabalho de outras pessoas é um fator-chave real em equipes que trabalham de maneira interdependente.

Em um ambiente de segurança, imagine uma equipe que é altamente dependente do líder. Provavelmente haveria uma longa lista de prós e contras, de regras sobre segurança, e o líder passaria muito tempo aplicando essas regras, certificando-se de que as pessoas as seguissem, evitando cometer erros. Os membros da equipe podem não entender realmente por que as regras existem, mas obedecem se o líder estiver vigiando por cima do ombro deles. Se o líder não estivesse olhando, no entanto, seria mais provável que eles deixassem alguma coisa de lado. O risco, claro, seria que os acidentes fossem muito mais prováveis de acontecer. E quando esses acidentes acontecem, a reação em um ambiente dependente é mais provável ser a de culpa, julgamento e punição, onde muito pouca aprendizagem pode ocorrer. Assim, a probabilidade de esses acidentes serem repetidos aumenta muito.

Há várias coisas que distinguem uma equipe que trabalha de forma interdependente de equipes que estão trabalhando nos outros estágios da curva de *performance*:

- Uma equipe interdependente reconhece o valor e o potencial de se trabalhar de forma colaborativa; seus membros têm muito mais chances de definir metas ambiciosas. Eles veem que é possível entregar mais.
- A atividade que está ocorrendo é muito mais provável de ser focada.
- Há mais diversão, porque trabalhar em conjunto com as pessoas geralmente é mais divertido do que trabalhar de forma independente ou isolada.
- Um monte de *feedback* ocorre, não apenas em uma direção, mas em todas as direções, dentro da equipe imediata e também fora dela, porque isso cria aprendizado.
- Existe um alto nível de confiança e abertura.
- Os membros da equipe estão felizes em ter conversas desafiadoras se surgirem problemas para permitir uma melhor *performance*.
- Há responsabilidade mútua, então é mais provável que as pessoas vejam seus colegas fazendo a coisa certa e deem *feedback*, bem como fazendo coisas erradas e dando *feedback* da mesma forma.
- Há uma maior conscientização sobre a *performance* da equipe e sobre como os outros membros da equipe estão. Então é muito mais provável que eles reconheçam quando é necessário um desafio ou algum suporte.
- Há uma ênfase contínua na revisão e no aprendizado para possibilitar uma melhor *performance* de forma contínua.

Criando interdependência na prática

Vejamos como o *coaching* pode funcionar para criar uma cultura de interdependência em um contexto de segurança.

Se alguém no local de trabalho está colocando a si ou seus colegas em perigo, você deve instruí-los imediatamente a parar e dizer-lhes para fazê-lo de maneira mais segura. Isso normalmente resultaria em uma situação mais segura naquele momento. No entanto, se um trabalhador não entende *como* o que estava fazendo era perigoso, ou pensa em alternativas mais seguras, da próxima vez que se deparar com essa situação pode repetir o erro – e você pode não estar lá para impedir.

Podemos explorar isso mais detalhadamente, examinando duas abordagens contrastantes que lidam com um incidente envolvendo um motorista de empilhadeira.

COMO NÃO FAZER

GERENTE: Eu não acredito no que estou vendo aqui. Você está acelerando com isso... Quero dizer, acelerando! Você tem seus garfos levantados muito alto.

MOTORISTA: Sim, mas estou apenas tentando...

GERENTE: Essa coisa vai virar.

MOTORISTA: Olha, não tem ninguém por perto.

GERENTE: Você não acha que eu vi você quando você pulou do carrinho? Isso não é seguro, isso é seriamente perigoso. Você está pulando fora do carrinho. Onde está o seu cinto de três pontas?

MOTORISTA: Estou apenas tentando fazer o meu trabalho.

GERENTE: Na verdade, acho que nem vi você usando o cinto de segurança. Você estava usando o cinto de segurança?

MOTORISTA: Mas não há ninguém por perto.

GERENTE: onde está sua visibilidade? Você saiu de frente. Não era para andar de ré em um...

MOTORISTA: Eu preciso ir, tenho trabalho...

GERENTE: Você não pode ir a lugar algum agora, isso não vai terminar assim. Precisamos conversar sobre isso. Eu acho que você não entendeu muito bem. E se eu não estivesse aqui? É assim que você dirige normalmente?

MOTORISTA: Mas não havia ninguém por perto. Não foi realmente um problema, foi?

GERENTE: Eu não quero ouvir suas desculpas. Vamos precisar conversar, porque isso é sério. Isso provavelmente está acontecendo o tempo todo, quando não estou por perto.

MOTORISTA: Estou apenas tentando fazer o meu trabalho, por favor.

GERENTE: Claro que você está tentando realizar o seu trabalho, mas não de maneira segura. Isso não pode ser assim. Nós vamos conversar esta tarde, acabou.

Você pode ver claramente como o comportamento do gerente cria uma cultura dependente. Agora vamos ver como isso pode ser feito com uma abordagem de *coaching*.

COMO FAZER ISSO

GERENTE: Eu parei porque estou preocupado com a maneira como vi você saindo do depósito. O que você acha sobre como está dirigindo?

MOTORISTA: Eu estava com os garfos levantados.

GERENTE: Um pouco, sim. O que mais?

MOTORISTA: Eu estava dirigindo para frente.

GERENTE: Sim e...

MOTORISTA: Minha velocidade talvez estivesse um pouco alta demais.

GERENTE: Tudo bem! Então, dirigir de frente, um pouco rápido demais, garfos um pouco altos.

MOTORISTA: Estou correndo para fazer o meu trabalho.

GERENTE: Sim, correndo, eu concordo.

MOTORISTA: Eu acabei de sair do depósito e estou indo para o estoque.

GERENTE: Você soltou o cinto de segurança quando saltou do carrinho?

MOTORISTA: Não, eu não estava usando meu cinto de segurança.

GERENTE: Lembre-se da regra dos três pontos... 1, 2, 3.

MOTORISTA: Tudo isso é só pressa para fazer o trabalho.

GERENTE: Tudo isso é pressa... Você é um motorista experiente, está conosco há algum tempo. Diga-me o que pode acontecer quando você

Para o comportamento inseguro imediatamente

Faz perguntas abertas para verificar a consciência

vai nessa velocidade, para frente com uma carga pesada, garfos levantados. O que poderia acontecer?

Solicita uma maior conscientização e permite tempo para pensar e responder

MOTORISTA: A empilhadeira pode tombar e a carga pode ser derramada.

GERENTE: A carga pode ser derramada. Esse poderia ser o custo material – e o custo humano? Como podemos garantir que isso não aconteça novamente?

Faz perguntas fechadas para estabelecer um comportamento específico

MOTORISTA: Tenho que assegurar de dirigir o carrinho da maneira que me ensinaram, saindo do depósito de ré, se minha visão estiver comprometida, reduzindo minha velocidade. Devo diminuir a velocidade.

Dá tempo para pensar, o que destaca possíveis interferências na performance segura

GERENTE: Estou ouvindo você dizer *preciso* fazer isso. Podemos falar *eu vou* fazer isso?

MOTORISTA: Eu vou me certificar daqui para frente que os garfos estejam na altura correta de deslocamento, na velocidade correta. Eu vou me certificar disso.

Reconhece os pontos fortes do motorista e verifica a compreensão dos riscos

GERENTE: Você vai se certificar de que isso aconteça. Então, toda vez que você sair do depósito, posso contar que você vai dirigir com segurança?

MOTORISTA: Eu farei isso corretamente, como fui treinado.

Faz perguntas abertas para buscar mudanças futuras na abordagem para evitar repetir

GERENTE: Certo. Então você vai sair de ré, com os garfos abaixados e na velocidade certa.

MOTORISTA: Sim.

Verifica a responsabilidade pessoal – independência (eu vou) em vez de dependência (eu devo)

Verifica a compreensão de como é uma condução segura – não diz

O segundo exemplo ilustra algumas das principais práticas de *coaching* exploradas nos capítulos anteriores em ação. Por exemplo:

- Não julgamento – os comportamentos observados podem ficar abaixo dos padrões exigidos, mas isso pode ser explorado em parceria para criar uma cultura de aprendizado.
- Buscando aprendizado – há sempre aprendizado para mostrar se as ações observadas estão acima, no ponto ou abaixo das expectativas.
- Uma mentalidade de *coaching* – veja a pessoa como capaz, engenhosa e cheia de potencial.
- Curiosidade – fique curioso sobre os desafios que a pessoa está enfrentando e o que é necessário para superá-los.
- Procure potenciais, bem como interferências – é mais eficaz reforçar os pontos fortes e onde uma pessoa já está mais engajada do que se concentrar em pontos fracos.

Uma conversa de *coaching* criará uma cultura de aprendizado aumentando a conscientização do motivo pelo qual o que a pessoa estava fazendo era tão perigoso e, mais importante, promoverá a propriedade de como a atividade poderia ser concluída com mais segurança no futuro.

Dessa forma, o nível de aprendizado aumentará, a confiança e a segurança do líder aumentarão e a probabilidade de mudança de comportamento em longo prazo será maior. Adotar uma abordagem instrucional pode trazer sucesso a uma situação e tratar os sintomas de ações inseguras, mas é mais provável que o *coaching* leve a uma cura.

PARTE V

Percebendo o potencial do *coaching*

19 Medindo os Benefícios e o ROI do *Coaching*

Medir os impactos financeiros justifica o investimento futuro. Quando você é capaz de demonstrar os impactos tangíveis, o jogo muda.

Alan Barton, diretor, Arup

Quais são os benefícios do *coaching* para o líder e o liderado, o *coach* e o *coachee*? Quais são os benefícios para uma organização de adotar uma cultura de *coaching* e como você mede o retorno sobre o investimento (ROI) como resultado do *coaching*? Medir o impacto do *coaching* é o Santo Graal, e eu cobrirei isso mais tarde, mas primeiro deixe-me listar alguns dos benefícios do *coaching* em uma organização.

MELHOR *PERFORMANCE* E PRODUTIVIDADE

Esse tipo de melhoria deve ser o número um, e as pessoas não fariam *coaching* se não funcionasse. O *coaching* desperta o que há de melhor em indivíduos e em equipes, algo que uma simples instrução não chega nem perto e nunca será capaz de alcançar.

MELHOR DESENVOLVIMENTO DE CARREIRA

Desenvolver pessoas não significa apenas mandá-las fazer algum curso curto, uma ou duas vezes por ano. Desenvolver pessoas no trabalho cria uma cultura de aprendizagem ao mesmo tempo em que aumenta o prazer e a retenção. A maneira como você lidera é que desenvolve pessoas ou as mantêm na empresa – só depende de você.

RELAÇÕES E ENGAJAMENTO MELHORADO

Respeitar e valorizar os indivíduos melhora os relacionamentos, aumenta o engajamento e aumenta o sucesso que acompanhará o *coaching*. O próprio ato de pedir às pessoas uma pergunta já as valoriza e à sua resposta. Se você apenas disser o que elas têm que fazer, não há troca, portanto nenhum valor é adicionado em lugar algum. Você poderia muito bem estar falando com uma pilha de tijolos. Certa vez, perguntei a um jogador de tênis juvenil particularmente silencioso, mas promissor, o que ele achava que era bom em seu saque. Ele sorriu e disse: *"Eu não sei. Ninguém nunca perguntou minha opinião antes"*. Isso me disse tudo.

MELHORIA DA SATISFAÇÃO E DA RETENÇÃO DO TRABALHO

A atmosfera no trabalho mudará para melhor por causa do aumento do prazer derivado de uma abordagem mais colaborativa. As pessoas que usam um estilo de liderança de *coaching* relatam que sua própria satisfação no trabalho aumentou, juntamente com a satisfação e retenção dos membros da equipe.

MAIS TEMPO PARA O LÍDER

Os membros da equipe que passam pelo *coaching* são bem-vindos e não precisam ser perseguidos ou assistidos. Os líderes relatam sentir um peso sendo levantado de seus ombros, menos estresse e mais tempo para parar e pensar estrategicamente, em vez de serem sugados para as operações do dia-a-dia.

INOVAÇÃO AUMENTADA

Os líderes dizem que o *coaching* e o ambiente de *coaching* encorajam sugestões criativas de todos os membros de uma equipe, aumentando a inovação sem o medo do ridículo ou da demissão prematura. Uma ideia criativa muitas vezes acende os outros.

MELHOR UTILIZAÇÃO DAS PESSOAS E CONHECIMENTO

Os líderes muitas vezes não têm ideia de quais recursos ocultos estão disponíveis para eles até começarem o *coaching*. É o *coaching* que irá equipá-los com a mentalidade e as habilidades para explorar os pontos fortes e as qualidades de seu pessoal. Dessa forma, eles irão descobrir muitos talentos não declarados em sua equipe, bem como soluções para problemas práticos que só podem ser encontrados por aqueles que têm um conhecimento profundo como resultado de realizar uma tarefa regularmente, ou de estar diretamente em contato com um determinado grupo de partes interessadas.

PESSOAS QUE VÃO ALÉM

Em uma atmosfera em que as pessoas são valorizadas, elas estão invariavelmente dispostas a se esforçar mais, sempre e mesmo antes de serem convocadas a fazê-lo. Em muitas organizações, onde as pessoas não são valorizadas, elas apenas fazem o que lhes é dito e se esforçam o mínimo possível.

MAIOR AGILIDADE E ADAPTABILIDADE

A mentalidade de *coaching* tem tudo a ver com mudança, responsividade e responsabilidade. No futuro, a demanda por flexibilidade aumentará, e não diminuirá, como resultado direto do aumento da concorrência no mercado, da inovação tecnológica, da comunicação global instantânea, da incerteza econômica e da instabilidade social. Apenas o que é flexível e resiliente irá florescer.

CULTURA DE ALTA *PERFORMANCE*

Os princípios de *coaching* sustentam o estilo de liderança da cultura de alta *performance* a que tantos líderes e organizações de negócios aspiram. Mais importante, eles permitem que os líderes conduzam seus funcionários ao longo da jornada lado a lado, em vez de comandar e esperar que eles simplesmente os sigam.

HABILIDADE DE VIDA

O *coaching* é uma atitude e um comportamento, com várias aplicações possíveis dentro e fora do trabalho. É cada vez mais procurado, de modo que mesmo aqueles que estão pensando em mudar de emprego logo vão considerá-lo uma habilidade inestimável onde quer que estejam. Os líderes expressam profunda gratidão quando a sua organização investe em habilidades que têm um impacto positivo em toda a sua vida. O uso de habilidades de *coaching* com adolescentes difíceis tem sido relatado como particularmente bem-sucedido.

O ROI do *Coaching* para a *Performance*

Então como esses benefícios podem ser medidos? Há poucas pessoas ou organizações globalmente capazes de fazer isso, e acredito que isso esteja atrasando a indústria de *coaching*. O *coaching* continuará sendo uma caixa preta, a menos que a mudança de comportamento e os benefícios resultantes, incluindo aqueles para a linha de base, sejam rastreados.

Há mais de 10 anos, a *Performance Consultants* desenvolveu uma metodologia de avaliação chamada *Coaching for Performance ROI* para medir o impacto das mudanças de comportamento no resultado final. Quando compartilhamos com os clientes, ouvimos repetidamente um suspiro coletivo de alívio, porque eles nunca viram nada parecido antes. Somos consistentemente capazes de mostrar um ROI médio para engajamentos de *coaching* e desenvolvimento de liderança de 800%. Parte da nossa missão é profissionalizar a indústria de *coaching* – para criar a excelência e os padrões de *coaching* nas organizações. Para este fim, estamos disponibilizando nossa metodologia – você pode baixar os modelos para esta ferramenta de avaliação no *site www.coachingperformance.com*.

A metodologia é baseada na teoria da aprendizagem de adultos; fazer essa avaliação com seus *coaches* os ajudará a ser mais conscientes e compreender e sustentar seu desenvolvimento mais plenamente. A metodologia é inteiramente facilitadora e respeitosa da confidencialidade e está totalmente alinhada com os princípios do *coaching*.

Podemos dar uma olhada em um exemplo de avaliação de um jovem gerente de operações que era responsável por uma equipe de 180 pessoas. Vamos chamá-lo de Ken. Quando ele começou o *coaching*, seu objetivo de longo prazo era se tornar diretor em três anos. Ele não havia dito a seu chefe que esse era seu objetivo, mas através do *coaching* ele e seu chefe conseguiram alinhar seus pontos de vista ao desenvolvimento de sua carreira. Já discuti como o alinhamento de metas é importante para o engajamento individual e o sucesso da empresa.

No início do *coaching*, o chefe de Ken deu uma nota 1 de 10, avaliando se ele estava pronto para se tornar diretor. Três meses depois, quando essa avaliação foi feita, seu chefe deu nota 9. O salto exponencial na *performance* é evidente nesses números. O fato de ele ter alcançado seu objetivo em seis meses mostra que o *coaching* individual é um programa de desenvolvimento de liderança rápido e sob medida. O *Coaching for Performance ROI* abre a tampa da caixa preta e permite uma visão interna, permitindo que os patrocinadores do *coaching* vejam o impacto do investimento na organização.

Para medir os benefícios do *coaching*, é fundamental registrar três coisas, conforme descrito no Capítulo 13:

- **Metas e objetivos** – os objetivos que o *coachee* possui.
- **Ações em andamento** – tanto o *coachee* quanto o *coach* precisam registrar informações para se referirem a ações tomadas.
- **Anotações sobre o que aconteceu** – tanto o *coachee* quanto o *coach* devem registrar informações sobre o progresso feito para referência futura, incluindo qualquer *feedback* de colegas que aconteça ao longo do caminho.

O registro de ações e progresso precisa ser feito em um documento compartilhado. Se as coisas não estão escritas, elas não podem ser capturadas e discutidas no *feedback*. Muitos *coaches* descuidam dessa parte. Entretanto, se você está trabalhando em um ambiente de negócios no qual está sendo bem pago por seus serviços de *coaching*, precisa aprimorar suas habilidades de administração em relação à manutenção de registros, para que seu ótimo *coaching*, sem mencionar o excelente trabalho do *coachee*, não deixe de ser reconhecido só porque nenhum de vocês tem clareza de onde partiu e nem quanto progresso foi feito.

Aqui estão os objetivos que Ken definiu:

METAS E OBJETIVOS: 6 MESES

- Dedicar mais tempo (60% do tempo) para trabalhar pela empresa do que para a empresa.
- Melhorar a delegação.
- Reestruturar para estar no lugar certo.
- Ter recrutado um líder sênior.
- Ter até cinco relatórios diretos.
- Desenvolver o próprio estilo de liderança.
- Desenvolver relatórios diretos.

METAS E OBJETIVOS: LONGO PRAZO

- Ser um diretor antes dos 35.

Observe que há uma combinação de metas comportamentais, além de metas organizacionais ou técnicas. Neste exemplo, uma avaliação foi feita após três meses para determinar se o *coaching* tinha sido benéfico e se continuaria.

Vejamos primeiro o impacto qualitativo do *coaching* – as mudanças de comportamento e atitude e o impacto que essas mudanças tiveram. É uma oportunidade para explorar o impacto comportamental subjetivo, por exemplo, nos líderes do *coachee*, membros da equipe e colegas através dos olhos do *coachee*. A Tabela 6 é um trecho desta parte do relatório. Você pode ver que as duas primeiras áreas de trabalho correspondem aos dois primeiros objetivos acima.

TABELA 6: *Revisão de coaching – qualitativa*

Área de trabalho	Nível de habilidade no início e atualmente praticado	Mudança de comportamento	Impacto nos negócios
Tornando-se mais estratégico Trabalhando pela empresa/ para a empresa	Era 1, agora 7	Passe algum tempo todos os dias tentando analisar a empresa como um todo, pensando ideias futuras, e tentando olhar para os problemas atuais à luz de um conceito mais amplo.	Detectei algumas áreas problemáticas em potencial. Além disso, olhando um pouco mais para frente, fiz alguns contatos para o futuro. Gastar tempo no desenvolvimento de funcionários da equipe de gerenciamento.
Delegação Capacidade de delegar trabalho	Era 3, agora 8	Estou delegando em vez de me envolver com tudo sozinho. Eu entrego projetos e tarefas para minha equipe diariamente.	Entusiasmo e desenvolvimento de equipe aumentaram significativamente. A produtividade melhorou. Redução de custos identificada e depois relatada a mim. Mais tempo gasto em novas iniciativas do projeto.

Legenda

Área de trabalho: O conceito trabalhado e uma breve descrição.

Nível de habilidade no início e atualmente praticado: Escala de 1 a 10, com 10 sendo o nível ideal em que você gostaria de praticar este conceito em seu trabalho.

Mudança comportamental: mudanças de atitudes e comportamentos que você percebeu.

Impacto no negócio: impacto intangível ou tangível na empresa que as mudanças de atitudes e comportamentos tiveram.

Agora é hora de passar para o próximo nível e, quando possível, rastrear o impacto quantitativo na linha de base para obter um ROI. É claro, deve-se ressaltar que estimar um ROI é uma arte, não uma ciência, e descobrimos que esse fato precisa ser particularmente sublinhado quando o *coachee* é de uma área que prima pela precisão, digamos, como um engenheiro. A Tabela 7 segue as mesmas duas áreas de trabalho.

TABELA 7: *Avaliação de coaching – qualitativa*

Área de trabalho	Impacto monetário	Registro do cálculo	Nível de confiança	Retorno em 3 meses
Tornando-se mais estratégico Trabalhando pela empresa/ para a empresa	Identificação da questão do problema de marketing – economia de £ 6,400 por mês. Redesenho de distribuição resultando em uma economia de £ 5,000 a 10,000	Redução de custos em £ 1,600 por semana. Redesenho para poupar dinheiro – teve tempo para rever e sugerir uma nova solução.	100 60	£ 6,400 x 3 x 100% = £ 19,200 £ 7,500 x 60% = £ 4,500
Delegação Capacidade de delegar trabalho	Identificação por membro da equipe de possível economia de logística £ 1,000 a 2,000 por mês.	Redução de custos em média de £ 1,500 por mês.	60	£ 1,500 x 60% = £ 900
		Retorno total		**£ 24,600**

Legenda

Área de trabalho: O conceito trabalhado e uma breve descrição.

Impacto Monetário: quando aplicável, uma quantificação dos impactos identificados usando seus próprios métodos de cálculo.

Nível de confiança: seu nível de confiança % em sua estimativa de impacto monetário.

Uma vez que os impactos qualitativos tenham sido coletados, o próximo passo é calcular um ROI para o *coaching* usando a fórmula:

Somatório (<u>Valor Monetário x Nível de Confiança</u>) x 100
Custo do Coaching

A tabela é um trecho do relatório completo. As estimativas são corroboradas por terceiros ou por dados de pesquisas complementares, sempre que possível. O ROI total estimado pelo *coachee* foi de £ 78.000 ao longo dos três meses. Uma vez que a avaliação tenha sido feita com o *coachee*, a fim de respeitar a confidencialidade, é o *coachee* que compartilha esse relatório com a organização. Nós percebemos que os *coachees* ficam muito satisfeitos em poder demonstrar o progresso que têm feito e o impacto nos negócios. De fato, como resultado dessa avaliação, Ken se tornou diretor três meses depois, três anos antes do previsto.

Outra parte de nossa missão na *Performance Consultants* é mudar a maneira como os investimentos em capital humano são pensados – para garantir que os investimentos em desenvolvimento de pessoas deixem de ser vistos como uma atividade de centro de custo e sejam vistos como atividades geradoras de receita, como parte integral da estratégia. Peço a todos os que estão conduzindo sessões de *coaching* formal nas organizações que se utilizem do *Coaching for Performance ROI*. Juntos, podemos ajudar as organizações a ver que estão sentadas em grandes reservatórios inexplorados de potencial – e que esta reserva é o seu pessoal.

Medindo culturas e *performance*

O Capítulo 2 apresentou a curva de *performance*. De maneira semelhante ao *Coaching for Performance ROI*, a Pesquisa de Curva de *Performance* mede o impacto do *coaching* em toda a cultura organizacional. Baseando-se no conhecimento estabelecido no campo da psicologia industrial, ele mede a mentalidade predominante coletiva da cultura e as condições de *performance* que a mentalidade cria, localizando a cultura em um único ponto a Curva de *Performance*.

O Capítulo 6 falou sobre conscientização e responsabilidade como elementos fundamentais para o processo de *coaching*. Para o indivíduo, uma vez que uma organização tem clareza de onde sua cultura está operando predominantemente, também fica claro quais comportamentos precisam mudar para melhorar a *performance*. A Pesquisa de Curva de *Performance* é projetada para criar conscientização e responsabilidade coletiva para agir. É responsabilidade das organizações e dos indivíduos que trabalham nelas criar as condições para a alta *performance*.

Os resultados da pesquisa indicam em quais dos quatro estágios de *performance* a organização está operando e qual o próximo foco imediato para melhorar a *performance*. E de fato, a pesquisa não se aplica apenas a organizações – pode ser realizada por uma equipe ou até por um indivíduo curioso. Você pode fazer a pesquisa em *www.coachingperformance.com*.

20 Como Efetuar Mudanças Culturais

Será que a única coisa que limita você é o tamanho de sua visão e suas próprias crenças autolimitantes?

Uma cultura interdependente e de alta *performance*, do tipo que o *coaching* para a *performance* pode produzir, proporcionará a melhor chance de se adaptar e florescer diante das ondas inquietantes de mudança que as empresas estão enfrentando. Essas empresas adotarão uma cultura de apoio e orientada para as pessoas, na qual o *coaching* é algo comum, de cima para baixo, entre os pares e até mesmo de baixo para cima. Dessa forma, as necessidades das pessoas são reconhecidas e elas são ajudadas pelo *coaching* a esclarecer sua direção para si mesmas enquanto, ao mesmo tempo, o líder de *coaching* aprende muito sobre seus desejos e esperanças. Se os líderes realmente ouvirem seu pessoal, agirem de acordo com o que aprendem e permitirem que sua equipe assuma a responsabilidade por si e pelos outros, as pessoas ficarão mais felizes, terão uma *performance* melhor e a rotatividade de funcionários cairá. Por outro lado, se os líderes simplesmente falarem *da boca para fora* sobre *coaching*, eles terão aumentado as expectativas apenas para frustrá-las novamente e testarão piorando as coisas.

Além dessa mudança no estilo de liderança que está sendo exigida, no ambiente atual, as empresas provavelmente serão cobradas quanto a seguir os princípios e a ética que tão corajosamente reivindicam em suas declarações de missão. Se não o fizerem, podem ser censuradas pelos funcionários e pelos clientes. Ambos estão realizando esse julgamento. As empresas que fornecem produtos e serviços que contribuem genuinamente para a sociedade oferecem empregos significativos por sua própria natureza. Aquelas cujos produtos e serviços são questionáveis ou francamente prejudiciais são mais propensas a entrar em conflito com pessoas que buscam significado e propósito no trabalho.

Nesta escala, poucas empresas são totalmente uma coisa e poucas são totalmente outra. A maioria está no meio do caminho. As mais espertas podem compensar qualquer falha percebida de várias maneiras, por exemplo contribuindo para a comunidade local ou emprestando funcionários a projetos sociais.

O *coaching* é portanto tanto o destino – a futura cultura de alta *performance* – quanto um ingrediente-chave para se chegar lá. Um futuro baseado em valores não pode ser prescrito por alguma autoridade externa. A *performance* sempre será a melhor quando funcionários, acionistas, diretores e até clientes compartilharem os mesmos valores, mas antes que isso aconteça as pessoas precisam ser incentivadas a identificar quais são seus próprios valores.

Então, por onde você deve começar a fazer mudanças culturais – pelas pessoas ou pela organização? A resposta deveria ser *ambos*. Impor democracia e exigir cooperação são contradições inaceitáveis. Aqui estão algumas diretrizes:

- Se você redesenhar a estrutura da empresa de forma radical ou rápido demais, é provável que esteja muito à frente do seu pessoal.
- Se você impuser um novo *design* ao seu pessoal, é provável que ele se oponha, mesmo que a ideia seja inteiramente para seu benefício.
- Executivos e líderes seniores devem, desde o início, dar o exemplo e modelar autenticamente as atitudes e comportamentos ideais.
- As pessoas não podem ser forçadas a mudar, precisam da oportunidade de escolher como mudar.
- Você deve ajudar as pessoas a se desenvolverem, e através do *coaching*, experimentarem algumas das atitudes e comportamentos que você espera na nova organização.
- Sem uma visão coletiva com a qual as pessoas estejam engajadas, a mudança não tem como ser bem-sucedida, mas sem a visão da direção ela nem sequer começará.

- Você deve estar preparado para fazer mudanças em todo o sistema vivo da organização. A mudança comportamental em larga escala não será sustentada sem processos congruentes, estruturas organizacionais e de recompensa, e assim por diante.

O sistema vivo

Mudar a cultura de uma organização exige uma abordagem emocionalmente inteligente que busque congruência e equilíbrio entre todos os elementos do *sistema vivo* organizacional. Isso inclui elementos técnicos *mais duros*, como processos, sistemas e estrutura, e *mais suaves*, como pessoas, elementos sociais e comportamentais, com a liderança no coração do sistema (ver Figura 17). Somente abordando todos esses elementos a organização pode ser transformada.

FIGURA 17: O sistema vivo

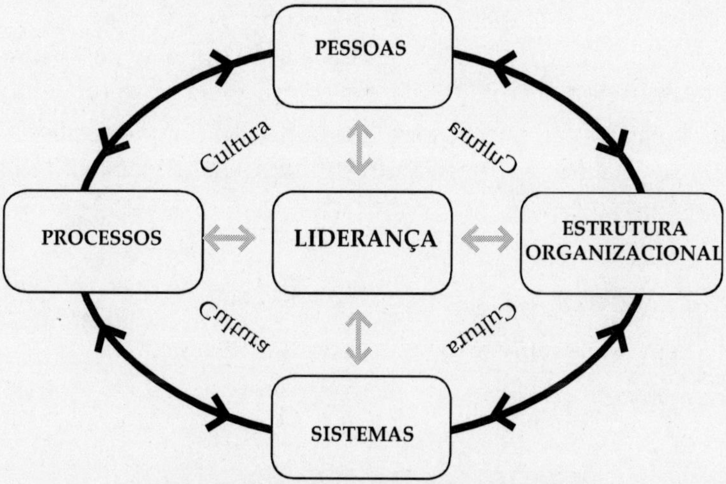

A liderança está no coração da visão sistêmica

As organizações muitas vezes cometem o erro de se concentrarem em um elemento ou outro, o que eu defino como ter uma abordagem transacional (e malsucedida). Eles podem cair em um dos dois casos. No primeiro, a organização ignora o fato de que a mudança cultural é necessária e tenta melhorar a *performance* introduzindo um novo sistema ou simplesmente trocando as caixinhas no organograma. Sem se concentrar também nos novos comportamentos e ambientes necessários para operar o novo sistema, a mudança necessária na *performance* não se materializa. Mas por outro lado, a organização pode identificar que a cultura precisa mudar, e então se concentrar no comportamento e nas pessoas, sem também adaptar sistemas e processos para apoiar e recompensar os novos comportamentos exigidos ou fornecer um contexto congruente no qual eles possam florescer. A primeira abordagem à mudança transacional pode ser terceirizada como tendo uma função de melhoria de negócios, enquanto a última é frequentemente terceirizada para a função de recursos humanos. Se você, como *coach*, está trabalhando com a equipe de liderança de uma empresa que deseja se transformar para melhorar sua *performance*, o primeiro passo é ajudá-los a entender o que precisam obter com a mudança e o que ela envolve. Você também precisa garantir que eles estejam totalmente comprometidos a irem até o fim. É provável que isso exija um investimento de tempo que os membros do conselho estejam relutantes em fazer devido a pressões de curto prazo. No entanto, a mudança duradoura e eficaz é apenas um sonho sem o compromisso e a defesa do conselho. A disposição de ir até o fim é vital para evitar que as pessoas se deiludam quando todos aqueles planos grandiosos não derem em nada.

A obtenção de clareza sobre os fundamentos do que se deseja alcançar pode ser facilitada encorajando a equipe de liderança a se fazer as seguintes perguntas:

PORQUE?
- Por que estamos fazendo essa mudança?
- Quais são os motivadores internos e externos?

O QUE?
- O que estamos mudando?
- O que precisa mudar e o que precisa permanecer?

COMO?
- Como vamos projetar e entregar a mudança?
- Quem vai fazer o quê?

Uma vez que eles entendam e aceitem onde estão agora, vocês serão capazes de estabelecer uma parceria para projetarem uma abordagem que contemple as mudanças relevantes em todo o sistema vivo de sua organização.

No lado pessoal e comportamental, um programa de desenvolvimento de liderança pode ser útil para desenvolver as habilidades de liderança, comportamentos e mentalidades necessárias para a organização operar como uma cultura de alta *performance*. O próximo capítulo chama a atenção para a base da liderança, uma vez que tanto o *coaching* quanto a liderança têm papéis cruciais para se alcançar uma mudança duradoura.

21 As Qualidades da Liderança

Os líderes do futuro precisam ter valores e visão, além de serem autênticos e ágeis, alinhados e com propósito

Em minha opinião, um líder do futuro deveria ser obrigado a embarcar em sua jornada de desenvolvimento pessoal antes de receber o título de líder. Vivemos em um mundo que busca, e até espera, gratificação instantânea, mas as qualidades de liderança não são nem rápidas nem baratas.

Este capítulo enfatiza as qualidades essenciais que provavelmente serão comuns a todos os líderes responsáveis e aquelas que são especialmente relevantes para os tempos atuais. A primeira delas são os valores, e com isso eu quero dizer os valores pessoais e não os da empresa.

Valores

Acredita-se amplamente, especialmente entre as pessoas religiosas, que os valores derivam da religião e que sem religião não teríamos valores. Essa ideia é falsa, pois há muitas pessoas que não têm nenhum condicionamento religioso e que podem ser agnósticas, até mesmo ateístas, mas ainda assim exibem valores exemplares. A realidade mais profunda é que nossos valores verdadeiros residem dentro de nós e, num nível mais profundo, esses valores são universais.

No estrato inferior do desenvolvimento pessoal, que infelizmente é o lugar onde grande parte da humanidade se encontra no presente momento, as pessoas estão vagamente em contato com seus valores internos, embora esses valores possam de repente vir à tona diante de uma crise. O resto do tempo eles permanecem soterrados sob camadas de condicionamento familiar, social e cultural.

A extensão da corrupção empresarial e a mera ganância já confirmam que muitos que estão no poder carecem de maturidade ou desenvolvimento psicológico suficiente para estarem conscientes de seus valores internos mais profundos, quanto mais para conduzirem vidas guiadas por eles. Isso é agravado por um espírito empresarial que, se não obriga as pessoas a se concentrarem no resultado financeiro, e não social ou ambiental, as encorajas a jogar o mesmo jogo que os demais. Os acionistas, sobretudo os internos, esperam e exigem retornos financeiros, e não aqueles que possam ser medidos em termos humanos.

Esse é o velho jogo, a velha mentalidade, que não é mais sustentável ou aceitável para um número crescente de pessoas mais maduras e orientadas por valores. Esses são os líderes do futuro, os únicos que podemos aceitar ou em quem devemos votar se nos preocupamos de verdade com a sobrevivência de nossos filhos e netos.

Um *coach* profissional bem treinado poderá usar uma série de exercícios para penetrar além da mente consciente, a fim de permitir que líderes aspirantes acessem seus valores e outras qualidades vitais. Uma exploração de *coaching* das atividades passadas e das paixões revelará um padrão que poderá ser aperfeiçoado com precisão e ampliado em seu escopo. Talvez seja melhor ilustrar isso com uma experiência própria.

UM EXEMPLO PESSOAL

Eu embarquei ativamente em minha própria jornada de desenvolvimento pessoal em 1970, quando fui estudar psicologia de ponta na Califórnia. Aprendi que era preciso me libertar do pior de meus condicionamentos familiares, sociais e culturais antes de poder começar a descobrir a mim mesmo e aos meus valores e explorar questões sociais mais profundas com maior clareza do que jamais havia experimentado antes. Minha preocupação então se deslocou do Eu para os outros, e eu não estava feliz com o que eu via no mundo que eu tinha ignorado antes.

Comecei a pregar essas ideias sobre o desenvolvimento pessoal sem muito sucesso; poucas pessoas tinham ouvido falar disso. Então me envolvi com o ativismo e os protestos contra a guerra do Vietnã e passei a me preocupar com a desigualdade e privação em qualquer lugar, e em pouco tempo eu estava sendo arrastado para muitas outras questões. A essa altura, eu era claramente orientado por valores, mas ainda era algo muito disperso. Com a ajuda de um terapeuta, uma vez que o *coaching* não existia, descobri que as questões sobre as quais eu era capaz de ter alguma influência e as que eu mais amava estavam relacionadas à justiça. Eu me importava com muitas outras coisas e sempre apoiava outras pessoas que estavam lidando com elas, mas ficou claro que a justiça social era o meu caminho. Comecei a explorar o meu subconsciente para ver se isso era uma questão terapêutica, no sentido de que em algum momento de meu passado distante, eu poderia ter sofrido ou causado alguma injustiça e estava tentando me redimir. Mas não havia nada disso, então tive de aceitar que meu propósito era mesmo promover a justiça sempre que possível.

Com o tempo, tornou-se óbvio que isso também era muito geral e eu precisava ser mais específico, então novamente, dessa vez com a ajuda de um *coach*, pude olhar para as características de todas as coisas com as quais eu tinha ficado mais frustrado e mais comprometido a mudar. Descobri que a forma de injustiça que eu mais detestava era o abuso de poder desde o micro até o macro, desde o abuso infantil ao abuso contra funcionários, clientes e fornecedores de grandes empresas. Isso me deu uma verdadeira clareza sobre como e por que eu me sentia atraído pelo *coaching* e pela liderança em grandes corporações. Mais macro ainda e mais abominável de tudo para mim é o abuso das superpotências e das elites, dos líderes contra os países mais pobres.

Espero que esta breve revelação pessoal ilustre o tipo de passos que podem ser seguidos quando você escolhe primeiro se tornar alguém guiado por seus valores e depois focar exclusivamente nesses valores, o que, por sua vez, pode levar você a redefinir o rumo da sua vida.

LÍDERES ORIENTADOS POR VALORES

Então precisamos de líderes orientados por valores – e isso significa valores coletivos, não valores egoístas – e que tenham clareza quanto aos seus valores, para que possam utilizá-los da melhor forma possível diante das questões mais adequadas. Se um executivo da empresa repentinamente tem uma revelação, um peso no coração, por exemplo, ou um sentimento crescente de falta de propósito, ele pode querer explorar seus valores com um *coach*. Nessa hora, pode ser que ele questione se os seus valores pessoais estão suficientemente alinhados com os valores da empresa; e com isso quero dizer aqueles que a empresa pratica, não os que alardeia. Se não existe alinhamento, o executivo se depara com algumas escolhas difíceis: demitir-se, assumir a responsabilidade de mudar os valores corporativos existentes para que estejam mais alinhados com valores universais mais elevados ou, se for mais jovem, descobrir como ainda pode expressar seus valores dentro da corporação para o benefício de todos.

Richard Barrett, que costumava trabalhar em RH para o Banco Mundial, criou o que ele chama de ferramentas de transformação corporativa, baseado em um modelo semelhante ao de Maslow, para medir os valores de todos os membros de uma organização. Todos os funcionários precisam gastar apenas 15 minutos *online* para selecionar de uma lista, personalizada para aquela organização, um conjunto de valores que eles preservam, outro conjunto que representa como eles veem os valores corporativos existentes e um terceiro conjunto indicando os valores que eles gostariam que a corporação seguisse. Os resultados dão a cada pessoa sua própria lista de valores, juntamente com uma compilação de como os funcionários veem a empresa e como gostariam que ela fosse. As diferenças entre esses dois conjuntos mostram claramente onde o trabalho precisa ser feito.

É possível aplicar a mesma lógica em escalas menores, para revelar os valores presentes por departamento, nível salarial, sexo, idade, função e assim por diante, de modo que os pontos fortes e fracos em áreas selecionadas possam ser identificados. Este processo fornece informações muito mais valiosas do que as que posso descrever aqui, incluindo uma seção especial sobre liderança, e está disponível nos livros de Richard (ver Bibliografia). É um excelente sistema, que recomendo a todos os *coaches* corporativos ou profissionais de recursos humanos, para usarem quando o conselho, ou o diretor financeiro em particular, achar que as políticas e os processos internos não precisam mudar. As descobertas são claras, evidentes, reveladoras e persuasivas na maioria dos casos.

No entanto, se os diretores, que costumam elaborar declarações de missão e valores corporativos, descobrirem que querem ir para um lado e os funcionários desejam seguir para outro, surge um dilema. Tentar forçar os funcionários a mudarem seus valores mais profundos para se alinharem aos prescritos, provavelmente será desastroso – e ineficaz. Os diretores precisam considerar como podem alinhar melhor os valores corporativos com os de seus funcionários. Isso é de fato uma mudança de responsabilidade. Na prática, é sempre possível encontrar ou negociar uma articulação que atenda às necessidades de todos.

PRINCÍPIOS

Não apenas os líderes precisam ser orientados por valores, eles também precisam ser capazes de traduzir esses valores em princípios que servirão de guia para as pessoas que trabalham na organização. O pensamento sistêmico se relaciona fortemente com os princípios, no sentido de que toda e qualquer ação pode levar a consequências inesperadas em áreas que parecem desconexas. Uma vez que tais eventualidades são muitas vezes totalmente imprevisíveis, fazer o melhor diante das circunstâncias significa que cada ação que uma pessoa toma precisa estar inserida num contexto dos princípios orientadores da organização. Isso, por sua vez, deve estar alinhado com o propósito do líder, se eles já tiverem avançado o bastante em sua jornada de crescimento pessoal.

Vamos ver um exemplo disso. Como John McFarlane, executivo-chefe do ANZ Bank, diz no prefácio deste livro, *a liderança dentro de empresas extraordinárias está baseada em princípios*. E aqui está o que o site do ANZ diz atualmente sobre os seus valores:

Na ANZ, nossos valores concentram-se em *fazer bem o que é certo*.

Nossos valores são uma compreensão compartilhada do que defendemos enquanto organização – eles descrevem as coisas que não estamos dispostos a comprometer em qualquer situação – com nossos clientes, nossos acionistas, a comunidade e uns com os outros.

Viver nossos valores ANZ nos ajuda a alcançar melhores resultados de negócios. Juntamente com o nosso Código de Ética e Conduta, nossos valores guiam nosso comportamento e nos ajudam a tomar decisões no dia-a-dia de trabalho.

Nossos valores são:

Integridade	Fazer o que é certo
Colaboração	Conectar-se e trabalhar como um só para os clientes e acionistas
Responsabilidade	Responsabilizar-se por suas ações, faça acontecer
Respeito	Avaliar cada voz, trazer a visão do cliente para a ANZ
Excelência	Fazer o seu melhor, ajudar as pessoas a progredir, ter a mente voltada para os negócios

O que podemos ver aqui é que os valores foram articulados como princípios. O bom de trabalhar com princípios é que eles guiam ações e comportamentos, deixando bastante agilidade para que situações pontuais sejam tratadas de uma forma que as regras não conseguem prever. Como discutido no capítulo 2, os princípios são o centro de gravidade de uma cultura interdependente e de alta *performance*.

Visão

A segunda qualidade essencial que os líderes devem ter é uma visão ampla e profunda. Por causa da crescente concorrência e incerteza, os líderes de negócios podem facilmente fixar-se nos resultados. É como se eles estivessem cegos observando os números e não conseguissem mais levantar os olhos para olhar além da tela do computador, muito menos para fora da janela para enxergar o mundo lá fora. Quantos líderes consideram o impacto de suas decisões nas futuras gerações? Essa decisão reflete e perpetua velhas formas e mais degradação ambiental ou injustiça social, ou muda as coisas para sempre?

É óbvio dizer que os líderes devem ter uma visão de longo prazo, mesmo que seja no sentido financeiro, mas nesse mundo de portas giratórias e de grandes bônus para os executivos, os líderes são escolhidos frequentemente por causa da sua capacidade de entregar um resultado financeiro imediato, e não por conta da sua visão. A visão de longo prazo foi rebaixada e desvalorizada como uma qualidade de liderança, com consequências potencialmente muito ruins.

A visão no passado era muito restrita e focada, apesar do fato de que a inovação invariavelmente nasce de uma perspectiva diferente ou mais ampla sobre um determinado assunto. O mundo de hoje está tão interconectado e a comunicação é tão instantânea que o pensamento sistêmico é necessário, e será essencial no futuro próximo. Isso surge automaticamente como resultado do desenvolvimento das noções de crescimento pessoal.

Então o que significa a visão como qualidade de liderança? Isso pode ser dividido em duas partes. A primeira é a capacidade de *imaginar* e sonhar; isto é, criar uma imagem clara e ousada de como o líder quer que as coisas sejam no longo prazo sem a barreira dos limites convencionais. Isso inclui profundidade em termos de escala de tempo e amplitude em termos de mentalidade sistêmica, sendo capaz de fazer conexões que ultrapassem as fronteiras. A segunda parte da visão é a capacidade de comunicar essa imagem de forma a inspirar os outros – é ser um *visionário*. É através da comunicação da visão e da inspiração resultante que se cria um seguidor, pois afinal o que é um líder sem seguidores?

Autenticidade

A próxima qualidade essencial da liderança é a autenticidade: quando uma pessoa é quem ela realmente é, e não tem medo de ser assim na frente dos outros. Alcançar a autenticidade é uma jornada sem fim. Trata-se de libertar-se do condicionamento familiar, social e cultural, e também das falsas crenças e suposições que você acumulou ao longo da vida. Também inclui libertar-se do medo: o medo do fracasso, o medo de ser rejeitado e muitos outros medos egocêntricos.

O modelo de subpersonalidade, descrito mais detalhadamente no Capítulo 23, pode ser muito útil para os *coaches* que tratam de questões de autenticidade. Um passo adiante no crescimento pessoal é aprender, com a ajuda de um *coach* experiente, a dar um passo para trás e se tornar um observador desapaixonado. Esse é um papel semelhante ao do regente de uma orquestra, que pode convocar qualquer instrumento ou grupo de instrumentos e gerenciar toda a sinfonia, mas sem tocar uma nota. Isso é o que poderíamos descrever como um estado de autodomínio, e traz consigo uma grande dose de poder pessoal e autoconfiança.

Em termos psicossintéticos (mais uma vez, veja o capítulo 23), esse lugar é conhecido como o *eu*, às vezes descrito como quem realmente somos ou como nosso eu autêntico. A definição de Roberto Assagioli do *eu* era um lugar dentro da consciência pura (consciência) e da vontade pura (responsabilidade). Este é o estado ideal para um verdadeiro líder estar na maior parte do tempo. É um estado muito poderoso, destemido, autêntico e consistente, que poucas pessoas alcançam sem investir profundamente em seu desenvolvimento pessoal. Isso equivale ao nível superior de liderança, descrito no livro *Good to Great*, de Jim Collins, cujas principais qualidades são a humildade pessoal (autoconsciência) e a vontade profissional (responsabilidade coletiva).

Toda vez que um *coach* ajuda o *coachee* a enfrentar um pequeno desafio, sendo mais consciente e responsável por isso, ao mesmo tempo isso os ajuda a se familiarizarem mais com a expressão das qualidades de seu *eu*; em outras palavras, aproximar-se mais de viver seu *eu* com regularidade, ou ser mais autêntico a maior parte do tempo.

Esse tipo de transformação não ocorre da noite para o dia ou em algumas sessões de *coaching*. É o produto de compromisso e persistência, e talvez de uma crise existencial mais profunda, mas esse é um pequeno preço a se pagar pelos benefícios de descobrir o seu *eu* ou de ser quem você é realmente a maior parte do tempo. Esse é o lugar ideal para se liderar e conduzir os outros. Essa é a autenticidade absoluta e ela se coloca ao lado do que há de melhor nos valores e na visão.

Agilidade

Outra qualidade vital de liderança é a agilidade. A capacidade de ser flexível, mudar, inovar e abandonar programas e metas é essencial, dadas as circunstâncias incertas e a velocidade das mudanças no mundo atual. A disposição de mudar rapidamente de direção quando as novas condições o exigem pode se tornar uma necessidade de sobrevivência no futuro. É importante salientar que não se trata de se reinventar no nível de seus valores pessoais ou do seu eu autêntico.

A agilidade é o produto de duas áreas de trabalho de crescimento pessoal, às quais já me referi de alguma forma. Isso envolve se livrar da camisa de força do condicionamento familiar, social e cultural e das velhas crenças e suposições, e de eliminar o medo, particularmente o medo do desconhecido que nos impede de estarmos mias abertos à mudança. O desconhecido abrange muitas coisas, como águas inexploradas, reações imprevistas dos outros e consequências sistêmicas inesperadas.

O termo agilidade evoca imagens de juventude e seus aspectos físicos. É uma crença amplamente aceita e até certo ponto uma realidade, que nos tornamos menos ágeis à medida que envelhecemos. Todos os músculos ou articulações do nosso corpo precisam ser exercitados para permanecerem flexíveis, e o mesmo acontece com a mente. À medida que envelhecemos, geralmente a partir dos 30 anos, caímos em incontáveis padrões de pequenos hábitos. O mesmo local de férias, o mesmo vinho, o mesmo dia de fazer compras, as mesmas roupas, as mesmas caminhadas ou o mesmo percurso até o trabalho, o mesmo pedido no mesmo restaurante, as mesmas frases, as mesmas reações –

são exemplos e causas de calcificação. Experimente esta atividade que tem a ver com a agilidade.

De inicio, durante uma semana – mas cuidado para isso não tornar mais um hábito – a cada dia, tente evitar a repetição em tudo o que fizer, desde as menores coisas até as mais importantes. Liste todas as coisas que você faz habitualmente e mude-as na semana seguinte. Cumprimente as pessoas com autenticidade em vez de frases feitas, pergunte aos taxistas sobre seus interesses, visite idosos em uma casa de repouso, colete o lixo no parque, fale com o músico de rua ou o mendigo e dê gorjetas dez vezes maiores. Pense em um prato que você jamais pediria e saboreie.	**Atividade:** *Exercite sua agilidade*

Basta fazer algo diferente – tente! Dessa forma você estará exercitando sua agilidade mental e provavelmente seu corpo também. Você vai descobrir que pode sobreviver mesmo quando você faz as coisas de maneira diferente. Afinal, os hábitos são a repetição segura do comportamento para evitar o medo. Quebrar hábitos revela novos caminhos, torna a vida mais interessante, abre as portas para novas descobertas, introduz novos amigos, torna você uma pessoa muito mais interessante e pode até mesmo levar você a se emocionar de verdade.

Algumas pessoas podem achar mais fácil inicialmente tentar essas mudanças fora do ambiente de trabalho, mas os mesmos princípios podem ser aplicados também no escritório.

Alinhamento

O alinhamento nos negócios é geralmente considerado como o alinhamento necessário entre os membros do conselho ou de uma equipe de trabalho para a realização de um objetivo ou um modo de trabalho combinado. Esse tipo de alinhamento é realmente importante, mas ainda mais importante é o alinhamento interno ou psicológico dentro dos próprios líderes, sem o qual a forma mais comum e externa de alinhamento no ambiente de trabalho é difícil de ser alcançada. Mas, o que é alinhamento interno?

Trata-se, evidentemente, de alinhamento e colaboração entre nossas subpersonalidades. Se os líderes de negócios experimentam um conflito interno sobre uma decisão importante, as consequências podem ser de grande alcance. Por exemplo, uma escolha pode resultar em ganho pessoal para os tomadores de decisão, como no caso de um processo de fusão ou aquisição. Outra escolha pode oferecer aos líderes menos benefícios pessoais, mas proporcionar melhores benefícios de longo prazo para a empresa e seus clientes; uma terceira escolha pode ser mais saudável para a comunidade, para a sociedade e para o meio ambiente.

Até que os líderes resolvam claramente os conflitos internos, não estarão totalmente comprometidos com a escolha que fizerem. Essa escolha dependerá do que eles mais valorizam ou simplesmente dos seus valores. Quando partes diferentes de você, ou suas subpersonalidades, detêm valores diferentes, a tomada de decisão torna-se uma batalha interna de valores em busca do domínio. Como aquilo que você valoriza muda ou se expande à medida que você se desenvolve psicologicamente, esse conflito interno é uma consequência natural do processo de amadurecimento.

Quando os membros da equipe têm objetivos diferentes, a equipe não será tão eficiente ou eficaz quanto seria se esses objetivos fossem alinhados. No entanto, a notícia não é de todo ruim. Diferentes visões em uma equipe podem gerar um debate saudável e um resultado bem considerado que abraça várias perspectivas. No entanto, uma vez que o debate acabou, todos precisam estar comprometidos com a decisão tomada em conjunto. Isso é verdade quando se trata dos indivíduos, mas também devo dizer que acontece dentro dos indivíduos. Qualquer um que aspira ser um líder precisa desenvolver o alinhamento interno. Se isso não acontece, os outros irão enxergá-lo como um pouco esquizofrênico e não saberão exatamente onde estão – não saberão com quem estão lidando

Às vezes, a causa e a extensão da falta de alinhamento do líder não serão conscientemente identificáveis pelo líder ou pelos outros; para outras pessoas, elas parecerão inconsistentes, pouco confiáveis, indignos de confiança ou pouco autênticos. Você não precisa procurar muito na atual safra de líderes corporativos e políticos para ver como esse problema é aparente e disseminado. Isso não é algo surpreendente, porque todos nós vivemos este problema em maior ou menor grau.

Isso faz parte da condição humana, embora pudesse ser mitigado consideravelmente no processo de formação familiar, escolar ou profissional, se fosse algo mais amplamente reconhecido e aceito.

Líderes para o futuro

Portanto, o líder do futuro precisa ter valores e visão e ser autêntico, ágil e alinhado internamente. Acrescente à mistura consciência e responsabilidade, autoconfiança e uma boa dose de inteligência emocional, e temos uma receita poderosa. Todos esses ingredientes são orgânicos, cultivados em casa e neutros em carbono, e nada disso é importado. Na verdade, eles já estão exatamente onde precisam estar e estão só esperando para serem colhidos.

22   A Escada para a Maestria

Você não precisa saber como fazer alguma coisa para fazer. Você aprendeu a andar, correr, andar de bicicleta e pegar uma bola sem precisar de instruções

Muito deste livro até agora tem sido sobre o aprendizado. O aprendizado de habilidades físicas no esporte forneceu vários exemplos que ilustram o processo de *coaching*. Mas o uso disseminado de métodos instrucionais de ensino no esporte, no trabalho e na escola é uma indicação de como o entendimento geral ainda é pobre sobre como as pessoas realmente aprendem. Parte do problema é que instrutores, professores e líderes estão mais preocupados com ganhos de curto prazo (como passar na prova ou fazer a tarefa imediata) do que com o aprendizado ou com a qualidade da *performance*. Isso vai ter que mudar, porque os resultados simplesmente não são bons o suficiente para atender às nossas necessidades ou para superar a concorrência. Temos que encontrar um caminho melhor.

É um equívoco comum achar que bons líderes já nascem feitos, ou que um estilo de *coaching* é algo reservado a pessoas que possuem certas características naturais. No entanto, nossas formas de comunicação são aprendidas com nossos pais ou com outras influências. Se as habilidades de *coaching* não foram adquiridas na infância, não há dúvida de que qualquer um pode conscientemente aprendê-las mais tarde na vida e, com muita prática, desenvolver um estilo de *coaching*. Com o tempo, esse comportamento de *coaching* ficará inconsciente.

Os participantes de nossos programas de *coaching* ficam impressionados com o quão óbvios e sensatos os princípios de *coaching* são, por sua lógica irrefutável – uma vez que podemos escapar da tirania de velhos padrões de pensamento redundantes que nunca pensamos em duvidar ou questionar. Muitos acham útil ter essa maneira nova de olhar para a aprendizagem que é amplamente aceita nos círculos de *coaching* de negócios. Ela engloba quatro etapas de aprendizado:

- **Incompetência inconsciente** = baixa *performance*, sem diferenciação ou compreensão.
- **Incompetência consciente** = baixa *performance*, reconhecimento de falhas e áreas deficientes.
- **Competência consciente** = melhor *performance*, esforço consciente e algo artificial.
- **Competência inconsciente** = maior *performance* natural, integrado e automático.

A escada de aprendizado (Figura 18) geralmente conduz você por cada um desses segmentos. À medida que um conteúdo aprendido se torna totalmente integrado, e enquanto você está se esforçando para continuar melhorando, é possível passar para o próximo degrau da escada.

FIGURA 18: A escada do aprendizado

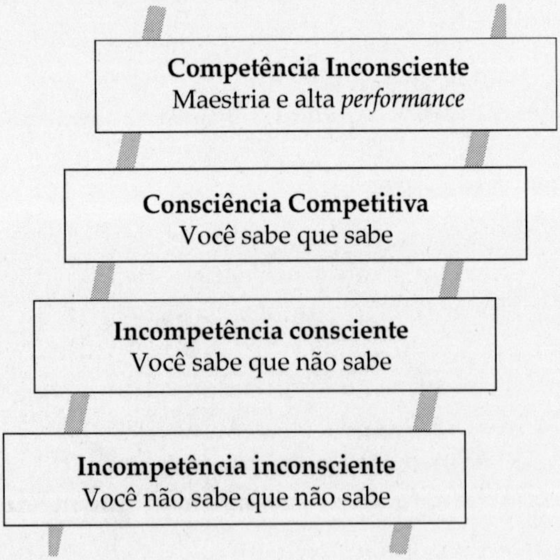

- **Competência Inconsciente**
  Maestria e alta *performance*
- **Consciência Competitiva**
  Você sabe que sabe
- **Incompetência consciente**
  Você sabe que não sabe
- **Incompetência inconsciente**
  Você não sabe que não sabe

Você tem sempre que seguir estes mesmos quatro estágios, ou existem exceções ou acelerações? Uma criança aprende a andar e falar, jogar e pegar, correr e andar de bicicleta, passando diretamente da incompetência inconsciente para a competência inconsciente. Mais tarde, quando um adolescente aprende a dirigir um carro, os quatro estágios são claramente identificáveis, com a contribuição do instrutor de direção aplicada nos estágios de incompetência consciente e competência consciente. Após o teste de direção, o aprendizado continua em competência consciente e evolui para uma competência inconsciente à medida que o ato de dirigir se torna mais integrado. E em pouco tempo você já é capaz de dirigir meio que automaticamente enquanto se concentra em seus pensamentos, em uma conversa ou no som do rádio. Sua habilidade de condução continua a melhorar lentamente com a experiência.

A aprendizagem também pode ser acelerada conscientemente, definindo-se a escada novamente. Isso pode ser feito de duas maneiras: empregando um instrutor de direção avançado para conduzi-lo pelos estágios 2 e 3 ou por um processo de *autocoaching*. A primeira maneira pressupõe que você é incapaz de determinar o que está fazendo de errado e o que deve fazer diferente no futuro. Você atribui responsabilidade por melhorias na sua condução para outra pessoa.

Com o segundo método, você mantém essa responsabilidade, desligando o rádio e seus pensamentos para que possa observar ou tomar conhecimento de diferentes aspectos da direção. Se você fizer isso de forma consciente, sem julgamento e honestamente, as áreas de sua direção que precisam ser melhorada serão reveladas. Pode ser uma mudança brusca de marcha, um mau julgamento da velocidade e da distância, ou uma tensão nos braços e ombros, que causam cansaço prematuro. Você está agora na fase da incompetência consciente, e é provável que você entre na próxima fase fazendo um esforço consciente para operar a embreagem mais suavemente e observar o conta-giros, ou ficar de olho no velocímetro e sempre deixar certa distância entre o seu veículo e o da frente. Eventualmente e por repetição consciente, as melhorias se tornam um hábito e a competência inconsciente começa.

Há, no entanto, uma variação muito importante sobre este tema do *autocoaching* que é muito mais eficaz. Em vez de se esforçar para mudar certos aspectos defeituosos da direção que foram identificados na incompetência consciente, você pode alcançar melhores resultados com menos esforço.

NÃO TENTANDO

Identifique a qualidade que você gostaria de examinar, digamos ter mais suavidade nas mudanças de marcha, e em vez de tentar trocar de marcha mais suavemente, continue simplesmente observando se as suas mudanças de marchas são suaves ou não. Para quantificar isso de modo a obter uma medição de *feedback* mais precisa, você pode criar uma escala de suavidade de 1 a 10, com 10 representando uma mudança de marcha que você não conseguiria sentir. Você dirige normalmente, mas apenas avalia a suavidade para si mesmo após cada mudança de marcha. Sem aumento de esforço os números vão começar a subir e em pouco tempo estarão na casa dos 9 ou 10.

A competência inconsciente aparece naturalmente, o monitoramento desaparece e você faz as mudanças de marcha suaves mesmo quando as condições de direção se tornam extremas ou quando você está dirigindo um veículo desconhecido. Se ocorrer algum lapso, bastarão alguns quilômetros de atenção e observação para a competência consciente restaurar a suavidade. A melhoria da *performance* é surpreendentemente rápida e proporciona um resultado de maior qualidade.

Em termos de processo, este é um salto da **incompetência consciente** diretamente para a **competência inconsciente**, sem passar pela fase da **competência consciente**. O instrutor da autoescola vai mantê-lo preso em **incompetência consciente** e **competência consciente**, a grande custo de tempo e dinheiro. No entanto, eles fornecem a consciência, seja como for, por meio das suas críticas e instruções, às quais você como aluno não domina. Quanto mais críticas e ditatoriais elas são, mais a sua responsabilidade é prejudicada.

Existe um mundo de diferença entre tentar continuamente fazer algo certo e monitorar continuamente o que você está fazendo sem julgamento. É o último, o ciclo de *feedback* de entrada, que resulta em aprendizado de qualidade e melhoria de *performance* – isso é permitir, em vez de forçar. O estressante é o menos eficaz apesar de ser o mais utilizado na prática comum.

Aprendizagem e prazer

Muitas empresas estão começando a reconhecer que precisam se tornar organizações de aprendizado se quiserem estimular e motivar

22 A Escada para a Maestria | 251

seus funcionários e ao mesmo tempo lidar com a demanda por mudanças quase contínuas. *Performance*, **aprendizado** e **prazer** estão intimamente interligados. Todos os três são aprimorados por altos níveis de conscientização, um objetivo fundamental do *coaching*, mas é possível se concentrar no desenvolvimento de apenas um deles com bastante sucesso, embora apenas por certo tempo. Quando um dos três é negligenciado, mais cedo ou mais tarde os outros dois sofrerão. A *performance* não pode ser sustentada onde não há aprendizado ou prazer.

O exemplo da AT&T no Capítulo 7 mostra que o prazer é vital para a precisão. Também podemos aprender muito sobre o impacto da aprendizagem e do prazer com o psicólogo Daniel Kahneman, ganhador do prêmio Nobel, e seu colega Amos Tversky, que chacoalharam a economia tradicional no final da década de 1960. Organizações focadas em aprendizado e inovação deveriam dar uma olhada em seus livros. Em seu memorial para o Prêmio Nobel, Kahneman escreveu que a aprendizagem e o prazer eram a chave para suas descobertas, que mudam o mundo:

> A experiência foi mágica. Eu sempre gostei de trabalho colaborativo, mas isso era algo diferente. Amos era frequentemente descrito pelas pessoas como a pessoa mais inteligente que elas conheciam. Ele também era muito engraçado, com um repertório infinito de piadas apropriadas para cada nuance de uma situação. Em sua presença, também me tornei engraçado, e o resultado foi que podíamos passar horas de trabalho pesado em um estado de alegria contínua... Amos e eu compartilhamos a maravilha de possuir uma galinha dos ovos de ouro – uma mente conjunta que era melhor do que nossas mentes separadas. O registro estatístico confirma que nosso trabalho conjunto foi superior, ou pelo menos mais influente, do que o trabalho que fizemos individualmente.

E Kahneman confirmou: *Nosso prazer pelo processo nos deu paciência ilimitada, e escrevemos como se a escolha precisa de cada palavra fosse uma questão de grande significado.*

Como vemos aqui, o prazer pode vir de se experimentar uma expressão mais completa do seu potencial. Cada vez que você experimenta a si mesmo se estendendo para algum lugar que nunca esteve antes – em esforço, em coragem, em atividade, em fluidez, em destreza, em eficácia, você alcança novas alturas em seus sentidos, o que é acentuado pelo influxo de adrenalina. O *coaching* funciona diretamente nos sentidos, especialmente no que diz respeito às atividades físicas. Portanto, o *coaching*, por sua própria natureza, aumenta o prazer. Na prática, a distinção entre *performance*, aprendizado e prazer torna-se inócua, e no limite dessa fusão encontra-se o que é frequentemente descrito como uma espécie de euforia. Longe de mim querer dizer que devemos estar eufóricos no trabalho, mas há um lado sério nisso: a necessidade de se entender o modo como o *coaching* funciona, especialmente o *coaching* avançado, que é o que vamos analisar no próximo capítulo.

23 *Coaching* Avançado

Grande parte da disfunção psicológica no mundo deriva da frustração com a falta de significado e propósito em nossas vidas

A maior parte do *coaching* realizado no ambiente de trabalho é do tipo transacional, limitado à psicologia cognitiva ou restrito aos princípios da psicologia humanista, que sustentam que a própria consciência é, em grande parte, curativa. O Jogo Interior, no entanto, reflete uma psicologia transpessoal que enfatiza o princípio da vontade, da intenção ou da responsabilidade. É nessa filosofia de consciência e responsabilidade que o *coaching* é construído. Muitos anos atrás, fui atraído pela profundidade e abrangência da psicossíntese, uma perspectiva sistêmica da psicologia, e desde então isso tem orientado o meu trabalho de *coaching*. Chamamos esse *coaching* de transformacional, para distingui-lo daquilo que é apenas transacional.

A psicossíntese foi concebida por Roberto Assagioli em 1911. Ele foi aluno de Freud e foi o primeiro psicanalista freudiano na Itália. Como Jung, seu amigo e colega, ele se rebelou contra a visão limitada, patológica e animalesca da humanidade de Freud. Ambos sugeriram que os seres humanos possuem uma natureza mais elevada, e Assagioli afirmou que grande parte da disfunção psicológica no mundo deriva da frustração ou mesmo do desespero sobre a falta de significado e propósito em nossas vidas.

A psicossíntese oferece vários mapas e modelos, cujos fios tecem uma rede muito útil para um *coaching* aprofundado. Um deles é um modelo simplificado de desenvolvimento humano que, como todos os modelos, não é a verdade, apenas uma representação que permite que se estabeleça uma conversa com um *coach* ou mesmo dentro de sua própria mente. Esse tipo de *coaching* avançado convidará o *coachee* a re-enquadrar a vida como uma jornada de desenvolvimento, sendo capaz de ver o potencial criativo dentro de cada problema, ver os obstáculos como degraus e imaginar que todos temos um propósito na vida, com desafios e obstáculos a serem superados para cumprir esse propósito. As perguntas do *coach* buscarão o reconhecimento dos *coachees* sobre o potencial positivo da questão e as ações que eles escolhem tomar. É isso que é a culminância da Curva de *Performance*, porque olha para dentro e para fora, ligando o indivíduo e a organização à sociedade e ao planeta.

Duas dimensões do crescimento

FIGURA 19: Duas dimensões do crescimento

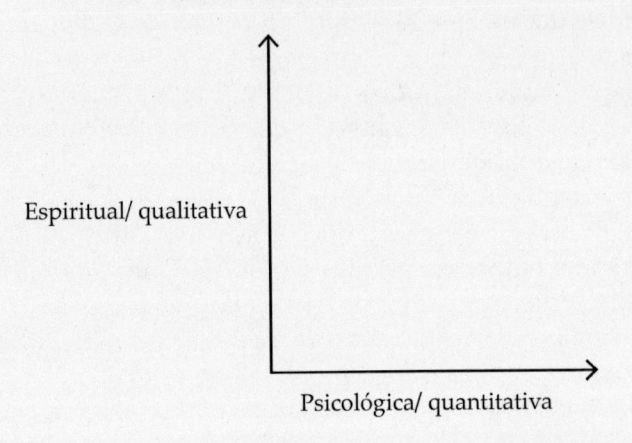

Espiritual/ qualitativa

Psicológica/ quantitativa

Você pode traçar a experiência de sua própria trajetória de vida ou de outras pessoas em um modelo gráfico bidimensional (Figura 19), no qual o eixo horizontal representa o sucesso material e a integração psicológica e o eixo vertical representa valores ou aspirações espirituais. Vejamos um exemplo de dois tipos muito diferentes de pessoas para ilustrar os dois eixos.

Um empresário pode estar focado na realização pessoal e no sucesso no mundo material e pode ter se tornado uma pessoa bem integrada, um bom pai e um membro respeitado da sociedade, sem nunca ter se feito uma pergunta significativa sobre a vida. O empresário pode considerar o tipo oposto como preguiçoso, desorganizado, um esbanjador, um diletante.

O tipo oposto de pessoa leva uma vida contemplativa e ascética, mas parece mal equipado para lidar com as realidades e fundamentos do mundo cotidiano. Sua casa, suas finanças e até mesmo sua personalidade podem estar uma bagunça. Pessoas assim vivem uma vida monástica de estudo ou arte, e prontamente prestam assistência aos outros. Eles veem as atividades do empresário como inúteis, orientadas pelo ego e muitas vezes destrutivas para si e para os outros.

FIGURA 20: Conquistando o equilíbrio

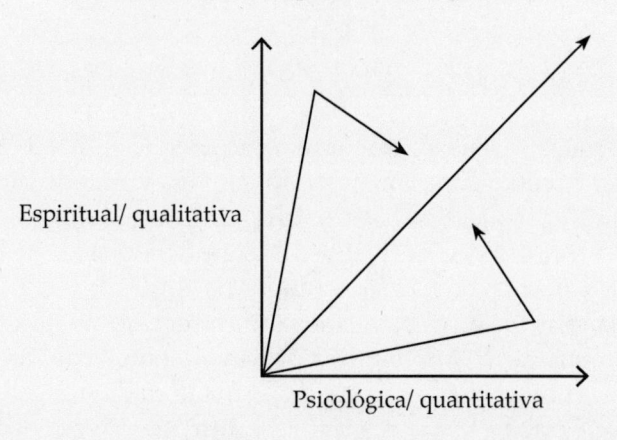

Espiritual/ qualitativa

Psicológica/ quantitativa

Ninguém discute que a cultura ocidental concentrou suas energias para se mover ao longo do eixo horizontal da Figura 20, e que as pessoas fizeram isso com entusiasmo e com bons resultados. A influência ocidental e os imperativos econômicos são há muito tempo uma força global difundida, mas tanto no Oriente quanto no Ocidente há muitos que percorrem o eixo vertical. Quanto mais avançamos ao longo de um dos caminhos em detrimento do outro, mais nos afastamos do caminho ideal ou do equilíbrio entre os dois, e assim a tensão que é criada só aumenta.

FIGURA 21: Uma crise de significado

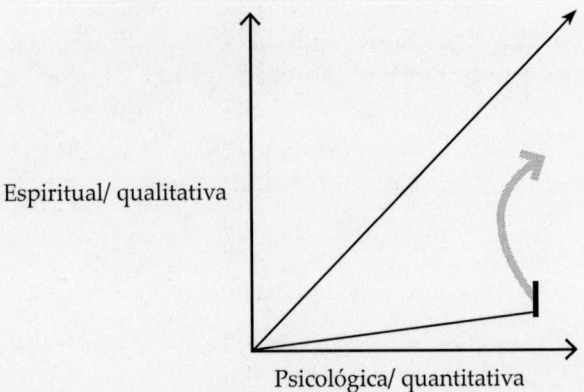

Espiritual/ qualitativa

Psicológica/ quantitativa

Se as pressões sociais, os imperativos do negócio ou a determinação cega para ter sucesso superam a tensão que está tentando nos puxar de volta ao equilíbrio, eventualmente sofreremos um doloroso despertar. Essa dor é conhecida como a crise do significado (Figura 21). Quando atingimos o ponto da crise, a tendência é ficar em choque ou em confusão temporária e até sofrermos um retrocesso de *performance* por um tempo, mas ao mesmo tempo provavelmente acabaremos sendo puxados para cima em direção ao ideal em busca de um caminho mais equilibrado. Podemos nos tornar mais introspectivos, dedicar mais tempo para pintar ou escrever poesia e desejar passar mais tempo de qualidade com nossos filhos.

CONHECIMENTO

O eixo horizontal também pode ser visto como o conhecimento. A crise de significado ocorre quando o acúmulo de conhecimento excede em muito o efeito moderador de nossos valores. Na crise, experimentamos um colapso da falsa sensação de segurança proporcionada pela ilusão de poder e certeza que um grande conhecimento nos dá.

A sabedoria está além do conhecimento e é mais profunda. Ela nos permite ver mais longe, é muitas vezes contraditória e oferece um espécie diferente de segurança daquela que uma pessoa saindo de uma crise é capaz de experimentar. Pode-se dizer que a linha de 45 ° nos gráficos representa a sabedoria, situada entre os extremos do que poderíamos descrever como conhecimento explorado indiscriminadamente de um lado e fanatismo espiritual não fundamentado do outro. O excesso vertical também pode levar as pessoas a uma crise, conhecida como a crise da dualidade, a divisão entre a visão idealista e a dura realidades da vida mundana. Essas pessoas são trazidas à terra com um solavanco e podem acabar sacrificando os seus valores para conseguir um emprego adequado.

Eu omiti um elemento desses gráficos de psicossíntese, um ponto de luz que fica além da ponta da flecha de 45°. Representa nosso eu superior ou alma, que pode ser visto como a fonte de nosso propósito e sabedoria. Ela exerce uma pressão suave sobre nós para *voltarmos ao caminho certo*, que é facilmente anulado por nossos desejos e ambições mais terrenos. No passado, essa ideia poderia ser facilmente descartada por mentes científicas racionais como uma mera especulação fantasiosa. No entanto, recentes avanços na neurobiologia podem ter revelado o que poderia ser chamado de *ponto de Deus* nos lobos temporais do cérebro que, para citar Danah Zohar, poderia ser *um componente crucial de nossa inteligência espiritual mais elevada*.

As empresas reconhecem, com razão, que muitos sistemas no mundo estão mudando de obediência para escolha. Um estilo de liderança de *coaching* faz o mesmo. As pessoas querem e continuarão querendo ter mais escolhas pessoais no futuro. É claro que uma crise não é uma precondição para o desenvolvimento psicoespiritual. Algumas pessoas progridem muito ao longo de sua jornada, sem nenhuma crise nem um *coach*. Outros progridem com consequências menos dramáticas através de uma série de pequenas crises e as mudanças de direção não são tão agudas.

Subpersonalidades

> Há momentos em que olho para as várias partes do meu caráter com perplexidade. Reconheço que sou composto de várias pessoas e que a pessoa que no momento está no controle inevitavelmente dará lugar a outra. (W. Somerset Maugham)

Este modelo de *coaching* avançado trabalha com o que chamamos de subpersonalidades, diferentes aspectos de nós mesmos que podem ter características e objetivos diferentes. Por exemplo, você já acordou numa manhã ensolarada e pensou "Uau, por que eu não me levanto e dou um passeio na praia?". E em um instante você ouve outra voz interior respondendo "Não, relaxe, fique na cama; está tão quentinho e confortável aqui?". Quem está falando com quem? Essas são duas de suas subpersonalidades e você tem muito mais, incluindo a que ouviu os dois lados do diálogo.

Todos conhecemos pessoas que se vestem com paletó e gravata, olham-se no espelho e depois caminham por aí com o peito estufado e o nariz em pé. É assim que eles andam e falam quando estão fora com seus camaradas, ou visitando sua avó ou com seus filhos? Provavelmente não. Todos adotamos certas características ou personalidades, em circunstâncias diferentes, dependendo de como nos vemos ou queremos ser vistos. Muitas subpersonalidades derivam de nossa infância, quando inconscientemente, pelo menos em parte, usamos alguma estratégia para conseguir o que queríamos com um adulto. – *Posso comer outro chocolate, por favor – Ah, deixa vaaaaaaai!!!* – com a voz aguda, a cabeça baixa e a postura retraída para combinar. Se essa estratégia não funcionava, tentávamos outra até termos sucesso, e depois simplesmente a refinamos. Nós acreditamos que isso funciona com outras pessoas também, e mesmo durante a nossa idade adulta, e não apenas para o chocolate. A maioria das subpersonalidades tem uma necessidade, e muitas também têm um dom, por exemplo, uma subpersonalidade heroica provavelmente será corajosa, o que é um dom muito útil se alguém precisar ser salvo.

COACHING PARA CONFLITOS INTERNOS

Quando um *coachee* tem um conflito interno de algum tipo, você pode perguntar "Que parte de você quer fazer isso?". E seguir com "Que outras características essa parte de você possui? O que a outra parte quer?". O objetivo dessas perguntas de *coaching* é ajudar os *coachees* a reconhecerem e entenderem mais sobre seus impulsos e conflitos internos como um prelúdio para resolvê-los. Quando os *coachees* estiverem confortáveis, você pode e pedir que eles deem nomes para suas subpersonalidades (Chocólatra, Herói, Vítima e assim por diante). Muitas perguntas de *coaching* surgem a partir desse ponto:

- Qual dessas você acha mais perturbadora?
- Em que circunstâncias ela aparece?
- Dê um exemplo recente.
- O que ela queria?

- E conseguiu? E se sim, como você acha que a outra pessoa se sentiu?
- Qual seria outra maneira de conseguir o que você queria naquela situação?

A autoconsciência de *coachee* está sendo aumentada por esse processo até o ponto em que eles podem começar a fazer escolhas sobre como se apresentam, em vez de entrar em certa subpersonalidade automaticamente por causa das circunstâncias. Sua autorresponsabilidade está sendo fortalecida e ele estará se movendo em direção a um maior senso de autodomínio. Quando duas subpersonalidades estão em conflito (por exemplo, caminhar ou ficar na cama) – e isso muitas vezes reflete um padrão repetitivo – é possível convidar o *coachee* a conduzir uma conversa imaginária entre as duas partes e até negociar com elas (por exemplo, ande três vezes por semana e fique na cama nos outros quatro dias).

QUEM É VOCÊ?

Uma maneira de descrever nossas subpersonalidades é reconhecer que *nos identificamos* com certas descrições, papéis e até mesmo objetos. Se você perguntar a um estranho "Quem é você?", ele normalmente lhe dirá seu nome. Mas se as pessoas estão se reunindo para ajudar ou simplesmente observar um acidente, um policial pode perguntar a alguém que vem correndo através da multidão "Quem é você?". Nesta circunstância, a pessoa pode dizer "Eu sou médico", já que isso é mais relevante do que o seu nome. Sob várias circunstâncias, as pessoas verão e descreverão a si mesmas como homem de negócios, jogador do Arsenal, contador, piloto de corridas, feminista, americano, pai, professor, acadêmico; a lista é infinita. Nenhuma dessas coisas é realmente quem elas são, mas são a parte com as quais se identificam naquele momento ou circunstância.

Algumas pessoas ficam presas em uma subpersonalidade, negando assim seu próprio acesso a outras partes de si mesmas que podem ser mais interessantes, criativas, engraçadas, apropriadas e assim por diante. Alguns até se identificam com objetos, como suas roupas ou seu carro; eles não apenas os têm, eles se tornam aquilo. É importante que as pessoas descubram quais são essas identificações temporárias e superficiais.

Uma pessoa pode ser comparada a uma equipe na qual os diferentes membros têm diferentes qualidades e diferentes desejos e expectativas. É importante fazer com que a equipe seja aberta, fale sobre suas necessidades e diferenças, e comece a colaborar e até apoiar uns aos outros, a fim de satisfazer suas aspirações individuais. O *coaching* pode ajudar as pessoas a se tornarem muito mais integradas e consistentes em si mesmas e com outras pessoas. Você notará que este processo é uma questão de aumentar a autoconsciência e depois a responsabilidade própria.

No ambiente de trabalho e também em casa, uma grande quantidade de conflitos nasce da disputa acirrada entre uma subpersonalidade de uma pessoa e uma subpersonalidade de outra, e isso vira um pandemônio. Uma vez que elas estejam cientes de que é apenas uma parte de uma pessoa em conflito com uma parte da outra, a energia no conflito é desarmada, ambos podem começar a administrar suas subpersonalidades e podem escolher expressar outra, e podem até mesmo entrar em um acordo sobre coisas pelas quais brigaram no passado.

As subpersonalidades podem ser usadas de várias maneiras e aparecem de várias formas. Mesmo as equipes podem ser vistas como tendo subpersonalidades. Outra analogia útil é a de que as subpersonalidades são membros de uma orquestra sinfônica: cada uma toca um instrumento diferente, mas podem ser agrupadas. Quando estão aquecendo antes do concerto, cada um faz seu próprio som e o ruído é descoordenado, e quando ouvido do lado de fora está longe de ser agradável. Porém quando o regente aparece num instante a orquestra está tocando em perfeita em harmonia.

AUTOMAESTRIA

Isso levanta à seguinte questão: "Posso me tornar o maestro de minha própria orquestra?". A resposta é sim, afastando-se ou recuando de suas subpersonalidades e tornando-se um observador do processo. Eu preciso acrescentar logo de cara que isso é algo muito profundo e que não acontece da noite para o dia, mas ser o maestro de sua própria orquestra é um estado muito calmo e poderoso, chamado de autodomínio. Em termos de psicossíntese, o condutor é conhecido como o *eu* e é descrito como um centro de pura consciência e pura vontade. Isso equivale precisamente à consciência e responsabilidade, então você pode ver agora que o propósito central do *coaching* é construir as qualidades e a presença do eu. Não é por acaso que isso também equivale às qualidades dos líderes no mais alto nível de liderança, identificada por Collins em *Good to Great*: humildade, um inevitável parceiro da autoconsciência, vontade ou paixão.

Então, qual é a sequência que precisa ser seguida para se alcançar o alinhamento?

- O primeiro passo é o reconhecimento de que você tem subpersonalidades, identificando as mais ativas e quando elas assumem o controle. Isso requer uma autorreflexão honesta do tipo que se beneficiaria muito da assistência de um *coach*.
- O segundo passo é a disposição de reconhecer para outra pessoa (ou pessoas) que existem subpersonalidades conflitantes, e descobrir quando elas aparecem e assumem o controle, o que elas querem, como elas o limitam e como podem servir a você.
- O terceiro passo é fazer com que cooperem entre si, e é aí que o alinhamento interno começa. Por exemplo, voltando à história anterior sobre vozes diferentes disputando se você deve sair para uma corrida matinal ou ficar na cama, as duas vozes poderiam, em um exercício de encenação, negociar um compromisso, como duas corridas iniciais por semana em troca de três repousos sem culpa.
- Passo quatro, o estágio final é a verdadeira síntese ou colaboração para um mesmo fim em nome do bem comum. Embora esse tipo de processo de desenvolvimento possa ser realizado em casa por meio da autorreflexão, da meditação, há benefícios adicionais ao se fazer isso em um grupo de *coaching* projetado para esse propósito específico.

Eu descrevi o domínio de *coaching* avançado para a compreensão de *coaches* aspirantes. Eu recomendo fortemente que todos os *coaches* e líderes interessados pratiquem formalmente as habilidades avançadas de *coaching*, porque a prática em um ambiente seguro e a obtenção de *feedback* são cruciais para o aprendizado. Não há um caminho certo para fazer as coisas, mas o que se segue é um descrição detalhada do uso de uma forma de *coaching* avançado que você poderia, pelo menos de início, seguir de perto.

Sonho ou visualização estruturados

Muitos métodos avançados de *coaching* buscam alcançar a mente racional, lógica e limitada no subconsciente, que é sistêmico. Por exemplo, no Capítulo 3, a imaginação guiada pode ser usada em visualizações estruturadas para que os *coachees* se imaginem em uma jornada até uma montanha, um símbolo arquetípico para o crescimento; Sugiro que encontrem certas coisas no caminho, desde presentes a obstáculos, de um animal a um sábio e velho professor; e peça que imaginem o que acontece quando isso ocorre. Os eventos que ocorrem, os obstáculos que enfrentam e os seres que encontram no caminho são todos símbolos de algo na mente do *coachee* que é descoberto durante o *coaching*. Faça a atividade abaixo para explorar isso. Claro, isso é algo que você também pode fazer com seus colegas de trabalho. Eu recomendo abordar isso de forma descontraída e espontânea quando você estiver confiante o suficiente, pois parecerá mais autêntico. Quando os *coachees* terminam essa visualização, depois de uma pausa eu faço *coaching* sobre a experiência, focando principalmente no que o obstáculo simbolizava para eles e quais qualidades eles utilizaram para superá-lo. Qual era o animal e quais os sentimentos deles sobre isso? Qual foi a conversa com o animal e o que isso simbolizou? Em seguida, qual foi o presente, de quem foi e o que isso significa? E finalmente, quem era o sábio idoso, quais eram as perguntas, quais eram as respostas recebidas, e mais importante, o que elas revelam? Existem, é claro, muitos outros aspectos da experiência que podem surgir e precisam ser explorados, mas isso já lhe dá o básico.

Atividade: *Visualização Estruturada*	Pratique este *script* de visualização com um colega, *coachee* ou alguém em casa e peça a alguém com quem se sinta à vontade para ler para você. • Sente-se calma e confortavelmente por um momento e respire fundo algumas vezes. • Agora se veja em um campo cercado pela natureza no sopé de uma montanha. • Comece a caminhar lentamente em direção à montanha e inicie a subida suave.

- Conforme você avança, o terreno começa a ficar mais íngreme e mais rústico.
- Você está agora perto de um grupo de árvores e há muitas pedras ao seu redor.
- De repente você se depara com um obstáculo aparentemente intransponível.
- Você quer continuar e descobrir como superá-lo.
- Pode ser difícil, mas eventualmente você consegue e continua seu caminho.
- De repente, você encontra um animal e, mais inesperadamente ainda, ele fala com você.
- Você está com medo? O que o animal lhe diz? Ainda está com medo? O que você diz?
- É hora de continuar sua escalada e você se despede.
- Você chega à beira da linha das árvores e a montanha de pedra se abre diante de você.
- No meio do caminho há um presente que você sabe que é para você. Você pega e leva com você.
- Agora você está se aproximando do topo da montanha e a vista é magnífica.
- Quando você se aproxima de uma rocha, há um velho sábio sentado ali.
- Ele o saúda e diz que eles estava esperando por você.
- Ele o convida a fazer três perguntas que eles lhe responderá.
- Você faz as perguntas que vêm à sua mente uma de cada vez e recebe as respostas.
- Você deixa as respostas ecoarem na sua mente e o velho se despede. Você começa a refazer seus passos.
- A jornada descendo a montanha é agradável, mas não muito longa.
- Logo você se encontra de volta ao campo onde começou.

> • Quando estiver pronto, volte lentamente para a sala e abra os olhos.
>
> Agora pegue um papel e uma caneta e faça anotações de tudo que você lembrar, incluindo a conversa com o animal, as perguntas que você fez e as respostas que você recebeu do velho sábio.

Em termos de tempo de visualização, a subida da montanha deve ser lenta e deliberada, com tempo suficiente entre cada frase, talvez cerca de 20 segundos, e toda a jornada para subir e descer levando, digamos, 15 minutos. O *interrogatório* também não deve ser muito longo.

Espero que isso lhe dê uma ideia suficiente sobre esse tipo de processo para permitir que você experimente. É muito importante que você desenvolva seu próprio estilo autêntico com esse tipo de trabalho.

Descobrir mais

Um *coach* profissional que tenha obtido a Certificação de *Coach* Profissional da ICF ou similar poderá usar todas essas ferramentas sem problemas. Para os líderes, que geralmente não querem se tornar um *coach* profissional, recomendo um *coaching* de liderança que lhe ensine *coaching* avançado, pois isso não apenas ampliará seu leque de habilidades, mas também promoverá seu próprio desenvolvimento. Habilidades avançadas de *coaching* serão cada vez mais procuradas à medida que o tempo e a sociedade progredirem.

Apêndice 1:
Glossário de Termos de *Coaching*

RESPONSABILIDADE O *coach* CONFIA no *coachee* e o responsabiliza pelo progresso em seu pensamento, aprendizado ou AÇÕES em relação à sua AGENDA e objetivos, por meio de estruturas e medidas coplanejadas e acordadas desde o início e sem culpa ou julgamento. O *coach* auxilia os *coachees* na criação de estruturas de autorresponsabilidade com a mentalidade de *todos somos responsáveis por nosso próprio desenvolvimento*. As perguntas para definir a responsabilidade incluem: "O que você fará?", "Quando fará?" e "Como saberei?" Leia também o *Check-In Sobre o Progresso*.

RECONHECIMENTO O *coach* percebe e articula um profundo conhecimento do *eu* do *coachee* por meio da tomada de ação, do desenvolvimento da consciência, ou tendo o desejo. Veja também APRECIAÇÃO.

AÇÕES ver RESPONSABILIDADE, BRAINSTORMING, CELEBRAR, DESENHANDO AÇÕES, REVISANDO AS AÇÕES.

ESCUTA ATIVA O *coach* ouve para entender a essência do que o *coachee* está comunicando com palavras, silêncio, tom de voz, linguagem corporal, emoções e energia; ouvir as crenças e preocupações subjacentes, motivação e comprometimento; e ouvir a visão, os valores, os objetivos e o propósito maior do *coachee*. O *coach* ouve *nas entrelinhas* para ouvir o que o *coachee* não está dizendo. O *coach* se concentra na agenda do *coachee* sem julgamento e com desapego; integra e constrói o pensamento, a criação e a aprendizagem do *coachee*; e encoraja e reforça a autoexpressão e a exploração intencional. Veja também ESSÊNCIA,

PRESENÇA, INTUIÇÃO, PARAFRASEANDO, REFLETINDO, RESUMINDO, DESABAFANDO

COACHING AVANÇADO Convida o *coachee* a reformular a vida como uma jornada de desenvolvimento, ver o potencial criativo dentro da realidade atual e encontrar significado, propósito e um poderoso senso de si. Reflete a psicologia transpessoal que reconhece e responde ao anseio de um *coachee* por algo além do pessoal, do material e do cotidiano, e acrescenta um senso de vontade mais profundo, responsabilidade pessoal e serviço a algo maior que o ego. É transformacional, não transacional, enfatiza a exploração e abrange todo o *coachee* – sua grandeza e seus dons, além de crenças e padrões limitantes.

O *coach* tem total confiança no processo e não tem medo de fazer perguntas que conectem um *coachee* a seus impulsos e obstáculos ocultos. É um processo de capacitação que permite aos *coachees* descobrir quem são e operar a partir de seu núcleo – sua fonte de valores e qualidades mais profundas – uma fonte de poder pessoal real, criatividade e atualização. Veja também COACHING

AGENDA O *coachee* escolhe o foco do *coaching* e o *coach* atende a essa agenda por inteiro, com o DESAPEGO ao resultado. Mantendo a atenção no plano geral ou nos objetivos de *coaching*, nos resultados desejados e nas ações acordadas. No *coaching* avançado, o *coach* pode desafiar o *coachee* a aprofundar-se para descobrir a questão, o desejo e a agenda reais. Veja também PARCERIA

ACORDO *Coach* e *coachee* projetam em conjunto no início e revisam regularmente seu contrato/aliança de *coaching* para determinar o que o *coachee* gostaria de conquistar com a interação de *coaching* em longo prazo, se existe uma correspondência efetiva entre as necessidades do *coachee* e do *coaching*, as abordagem e métodos do *coach*, e quais são as responsabilidades do *coach* e do *coachee*. No início, é importante garantir que o *coachee* compreenda a natureza do processo de *coaching*, que ele tem opções para responder a uma solicitação do *coach*, estabelecer o que é apropriado no relacionamento e discutir parâmetros específicos, como logística, taxas e agendamento. Veja também AGENDA, DIRETRIZES ÉTICAS, PADRÕES PROFISSIONAIS

ALIANÇA veja ACORDO

ANALOGIA Uma analogia pode conter uma metáfora ou comparar uma coisa com outra, mas vai além, acrescentando raciocínio ou explicação para ilustrar um conceito ou processo. Pode ajudar o *coachee* a entender algo complexo comparando-o com algo familiar, explorando semelhanças e relações em algo que talvez não tenham considerado. Sigmund Freud disse sobre as analogias: "Elas podem fazer com que você se sinta em casa". Por exemplo, uma analogia que você poderia ajudar um *coachee* a criar poderia ser: "Eu quero que minha próxima jogada se destaque do resto – quero brilhar como um diamante, para ser forte sob pressão e cristalino no que ofereço, mas refletindo ideias diferentes, dependendo do que a pessoa quer ver". Veja também ESCLARECENDO

APRECIAÇÃO O *coach* comunica ao *coachee* algo que aprecia nele, e assim pode aprofundar a crença e a confiança, ajudando-os a se conhecerem mais plenamente. A apreciação é uma forma sincera de RECONHECIMENTO.

ARTICULAR A REALIDADE O *coach* diz que o que vê está acontecendo, por exemplo, uma ação que o *coachee* tomou e o efeito que está tendo sobre eles, para validar ou adicionar *insight*. Veja também REFLETIR / ESPELHAR, RESUMIR

AUTENTICIDADE O *coach* precisa estar confortável com sua própria autenticidade. Quando o *coach* admite honestamente que não sabe para onde prosseguir com a conversa, ou conta a história de algo com o qual lutou, o *coachee* percebe que o *coach* é real e se sentirá mais confortável em ser vulnerável ou admitir lutas, dúvidas e falhas.

CONSCIÊNCIA Uma entrada autorrealizada, de alta qualidade e relevante, adquirida através da mente, dos sentidos e das emoções. A consciência pode ser de si mesmo, dos outros, das coisas ou das circunstâncias. *Coaching* significa facilitar a capacidade do *coachee* de ter acesso a uma autoconsciência precisa, aumentando a conscientização em áreas relevantes, a fim de aumentar sua própria capacidade de crescimento e *performance*. Isso leva a aprendizado, realização e prazer aprimorados. A consciência é a base a partir da qual a RESPONSABILIDADE, a autoconfiança e a automotivação podem emergir. Veja também INTELIGÊNCIA EMOCIONAL

CONSCIÊNCIA CORPORAL Consciência das sensações no corpo da atividade física ou da carga emocional, que orientam a pessoa a agir ou a ficar curiosa sobre o que está acontecendo com o *coachee*. Veja também INTUIÇÃO

ESSÊNCIA O *coach* ajuda o *coachee* a expressar a essência de sua comunicação rapidamente, sem se envolver ou ser pego em longas descrições. O domínio da competência central da ESCUTA ATIVA permite que o *coach apreenda a essência* do que ouviu do *coachee* para aumentar a clareza e levar a conversa adiante.

BRAINSTORMING O *coach* oferece para debater opções com o *coachee*, com o DESAPEGO às ideias oferecidas. Tanto o *coach* quanto o *coachee* contribuem. Como o *coach* encoraja o *coachee* a apresentar ideias, isso se torna uma oportunidade para o *coach* encorajar a criatividade e a desenvoltura do *coachee*.

CELEBRAR Encorajar e dar tempo para o *coachee* se apropriar de suas ações, sentir realmente a celebração em seu corpo por seu sucesso, e apreciar suas capacidades para o crescimento futuro, oferece uma maneira de realmente experimentar seu próprio sucesso, ao contrário de correr através de uma sucessão de desafios. A celebração é um antídoto para o esgotamento.

DESAFIAR O *coach* convida o *coachee* a se aventurar além de sua zona de conforto e desafiar suposições, crenças limitantes e PERSPECTIVAS para provocar novos *insights* e possibilidades. O *coach* habilidoso é capaz de desafiar sem julgamento ou críticas.

DEFENDER O *coach* vê o potencial no *coachee* e acredita que o *coachee* é capaz e competente. O *coach* administra suas próprias crenças limitantes, suspendendo o julgamento e observando e desafiando as crenças limitantes do *coachee*.

VERIFICAR O PROGRESSO O *coach* mantém a atenção do *coachee* em sua AGENDA e em seu plano de *coaching*, RECONHECE a Consciência e Visão adquiridas e o que já foi alcançado. O *coach* desafia positivamente sobre o que não alcançaram e permanece aberto para ajustar medidas e AÇÕES. O *coach* desenvolve a capacidade de *auto feedback* do *coachee*. Veja também RESPONSABILIDADE, FEEDBACK DE COACHING, PLANEJAMENTO

ESCLARECER O *coach* expressa sucintamente a ESSÊNCIA do que foi dito/ouvido e acrescenta qualquer coisa notada intuitivamente pela observação de emoções ou discrepâncias entre a palavra e a expressão facial ou corporal, para gerar *insight* e clareza para o *coachee*. Esclarecer cria um ponto de verificação para garantir que o *coach* tenha ouvido profundamente e entendido o significado da mensagem do *coachee*, por exemplo, "Parece que... O que é para você?" Um *coach* com grande intuição frequentemente recebe a resposta "*É isso mesmo!*" do *coachee*. Veja também PARAFRASEAR, REFLETIR/ESPELHAR, RESUMIR

CLAREANDO ver VENTILANDO

PERGUNTAS FECHADAS Qualquer pergunta que possa ser respondida com um simples *Sim* ou *Não*. Veja também PERGUNTAS ABERTAS, PERGUNTAS PODEROSAS

COACHING Apoiar as pessoas a crescerem sozinhas e a melhorarem a sua *performance*, esclarecer seu propósito e visão, atingir seus objetivos e realizar o seu potencial. CONSCIÊNCIA e RESPONSABILIDADE são aumentadas através de investigação, exploração intencional e autorrealização. O *coaching* se concentra no presente e no futuro, é uma parceria completa entre *coach* e *coachee*, e olha para o *coachee* como alguém inteiro (não como alguém fragmentado ou precisando de conserto), engenhoso e capaz de encontrar suas próprias respostas. Veja também COACHING AVANÇADO, MENTALIDADE DE COACHING

O Coaching libera o potencial das pessoas para maximizar sua própria performance. Ele ajuda a aprender em vez de ensinar como fazer.

A *IFC* define o *Coaching* como: *Parceria com clientes em um processo instigante e criativo que os inspira a maximizar seu potencial pessoal e profissional.*

FEEDBACK DE COACHING O *coach* extrai *auto feedback* do *coachee*, focalizando a meta e não o obstáculo, para que as interferências possam sair do caminho, aprendizado e novos *insights* possam ocorrer e o potencial possa surgir. *Feedback* efetivo, seja *auto feedback* ou a partir das observações do *coach*, permite ao *coachee* identificar os principais pontos fortes e as principais áreas de aprendizado e crescimento.

MENTALIDADE DE COACHING O *coach* acredita que o *coachee* é capaz, cheio de recursos e cheio de potencial. Acreditar na capacidade adormecida de uma pessoa aumentará sua autoconfiança e automotivação e permitirá que ela floresça. E com essa mentalidade você pode conduzi-los para fazerem suas próprias escolhas poderosas e encontrar prazer em sua *performance* e sucesso.

PRESENÇA DE COACHING Para criar um relacionamento espontâneo e profundo com o *coachee*, o *coach* precisa ser totalmente consciente e flexível. Isso requer estar aberto a não saber, correr riscos e experimentar novas possibilidades. O *coach* deve estar confiante em mudar as perspectivas e trabalhar com (e não se envolver) em emoções fortes, acessar sua própria intuição e usar o humor para introduzir leveza e elevar a energia. Estar totalmente presente com o *coachee* é a competência principal do *coaching*. Veja também DANÇANDO NO MOMENTO

CÓDIGO DE ÉTICA veja DIRETRIZES ÉTICAS

CONSULTORIA Dar conselhos e orientação.

CONTRATO veja ACORDO

ACONSELHAMENTO Apoio pessoal orientado a problemas.

DANÇANDO NO MOMENTO O *coach* está totalmente presente e segue a direção e o fluxo do *coachee*, notando mudanças na energia e criando Conscientização dentro do *coach* e do *coachee* de cada momento.

DECLARAÇÃO O *coach* cria um espaço ou ambiente para que o *coachee* se comprometa com ações efetivas que levem à realização do futuro desejado. Isso é muito maior do que dizer *Sim, vou fazer*. Por exemplo, *a partir deste momento eu declaro que vou entrar em um novo estilo de liderança que se encaixa com a minha própria visão de quem eu estou me tornando*. Veja também TESTEMUNHO

APROFUNDAR O APRENDIZADO O *coach* ajuda o *coachee* a encontrar o aprendizado a partir de um ação anterior ou de perspectivas atuais para preparar o terreno para novas ações. O *coach* pode convidar o *coachee* a *fazê-lo agora* enquanto estiverem juntos e dar apoio e CELEBRAR imediatamente o sucesso da ação ou do aprendizado que surgiu.

PROJETANDO AÇÕES O *coach* ajuda o *coachee* a explorar ideias e soluções alternativas relacionadas à agenda do *coachee* e definir as ações comprometidas que tomarão para avançar em direção ao seu objetivo. Veja também RESPONSABILIDADE, BRAINSTORMING, COMEMORAR, REVISAR AÇÕES

COMUNICAÇÃO DIRETA Usando uma linguagem apropriada e respeitosa que se adapte ao estilo de aprendizagem do *coachee*, o *coach* efetivamente compartilha e convida o *coachee* a ter novas PERSPECTIVAS, pensamentos, INTUIÇÃO e *feedback*, com o DESAPEGO de apoiar a autoconsciência e a AGENDA do *coachee*. A comunicação direta só é eficaz quando é fornecida sem causar ressentimento ou resistência no *coachee*. Veja também ANALOGIA, METÁFORA, REENQUADRAR.

DISRUPÇÃO Descobrir uma maneira de romper padrões que o *coachee* deseja liberar. Isso pode ser a interrupção de uma ação (gritar com os funcionários) ou de um modo de pensar (*eu tenho que ser perfeito*) .

PERGUNTAS EFICAZES Veja PERGUNTAS PODEROSAS

INCORPORAR Usar o corpo para fortalecer um compromisso ou aprofundar uma compreensão ou experiência. Por exemplo, fique de pé *como* se você fosse um orador competente quando se está trabalhando a competência de oratória, ao invés de apenas falar sobre isso.

INTELIGÊNCIA EMOCIONAL *Coaching* é a inteligência emocional (QE) na prática. QE é um termo cunhado por Daniel Goleman em seu livro de mesmo nome. O QE pode ser descrito como a gama de competências emocionais, sociais e pessoais que influenciam nossa capacidade de lidar com as demandas e pressões da vida. Ele pode ser dividido em várias áreas e competências, cada uma delas com impacto na maneira como abordamos tarefas, atividades e interações. *Coaching* é sobre o desenvolvimento e uso de nosso QE. Toda mudança começa por dentro. Desenvolver e acessar nosso QE pode mudar nossa autoconsciência. Isso nos permite administrar melhor a nós mesmos e nos tornarmos mais conscientes dos outros, tendo assim um impacto mais positivo e maior responsabilidade.

ESCUTA ENGAJADA ver ESCUTA ATIVA

DIRETRIZES ÉTICAS O *coach* tem obrigações éticas com o *coachee* e deve entender, comunicar e aderir a um conjunto de diretrizes éticas, por exemplo, o Código de Ética e Padrões Profissionais da *ICF*. Veja também PADRÕES DE CONDUTA

AVALIAÇÃO Realizar uma aferição ou medição do resultado do *coaching* em termos de valor agregado, tanto qualitativo (mudança de comportamento) quanto quantitativo (impacto monetário).

FEEDBACK veja FEEDBACK DE *COACHING*

FOCO veja MANTER O FOCO

ESTABELECER METAS O *coach* e o *coachee* concordam em qual será o resultado desejado do *coaching*, por exemplo, "Eu quero ter um plano efetivo para começar a trabalhar meia hora mais cedo todos os dias". Isso permite que o *coach* facilite a conversa de forma eficaz no tempo disponível para o *coaching* de modo que ele sirva ao *coachee* da melhor maneira possível. Veja também o Capítulo 10, G: Definição de metas

GREMLIN A personificação de uma crença que nos impede de avançar. A perspectiva do *coaching* é que uma crença é desenvolvida para nos manter seguros e que, ao nos tornarmos conscientes disso, podemos escolher como isso afeta nossa vida. O livro de Rick Carson, *Taming Your Gremlin*, é excelente para desanuviar esses fantasmas.

SEXTO SENTIDO ver INTUIÇÃO

MANTER O FOCO O *coach* mantém a energia do *coachee* voltada para os resultados desejados. Veja também AGENDA

MANTER O ESPAÇO O *coach* excelente honra o espaço dinâmico do *coachee* e dá permissão para sua total liberdade de expressão de emoções, dúvidas, medos e crenças limitantes, sem julgamento ou reação exagerada.

JOGO INTERIOR Na década de 1970, o técnico de tênis Timothy Gallwey desenvolveu uma série de conceitos que contribuíram para o desenvolvimento do *coaching*, incluindo a importância da consciência dos obstáculos internos (nossos pensamentos, sentimentos e reações físicas, que muitas vezes são criados por nós mesmos). Gallwey reconheceu o poder de aumentar a conscientização na diminuição da interferência limitadora de *performance*. Ele declarou: "Nossa *performance* é igual ao nosso potencial menos interferência" ou $D = p - i$.

INTUIÇÃO Acessar diretamente e confiar no seu conhecimento interior ou *pressentimento*, assumir riscos para comunicar o que você intui. Veja também DESAPEGO

ESCUTAR O POTENCIAL O *coach* foca nas capacidades do *coachee* e acredita que o *coachee* é capaz, engenhoso e cheio de potencial, em vez de ver o *coachee* como alguém com um problema ou que é um problema.

ESCUTAR COM O CORAÇÃO O *coach* ouve as mensagens não verbais, como tom de voz, fraseado, expressão facial e linguagem corporal. Quando estamos ouvindo atentamente o nível de sentimento e significado (a intenção), nossa linguagem corporal e expressão facial mostram isso e incentivam o falante a se abrir para nós.

OUVIR, veja a ESCUTA ATIVA

ENCONTRE O *COACHEE* ONDE ELE ESTÁ O *coach* tem empatia pela situação do *coachee* e respeita o seu momento de vida, sem tentar influenciá-lo. O *coach* fala nos termos do *coachee*, usando seu tipo de linguagem.

MENTORING Compartilhar a experiência e dar alguma orientação.

METÁFORA A introdução do simbolismo e do imaginário – algo que não é literal, mas uma figura de linguagem – ajuda o *coachee* a explorar emoções e associações de outro contexto (algo que eles conhecem) para usá-las na construção de uma imagem ou sensação daquilo que estão tentando expressar em palavras (o que eles não sabem ou entendem). Quando os *coaches* usam metáforas, eles não estão apenas pedindo ao *coachee* para pensar em uma coisa como outra, eles realmente levam o *coachee* um passo adiante, convidando-os a imaginar ou a sentir que uma coisa é outra (X = Y, por exemplo) "Quando eu fizer minha apresentação, serei o diamante no palco – minha mensagem será cristalina". Veja também ANALOGIA, ESCLARECENDO

MENTALIDADE veja MENTALIDADE DE *COACHING*

ESPELHAR veja REFLETIR

CONDUZINDO O *COACHEE* ADIANTE O *coach* pode ajudar a levar o *coachee* a avançar de muitas maneiras, incluindo focar na ESSÊNCIA das coisas, trazendo o foco de volta ao objetivo, ajudando a criar ações para o *coachee* e fazendo um PEDIDO ao *coachee*. Veja também BRAINSTORMING, DESAFIAR, ESTABELECER METAS, PERSPECTIVAS, VENTILAR

PNL (PROGRAMAÇÃO NEUROLINGUÍSTICA) Um modelo de comunicação interpessoal que está principalmente preocupado com a relação entre padrões bem-sucedidos de comportamento e as experiências subjetivas subjacentes (especialmente padrões de pensamento), criado por Richard Bandler e John Grinder na década de 1970.

DESAPEGO O *coach* permanece na agenda do *coachee* e não tenta influenciar ou ter uma opinião sobre o resultado. Veja também PARCERIA

PERGUNTAS ABERTAS Perguntas amplas e gerais, por exemplo, "O que você realmente quer?", "Quais outras opções você tem?", Evocando clareza e *insight*. Veja também PERGUNTAS FECHADAS, PERGUNTAS PODEROSAS

PARAFRASEAR O *coach* repete o que foi dito, mas usa palavras ligeiramente diferentes, que não mudam a substância ou o significado, para mostrar ao *coachee* que está ouvindo suas palavras (o conteúdo), validando o que têm disse, e ajudando-o a repetir e talvez rever o que disse. Veja também ESCLARECER, REFLETIR / ESPELHAR, RESUMIR

PARCERIA O *coach* garante que o relacionamento *coach-coachee* seja entre iguais, ficando ao lado do *coachee* durante a sessão, em vez de ficar na sua frente ou mesmo de pé. Veja também AGENDA, DANÇANDO NO MOMENTO, DESAPEGO

PERMISSÃO Ao perguntar se o *coachee* está confortável em receber *coaching* em áreas sensíveis, íntimas ou novas, ou antes de falar uma verdade mais dura ou expressar a sua intuição, o *coach* cria um ambiente seguro, ajuda a construir confiança e garante que o *coaching* permaneça como uma parceria.

PERSPECTIVAS O *coach* comunica outros pontos de vista que expandem a maneira como o *coachee* vê algo, permitindo-lhes examinar seu ponto de vista e o compromisso inspirador de mudar para um local mais cheio de recursos e possibilidades. Veja também CONSCIÊNCIA CORPORAL, REENQUADRAR

PLANEJAMENTO O *coach* cria um plano de *coaching* eficaz que contempla a integralidade do *coachee*, abordando sua AGENDA, preocupações e principais áreas de aprendizado e desenvolvimento, com metas mensuráveis, alcançáveis, desafiadoras e com prazos, e tem o potencial de mover o *coachee* para o resultado desejado. Veja também a ESTABELECER METAS

PERGUNTAS PODEROSAS O *coach* primeiro faz perguntas abrangentes e vagas que exigem atenção, reflexão e observação, e depois questões mais profundas para aumentar a qualidade do foco, clareza, detalhes e precisão e evocar descobertas, *insights*, novos aprendizados, comprometimento ou ação em direção ao resultado desejado pelo *coachee*. O questionamento poderoso reflete a curiosidade e a ESCUTA ATIVA, segue a AGENDA do *coachee* com DESAPEGO, desafia suas suposições, cria um ciclo de *feedback* e não leva a julgamento, culpa ou críticas.

PRESENÇA veja PRESENÇA DE *COACHING*

PADRÕES PROFISSIONAIS Os *coaches* devem se comportar a qualquer momento de uma maneira profissional e compreender e modelar padrões profissionais apropriados, por exemplo, o Código de Ética e Padrões Profissionais da *ICF*. Veja também DIRETRIZES ÉTICAS

PSICOTERAPIA Apoio terapêutico que explora bloqueios e influências passadas, particularmente o passado emocional. Os *coaches* devem comunicar claramente aos seus orientandos a distinção entre *coaching* e psicoterapia, e devem ser capazes de encaminhar os *coachees* para um psicoterapeuta profissional, conforme necessário.

PROPÓSITO O objetivo maior ou *porque* uma pessoa age é tão importante quanto *como* age ou *o que* faz, e é o fator unificador e integrador da mudança real.

PERGUNTA veja em PERGUNTAS PODEROSAS.

REFLETIR/ ESPELHAR O *coach* expressa um resumo do que acha que ouviu o *coachee* falar, usando as palavras exatas para capturar os conceitos principais. Esse *espelhamento* permite que o técnico verifique a compreensão, e dá ao *coachee* a oportunidade de ouvir suas próprias palavras e, se necessário, revisar o que disse, e seu significado é expresso com mais precisão. Veja também ESCLARECER, PARAFRASEAR, RESUMIR

REENQUADRAR O *coach* ajuda o *coachee* a entender as coisas de uma nova perspectiva. Um exemplo de reenquadramento pode ser: "Então, você se considera uma vítima das circunstâncias, mas outra maneira de ver isso poderia ser"... Veja também ESCLARECER

REAFIRMAR veja REFLETIR/ ESPELHAR

PEDIDO O *coach* convida o *coachee* a tomar uma ação específica sobre algo, por exemplo, *Eu gostaria que você completasse a tarefa X até a data Y*, e permite que o *coachee* diga *Sim, vou fazer isso, Não, não vou fazer isso*, ou fazer uma contraproposta. Formas de responder a uma solicitação geralmente são configuradas no ACORDO. Veja também CONDUZIR O *COACHEE* ADIANTE

RESPONSABILIDADE A escolha pessoal de se apropriar e se comprometer a agir. Não pode ser imposta; deve vir de dentro. *Coaching* tem a ver com a construção de consciência e responsabilidade, a fim de elevar as pessoas e a sua *performance*. O aumento da responsabilidade leva a um aumento do potencial, da confiança e da automotivação. É a base a partir da qual a singularidade, a autoconfiança e a propriedade podem emergir. Veja também INTELIGÊNCIA EMOCIONAL.

REVISAR AÇÕES O *coach* ajuda o *coachee* a aumentar seu aprendizado e consciência, identifica possíveis bloqueios e oferece apoio e desafio adicionais para atingir o objetivo. Quando as ações e seus resultados são revisados, o aprendizado da ação ocorre. Quando os resultados não são o que o *coach* e o *coachee* esperavam ou desejavam, o *coach* pode desafiar o *coachee* a reconhecer se existe uma separação entre o que está afirmando e o que está fazendo. Não se trata de culpa ou crítica, mas de ajudar o *coachee* a ver a realidade atual com precisão. Veja também

RESPONSABILIDADE, CELEBRAR, APROFUNDAR O APRENDIZADO, PROJETAR AÇÕES.

PADRÕES DE CONDUTA veja PADRÕES PROFISSIONAIS

VISUALIZAÇÃO ESTRUTURADA/ ESTRATÉGICA O *coach* desafia o *coachee* a criar uma visão poderosa do futuro que irá motivá-lo a buscar sua própria realização. Veja também ESTABELECER METAS

RESUMIR Repetindo o que o *coachee* disse, mas de forma mais resumida, sem alterar a substância ou o significado, o *coach* demonstra que está ouvindo suas palavras (o conteúdo), verifica se entendeu, ajuda o *coachee* a rever o que disse, valida o que foi dito e permite que o *coach* interrompa suavemente quando o *coachee* fala demais ou se repete. Veja também ESCLARECER, PARAFRASEAR, REFLETIR/ ESPELHAR

COACHING SISTÊMICO O *coach* reconhece, considera e conecta todos os elementos do sistema em operação para o *coachee*. Isso pode incluir dinâmicas de relacionamento, fluxo de trabalho, hierarquia, unidades de negócios envolvidas, fatores causais e padrões gerais presentes no sistema. O *coaching* sistêmico pode ser muito poderoso para um *coachee* que está lutando com elementos de um sistema que estão fora de seu controle. Veja também ABORDAGEM SISTÊMICA

TERAPIA ver PSICOTERAPIA

CONFIANÇA O *coaching* depende de uma conexão profunda entre o *coach* e o *coachee*, construída sobre intimidade, respeito mútuo e preocupação genuína com o bem-estar e o futuro do *coachee*. Construir uma relação de confiança entre *coach* e *coachee* requer um ambiente seguro e de suporte, bem como acordos claros, integridade pessoal, honestidade e sinceridade. Veja também AUTENTICIDADE, DEFESA, PERMISSÃO.

VALORES Os princípios que você considera mais caros e pelos quais está disposto a lutar. Identificar e compreender os valores centrais do *coachee* é fundamental para o relacionamento de *coaching*. O *coach* pode ajudar o *coachee* a aumentar o prazer, a *performance* e o bem-estar geral declarando seus valores e trabalhando para viver seus valores todos os dias, por exemplo, perguntando: "Como você pode viver seu valor de integridade no trabalho todos os dias?"

VENTILAR O *coach* permite que o *coachee* limpe um estado emocional do ser, sem julgamento e com DESAPEGO, de modo que sejam capazes de avançar para o próximo passo. O *coach* não usa nenhum desses materiais para iniciar uma conversa de *coaching*. O *coaching* recomeça após VENTILAR

VISIONAMENTO Um processo pelo qual o *coach* ajuda o *coachee* a imaginar o que deseja, como se já tivesse acontecido ou já tenha sido realizado. A criação de uma visão poderosa que pode realmente ser retratada como *futuro desejado* pelo *coachee* é o primeiro passo para avançar para onde o *coachee* quer ir.

ABORDAGEM SISTÊMICA Reconhece a interconectividade de pessoas, processos, organizações e comunidades onde atuam. Envolve ativamente a capacidade de trabalhar e desenvolver o potencial sistêmico inerente.

TESTEMUNHO O *coach* é uma testemunha objetiva, sem julgamentos, da vida do *coachee*, que cria espaço para a criatividade e reconexão com os valores e sonhos que ocorrem.

Apêndice 2:
Kit de Ferramentas de Perguntas de *Coaching*

Este *kit* de ferramentas reúne todas as perguntas que nós, da Consultoria de *Performance*, consideramos úteis no *coaching*, divididos em conjuntos específicos chamados Bolsas de Perguntas, de acordo com o assunto. Nós convidamos você a explorar cada conjunto desses quando precisar. A regra de ouro é ser claro e breve. Às vezes, as perguntas mais poderosas levam a um longo silêncio, por isso não sinta a necessidade de entrar com outra pergunta se houver uma longa pausa. O silêncio é realmente valioso. A maioria das perguntas listadas aqui são ótimas em situações de equipe também se você substituir *você* e *seu* por *nós / nós* e *nosso*. Embora o *coaching* não seja apenas sobre fazer perguntas, essa é a habilidade mais importante que um *coach* novato precisa dominar. A razão é que é com essa habilidade que você começa a penetrar na sabedoria dos outros. E tudo é situacional, portanto qualquer pergunta poderia funcionar, dada a intenção e as circunstâncias corretas. Conforme sua confiança cresce, siga sua intuição e permita que perguntas poderosas possam fluir. Em vez de ficar tentado a elaborar sua próxima pergunta, confie que saberá instintivamente o que perguntar a seguir.

Bolsa de Perguntas 1: *Autocoaching*

Use essa sequência de perguntas quando quiser trabalhar em um desafio específico como indivíduo ou equipe. Identifique algo que você gostaria de alcançar, melhorar ou talvez resolver no trabalho. Anote suas respostas para cada uma dessas perguntas, interpretando-as da maneira que lhe parecer apropriada. As perguntas seguem a sequência GROW: Metas, Realidade, Opções e Vontade:

- O que você gostaria de trabalhar?
- O que você gostaria de ter depois de responder a este conjunto de perguntas (por exemplo, um primeiro passo / estratégia / solução)?
- Qual é o seu objetivo relacionado a esse problema?
- Quando você vai conseguir isso?
- Quais são os benefícios de alcançar esse objetivo?
- Quem mais se beneficiará e de que maneira?
- Como será se você atingir seu objetivo?
- O que você vai ver / ouvir / sentir?
- Que ação você tomou até agora?
- O que está movendo você em direção ao seu objetivo?
- O que está atrapalhando?
- Que opções você tem para atingir seu objetivo?
- O que mais você poderia fazer?
- Quais são as principais vantagens e desvantagens de cada opção?
- Quais opções você escolherá para agir?
- Quando você vai começar cada ação?
- O que alguém poderia fazer para lhe dar apoio e quando você pedirá?
- Quão comprometido você está, em uma escala de 1 a 10, em aceitar cada uma dessas ações?
- Se não for um 10, o que faria um 10?
- O que você vai se comprometer a fazer? (Nota: também é uma opção não fazer nada e rever em uma data posterior).

Bolsa de Perguntas 2: Acordos conscientes de trabalho

Siga esta sequência para criar acordos de trabalho conscientes com um indivíduo ou equipe. Cada pessoa deve responder a todas as perguntas. Se for uma equipe grande, os membros da equipe respondem até que toda a equipe perceba que determinada pergunta foi respondida e não há mais nada a acrescentar. Depois de um tempo, trabalhe com sua equipe para criar seu próprio conjunto de perguntas com essa finalidade.

- Como seria o sonho / sucesso para nós trabalhando juntos?
- Como seria o cenário do pesadelo / pior cenário?
- Qual é a melhor maneira de trabalharmos juntos para alcançar o sonho?
- O que precisamos ter em mente para evitar o pesadelo?
- Quais atitudes você e eu queremos trazer para essa conversa?
- Quais permissões você e eu queremos?
- Quais suposições você e eu temos?
- O que faremos quando as coisas ficarem difíceis?
- O que está funcionando / não está funcionando?
- O que precisamos mudar para tornar o relacionamento mais produtivo / positivo?
- Como podemos ambos nos responsabilizar por fazer isso funcionar?

Bolsa de Perguntas 3: Pedindo permissão

Esta bolsa contém diferentes maneiras de pedir permissão – use conforme necessário.

- Posso adicionar algo ao que você acabou de dizer?
- Gostaria de debater isso comigo?
- Tudo bem se eu usar uma abordagem de *coaching*?
- Posso te perguntar...?
- Seria útil se eu lhe dissesse o que estou ouvindo quando você diz isso?

- Posso fazer uma sugestão?
- Quais permissões queremos para essa conversa?

Bolsa de Perguntas 4: As 10 perguntas mais poderosas

Esta bolsa de perguntas consiste em meu top 10 – uma lista de perguntas simples, porém profundas, que você pode ter ao alcance de suas mãos.

1. Se eu não estivesse aqui, o que você faria? (Minha pergunta favorita de todos os tempos que eu uso para provar ao cínico que o *coaching* não leva tempo, leva uma pergunta poderosa!)
2. Se você soubesse a resposta, qual seria? (Não tão estúpido quanto parece, já que permite ao *coachee* olhar além do bloqueio.) Se você soubesse? (Em resposta a *eu não sei*)
3. E se não houvesse limites?
4. Que conselho você daria a um amigo em sua situação?
5. Imagine ter um diálogo com a pessoa mais sábia que você conhece ou pode imaginar. O que eles diriam para você fazer?
6. O quê mais? (Isso usado no final da maioria das respostas evocará mais. Isto, seguido de um silêncio claro, também pode evocar mais, permitindo que o *coachee* pense.)
7. O que você gostaria de explorar a seguir?
8. Eu não sei para onde ir em seguida. Aonde você quer ir?
9. Qual é o problema real?(Às vezes usado para ajudar o *coachee* a sair da história e chegar à Essência.)
10. Qual é o seu compromisso em uma escala de 1 a 10 de que vai fazê-lo? O que você pode fazer para torná-lo um 10?

Bolsa de Perguntas 5: *GROW*

Este saco contém conjuntos de perguntas para cada etapa do modelo *GROW* – explore conforme a necessidade.

METAS

As Metas como objetivo da conversa

- O que você gostaria de conseguir nesta conversa?
- Qual é o objetivo dessa conversa?
- Parece que você tem dois objetivos. Qual você gostaria de focar primeiro?
- O que tornaria esse tempo bem gasto para você?
- Qual seria a coisa mais útil para você tirar no final da nossa conversa?
- Temos meia hora para isso, aonde você gostaria de chegar até lá?
- Se você tivesse uma varinha mágica, onde gostaria de estar no final disso?

A meta para o problema

- Qual é o sonho?
- Como você gostaria que fosse?
- O que isso parece?
- O que você vai dizer para si mesmo?
- O que isso permitirá que você faça?
- O que as outras pessoas dirão para você?
- O que você teria que ainda não tem?
- Imagine daqui a três meses, todos os obstáculos foram removidos e você alcançou seu objetivo:
  - O que você vê / ouve / sente?
  - Com o que se parece?
  - O que as pessoas estão dizendo para você?
  - Como é?
  - Quais novos elementos estão em vigor?
  - O que está diferente?
- Qual seria um objetivo inspirador para você?
- Qual resultado você está procurando?

- O que isso lhe trará pessoalmente?
- Qual trecho você precisará para atingir esse objetivo?
- Qual é o período de tempo?
- Quais marcos você pode identificar? Quais são os seus prazos?
- Como você quebraria essa meta em pedaços menores?
- O que significaria para você conseguir isso?
- O que é importante para você sobre esse processo?
- O que mais você quer?
- Qual seria um ótimo resultado para você com isso?
- Como seria um resultado bem-sucedido?
- Como seria uma conclusão de tarefa bem-sucedida?
- Com o que você está trabalhando aqui?
- Quando você precisa ter alcançado esse resultado?

REALIDADE

- O que está acontecendo no momento?
- Quão importante é isso para você?
- Em uma escala de 1 a 10, se uma situação ideal for 10, em que número você estaria agora?
- Em que número você gostaria de estar?
- Como você se sente sobre isso?
- Que impacto isso está tendo em você?
- O que está nos seus ombros?
- Como isso afeta outras áreas da sua vida?
- O que você está fazendo que leva você em direção ao seu objetivo?
- O que você está fazendo que está atrapalhando o seu objetivo?
- Quanto...?
- Quantos...?
- Quem mais afeta?
- Qual é a situação atual?
- Exatamente o que está acontecendo agora?
- Qual é a sua principal preocupação aqui?

- Quem mais está envolvido / afetado?
- Quanto controle você tem pessoalmente sobre o resultado?
- Que ação você tomou até agora?
- O que te impediu de fazer mais?
- Que resistência interna você tem que agir?
- Quais recursos você já possui (habilidade, tempo, entusiasmo, apoio, dinheiro etc.)?
- Quais outros recursos são necessários?
- Qual é o problema real aqui?
- Quais são os principais riscos aqui?
- Quais recursos você já tem?
- Qual é o seu plano até agora?
- Com o que você pode contar para você aqui?
- O que você está mais / menos confiante?

OPÇÕES

- O que você poderia fazer?
- Quais ideias você tem?
- Quais alternativas você tem?
- Mais alguma coisa?
- Se houvesse mais alguma coisa, qual seria?
- O que funcionou no passado?
- Que passos você poderia dar?
- Quem poderia ajudá-lo com isso?
- Onde você poderia descobrir as informações?
- Como você pode fazer aquilo?
- Quais são as diferentes maneiras pelas quais você pode se aproximar desse problema?
- O que mais você poderia fazer?
- O que você faria se tivesse mais tempo / controle / dinheiro?
- O que você faria se pudesse começar de novo, com uma ficha limpa?

- Quem você sabe quem seria bom nisso? O que eles fariam?
- Quais opções dariam os melhores resultados?
- Qual solução agrada mais a você?
- O que você poderia fazer para evitar / reduzir esse risco?
- Como você poderia melhorar essa situação?
- Então, agora, como você quer fazer isso?
- O que você acha?
- O que mais poderia trabalhar aqui?
- Que ideias você tem que podem funcionar aqui?
- O que te ajudaria a lembrar?
- Como seria uma solução permanente?
- O que você poderia fazer para evitar que isso aconteça novamente?
- Quais escolhas você tem?
- Eu tenho alguma experiência nesta área, ajudaria se eu fizesse uma sugestão?

VONTADE

Fase 1: Definição de responsabilidade – defina ações, cronograma e medidas de realização

- O que você vai fazer?
- Como você vai fazer isso?
- Quando você vai fazer isso?
- Com quem você vai conversar?
- Aonde você irá?
- Existe alguma coisa que você precisa colocar em prática antes disso?
- Como você está comprometido em tomar essa ação?
- O que será necessário para você se comprometer com isso?
- Quais opções você escolhe?
- Até que ponto isso vai atingir o objetivo que você tem?
- Como você medirá o sucesso?

- Qual é o primeiro passo?
- Quando precisamente você vai começar?
- O que te impede de começar mais cedo?
- O que pode acontecer para impedir que você faça isso?
- Que resistência pessoal você tem, se é que existe, para tomar essa ação?
- O que você fará para minimizar esses fatores?
- Quem mais precisa saber quais são seus planos?
- Qual suporte você precisa? De quem?
- O que você fará para obter esse apoio?
- O que eu poderia fazer para apoiá-lo?
- O que você pode fazer para se sustentar?
- Qual é o seu compromisso em realizar essa ação (por exemplo, em uma escala de 1 a 10)?
- Quem vai tomar essa ação?
- Qual é o próximo passo para você?
- Quando você vai dar o primeiro passo?
- A que horas isso será terminado?
- Qual é o seu compromisso com essa ação?
- O que pode acontecer para evitar que você faça isso?
- Quem mais você pode chamar para ajudá-lo?
- O que mais você precisa?
- Quais ações específicas você tomará?
- Como você vai saber que funcionou?
- Como vou saber (responsabilização)?
- Qual é a melhor opção?
- Quais mudanças você fará?
- O que você fará para garantir que isso aconteça?

Estágio 2: Acompanhamento e *feedback* **– analise como as coisas correram e explore o** *feedback* **para o aprendizado.**

Consulte a Bolsa de Perguntas 6 para perguntas sobre como verificar o progresso e a Bolsa de Perguntas 7 para perguntas que explorem o *feedback* para o aprendizado.

Bolsa de Perguntas 6: Acompanhamento

Estas perguntas são para verificação durante a fase de preparação do *coaching* – depois de um objetivo ter sido definido, mas antes de ter sido alcançado.

- Onde você está com esse projeto / meta?
- O que aconteceu até agora / desde a última vez que falamos sobre isso?
- Como vão as coisas?
- Como você se sente sobre onde você está com isso?
- O que você acha do seu progresso?
- O que você conseguiu?

Uma de três coisas terá acontecido e as seguintes perguntas serão agrupadas de acordo. Mergulhe como apropriado.

O *COACHEE* TEVE SUCESSO

- O que está funcionando bem e por que?
- Com o que você está mais satisfeito?
- Do que você mais se orgulha?
- Que sucessos você teve?
- O que levou a esse sucesso?
- O que permitiu que você chegasse tão longe?
- Quais habilidades, qualidades ou pontos fortes de vocês contribuíram para isso?
- Quais comportamentos foram mais eficazes?
- Parabéns! Tire um momento para comemorar.
- O que você quer celebrar em si mesmo?

- O que você aprendeu?
- Quais desafios você superou e como?
- Que novas forças você encontrou?
- Qual capacidade você cresceu?
- O que vem depois para você?

O *COACHEE* NÃO TEVE SUCESSO

- O que aconteceu (conto)?
- O que você aprendeu com isso?
- O que não está indo bem e por que?
- Quais desafios você teve?
- Como você lidou com os desafios?
- Que novas forças você encontrou?
- Quais áreas de desenvolvimento você encontrou?
- O que você quer celebrar em si mesmo?
- O que você quer fazer da próxima vez?
- Como você vai seguir em frente?
- Que lacunas em habilidades, conhecimento ou experiência você gostaria de desenvolver?
  Quais comportamentos você mudaria da próxima vez?
- Em quais áreas de desenvolvimento você gostaria de trabalhar?
- Qual é o maior bloco?
- Qual é a coisa mais eficaz que você pode fazer para superar esse bloqueio?

O *COACHEE* NÃO FEZ A AÇÃO

- O que aconteceu?
- O que te impediu de fazer isso?
- O que isso significa pra você?
- O que você aprendeu sobre você mesmo?
- O que você vai fazer?

Todas as perguntas acima são sobre como criar aprendizado. Veja a Bolsa de Perguntas 7 para perguntas para capturar e aprofundar esse aprendizado.

Bolsa de Perguntas 7: Modelo de *Feedback GROW*

Faça as seguintes perguntas conforme necessário. Lembre-se, a regra de ouro para o *feedback* é que em cada passo do modelo o *coachee* compartilha primeiro e o *coach* acrescenta sua perspectiva a seguir.

META – DEFINA A INTENÇÃO

Coachee partilha – faça perguntas que focalizam a atenção e aumentam a energia
- O que você / nós queremos tirar disso?
- O que seria útil para você?
    O *Coach* partilha – adicione seu objetivo
- Eu quero...

REALIDADE: RECONHEÇA

Coachee partilha – faça perguntas focadas no positivo
- O que está indo bem?
- O que você gostou no que você fez / como você fez?
- O que funcionou bem?
- Quais comportamentos foram mais eficazes?
- Do que você mais se orgulha?
- Quais pontos fortes específicos você usou?
- Quais comportamentos foram mais eficazes?
- O que você acha que mais contribuiu para o seu sucesso?

O *Coach* partilha – acrescente o que você acha que funcionou bem
- Eu gosto / gostei...
- Eu encontrei o que funcionou bem foi quando / como você...

- Eu senti que você consistentemente superou as metas e expectativas acordadas...
- Eu reconheço o esforço que você faz... Mesmo que a meta não tenha sido totalmente atingida...
- Pontos fortes que vejo incluem...

OPÇÕES: AÇÕES DE MELHORIA

Coachee – **faça perguntas para aumentar a responsabilidade de melhorar a** *performance*

- Se você pudesse fazer isso de novo, o que você faria de diferente?
- Quais pontos fortes você gostaria de usar mais no futuro?
- Quais comportamentos você mudaria da próxima vez?
- O que impediu você de alcançar / exceder...?
- Como você superaria isso da próxima vez?
- O que permitiria alcançar maior frequência / consistência / qualidade no futuro?
- Onde, especificamente, no último ano, habilidades ou experiências adicionais teriam sido úteis?
- Que habilidades ou experiências importantes você está perdendo que o prepararão para oportunidades futuras?
- Se você saiu da pista, o que aconteceu? O que você pode fazer para melhorar essa situação?

O *Coach* **partilha – adicione o que você sente que o seu** *coachee* **precisa fazer para se esforçar ainda mais**

- Posso fazer uma sugestão?
- Eu sinto que você poderia alcançar esse objetivo...
- Eu sinto que você poderia se alongar...
- E se...?
- Formas de alavancar ainda mais seus pontos fortes seriam...
- A razão pela qual esta área de desenvolvimento é importante é...

VONTADE – APRENDIZADO

Coachee **partilha – faça perguntas que reforcem o aprendizado e concorde com os próximos passos**

- Qual é o aprendizado aqui?
- O que você aprendeu que você pode aplicar daqui para frente?
- O que você está aprendendo sobre você?
- O que você está aprendendo sobre os outros?
- O que você sabe sobre esse objetivo / projeto que você não sabia antes?
- O que mais podemos aprender?
- O que você / nós faremos diferente da próxima vez?
- Onde mais você aplicaria esse aprendizado?

Coach **partilha – adicione o que você está aprendendo e o que você fará de maneira diferente**

- Estou aprendendo...
- Eu farei...

Apêndice 3:
Algumas Soluções para o Exercício dos Nove Pontos

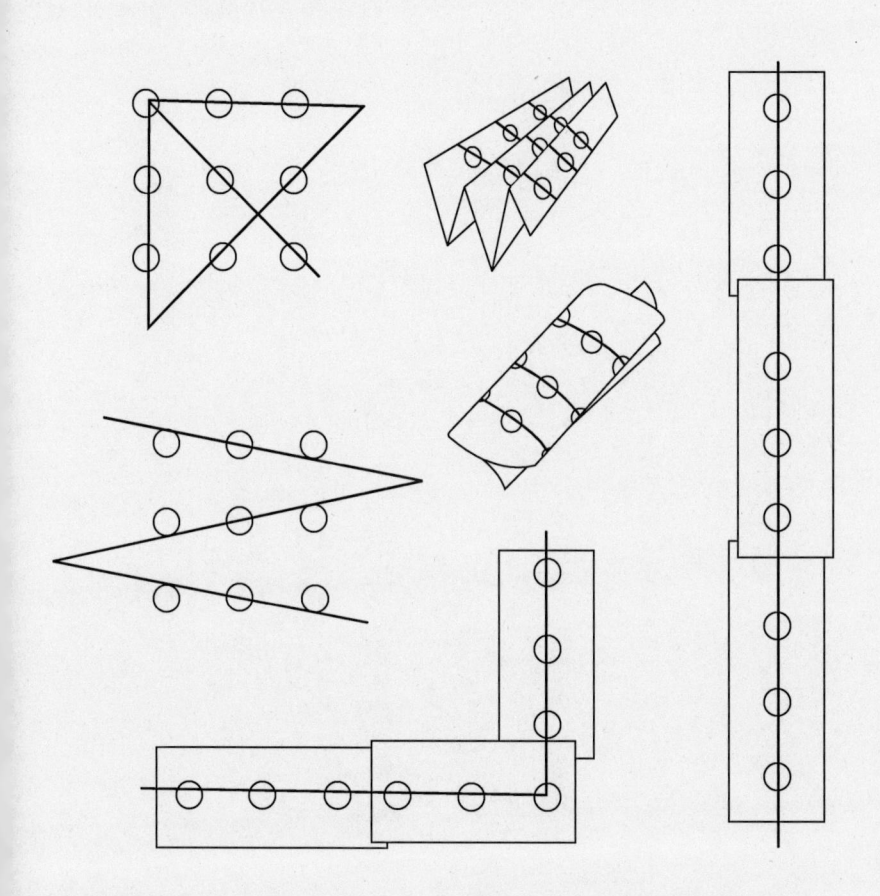

Bibliografia

Cheguei à firme convicção de que hoje em dia, e com a responsabilidade que eles têm, os *coaches* precisam ser mais do que um recipiente vazio, um espelho ou um escravo da agenda de seus clientes. Eles devem estar bem informados e atualizados sobre assuntos e tendências globais, especialmente sobre degradação ambiental e econômica, justiça social e sofrimento social, psicoterapia e espiritualidade. Essa é uma tarefa difícil, por isso acrescentei apenas alguns livros à minha bibliografia recomendada cobrindo esses domínios mais amplos. Eu deliberadamente evitei adicionar novos livros sobre *coaching*, pois há muitos para listar e a maioria tem muito a oferecer. Minha ênfase aqui é ampliar a visão de *coaches* e líderes para além das fronteiras convencionais do *coaching*.

Barrett, Richard (1998) *Liberating the Corporate Soul*, Butterworth-Heinemann.

Barrett, Richard (2006) *Building a Values-Driven Organization*, Elsevier.

Barrett, Richard (2014) *Evolutionary Coaching*, Lulu.

Bennis, Warren (1989) *On Becoming a Leader*, Addison-Wesley.Bridges, William (2004) Transitions, Da Capo Press.

Browne, John (2016) *Connect*, WH Allen.

Canadian Union of Public Employees (CUPE) (2003) *Enough Workplace Stress*, Canadian Union of Public Employees.

Canfield, Jack (2005) *The Success Principles*, Element.

Carson, Rick (2007) *Taming Your Gremlin*, William Morrow.

Chang, Richard (2001) *The Passion Plan*, Jossey-Bass.

Childre, Doc, Howard Martin, & Donna Beech (2000) The Heartmath Solution, HarperCollins.

Collins, Jim (2001) *Good to Great*, Random House Business.

Colvin, Geoff (2008*) Talent Is Overrated*, Nicholas Brealey.

Conference Board (2016) *The Conference Board CEO Challenge® 2016*, Conference Board.

Correa, Cristiane (2014) *Dream Big*, Kindle edition, Primeira Pessoa.

Covey, Stephen (1989) *The Seven Habits of Highly Effective People*, Simon & Schuster.

Day, Laura (1997*) Practical Intuition*, Broadway Books.

Dispenza, Joseph (2009) *Evolve Your Brain*, Health Communications.

DuPont (2015) "The DuPont Bradley Curve infographic," www.dupont.com/products-and-services/consulting-services-process-technologies/articles/bradley-curve-infographic.html.

DuPont Sustainable Solutions (2015) "The DuPont Bradley Curve | DuPont Sustainable Solutions," https://www.youtube.com/watch?v=tMoVi7vxkb0.

Einzig, Hetty (2017) *The Future of Coaching*, Routledge.

Emerald, David (2016*) The Power of TED (The Empowerment Dynamic)*, Polaris.

European Foundation for the Improvement of Living and Working Conditions (Eurofound) and the European Agency for Safety and Health at Work (EU-OSHA) (2014) *Psychosocial Risks in Europe*, Publications Office of the European Union.

Ewenstein, Boris, Bryan Hancock, & Asmus Komm (2016) *"Ahead of the curve: The future of performance management"*, McKinsey Quarterly, May.

Ford, Debbie (2004) *The Right Questions*, HarperOne.

Foster, Patrick & Stuart Hoult (2013) *"The safety journey: Using a safety maturity model for safety planning and assurance in the UK coal mining industry"*, Minerals, 3: 59–72.

Gallwey, Timothy (1986) *The Inner Game of Golf*, Pan.

Gallwey, Timothy (1986) *The Inner Game of Tennis*, Pan.

Gallwey, Timothy (2000) *The Inner Game of Work*, Texere.

Gladwell, Malcolm (2000) *The Tipping Point*, Little, Brown.

Gladwell, Malcolm (2008) *Outliers*, Little, Brown.

Goleman, Daniel (1996) *Emotional Intelligence*, Bloomsbury.

Goleman, Daniel (1999) *Working with Emotional Intelligence*, Bloomsbury.

Goleman, Daniel (2006) *Social Intelligence*, Random House.

Goleman, Daniel, Richard Boyatzis, & Annie McKee (2002) *Primal Leadership: Learning to Lead with Emotional Intelligence*, Harvard Business School Press.

Goleman, Daniel, Richard Boyatzis, & Annie McKee (2002) *The New Leaders*, Little, Brown.

Hackman, Richard, Ruth Wageman, & Colin Fisher (2009) *"Leading teams when the time is right"*, Organizational Dynamics, 38(3): 192–203.

Harris, Alma (2003) *"Teacher leadership, heresy, fantasy or possibility?"*, School Leadership and Management, 23(3): 313–324.

Hartmann, Thom (1998) *The Last Hours of Ancient Sunlight*, Three Rivers Press.

Harvard Business School (2009) "Jorge Paulo Lemann, A.B. 1961; Carlos A. Sicupira, OPM 9, 1984; Marcel H. Telles, OPM 10, 1985," *Alumni Stories*, https://www.alumni.hbs.edu/stories/Pages/story-bulletin.aspx?num=1990.

Hawken, Paul (2007) *Blessed Unrest*, Viking.

Hawken, Paul, Amory B. Lovins, & Hunter Lovins (2000) *Natural Capitalism*, Earthscan.

Hay Group (2010) *"Growing leaders grows profits"*, Developing Leadership Capability Drives Business Performance, November.

Heifetz, Ronald, & Marty Linsky (2002) *Leadership on the Line*, Harvard Business School Press.

Hemery, David (1991) *Sporting Excellence*, Collins Willow.

Hill, Andrew (2017) *"Power to the workers: Michelin's great experiment"*, The Financial Times, 11 May.

Homem de Mello, Francisco S. (2015) The 3G Way, 10x Books.

Hopkins, Andrew (2008) *Failure to Learn*, CCH.

International Coach Federation and Human Capital Institute (2014) *Building a Coaching Culture*, Human Capital Institute.

James, Oliver (2008) *The Selfish Capitalist*, Vermilion.

Kahneman, Daniel (2002) "Daniel Kahneman – Biographical," www.nobelprize.org/nobel_prizes/economic-sciences/laureates/2002/kahneman-bio.html.

Katzenbach, Jon, & Douglas Smith (1993) *The Wisdom of Teams*, Harvard Business Press.

Kegan, Robert, & Lisa Laskow Lahey (2009) *Immunity to Change*, Harvard Business School Publishing.

Kegan, Robert, Lisa Laskow Lahey, Matthew L. Miller, & Andy Fleming (2016) *An Everyone Culture*, Harvard Business Review Press.

Kimsey-House, Henry, Karen Kimsey-House, Phillip Sandahl, & Laura Whitworth (2011) *Co-Active Coaching*, Nicholas Brealey.

Kline, Nancy (1998) *Time to Think*, Octopus.

Knight, Sue (2002) *NLP at Work*, Nicholas Brealey.

Laloux, Frederic (2014) *Reinventing Organizations: A Guide to Creating Organizations Inspired by the Next Stage in Human Consciousness*, Nelson Parker.

Landsberg, Max (1997) *The Tao of Coaching*, HarperCollins.

Lee, Graham (2003) *Leadership Coaching*, Chartered Institute of Personnel & Development.

Maslow, Abraham (1943) *"A Theory of Human Motivation"*, Psychological Review, 50, 370–396.

Maslow, Abraham (1954) *Motivation and Personality*, Harper.

Mehrabian, Albert (1971) *Silent Messages*, Wadsworth.

Mindell, Arnold (1998) *Dreambody*, Lao Tse Press.

Mitroff, Ian, & Elizabeth A. Denton (1999) *The Spiritual Audit of Corporate America*, Jossey-Bass.Monbiot, George (2006) Heat, Penguin.

Moss, Richard (2007) *The Mandala of Being*, New World Library.

Neill, Michael (2009) *You Can Have What You Want*, Hay House.

Nicholas, Michael (2008) *Being the Effective Leader*, Michael Nicholas.

Peltier, Bruce (2009) *The Psychology of Executive Coaching*, Routledge.

Perkins, John (2007) *The Secret History of the American Empire*, Dutton.

Pilger, John (1998) Hidden Agendas, Vintage. Renton, Jane (2009) *Coaching and Mentoring*, The Economist.

Rock, David, & Linda Page (2009) *Coaching with the Brain in Mind*, John Wiley.

Roddick, Anita (2001) *Business as Unusual*, Thorsons.

Rogers, Jenny (2016) *Coaching Skills*, Open University Press.

Russell, Peter (2007) *The Global Brain*, Floris Books.

Schutz, William, C. (1958) *FIRO: A Three-Dimensional Theory of Inter--Personal Behavior*, Rinehart.

Seligman, Martin (2006) *Learned Optimism*, Vintage Books.

Semler, Ricardo (2001) *Maverick*, Random House.

Senge, Peter (2006) *The Fifth Discipline*, Random House Business Books.

Senge, Peter, C. Otto Scharmer, Joseph Jaworski, & Betty Sue Flowers (2004) *Presence*, Nicholas Brealey.

Sisodia, Raj, David Wolfe, & Jag Sheth (2014) *Firms of Endearment*, Pearson Education.

Spackman, Kerry (2009) *The Winner's Bible*, HarperCollins.

Speth, James (2008) *The Bridge at the Edge of the World*, Yale University Press.

Tolle, Eckhart (2001) *The Power of Now*, Mobius.

Tolle, Eckhart (2005) *A New Earth*, Penguin.

Whitmore, Diana (1999) *Psychosynthesis Counselling in Action*, Sage.

Zohar, Danah, & Ian Marshall (2001) *SQ: Spiritual Intelligence*, Bloomsbury.

Agradecimentos

Qualquer livro dessa natureza será o produto da exposição do autor e da aprendizagem de muitas experiências e muitas pessoas. Tim Gallwey deve, sem dúvida, liderar a lista como o criador daquilo que é a base do melhor *coach*. Edições anteriores deste livro identificaram muitos outros colaboradores e apoiadores. Não vou repetir seus nomes aqui, mas chamar a atenção para dois principais campos de influência durante a preparação desta edição.

O primeiro é o dos nossos clientes – temos um ditado na *Performance Consultants*: *Crescemos através de nossos clientes*. As parcerias com os clientes são a forma como nos mantemos na vanguarda da nossa indústria – exploramos o seu mundo e criamos soluções para atender às suas necessidades. Este trabalho ajudou muito na revisão deste livro, e eu sou eternamente grato a todos aqueles indivíduos que tiveram uma visão e nos trouxeram à sua organização para torná-la uma realidade. Em minha opinião, essas pessoas são como as *células imaginárias* em uma lagarta que levam à transformação em uma borboleta. Afinal, *coaching* é mudança de comportamento e nenhuma correção é rápida; visão e parceria de longo prazo transformam organizações. Eu mencionarei alguns parceiros de longo prazo aqui. A nossa parceria com a Medtronic começou com a visão de John Collingwood e Pamela Siliato, que desde então buscaram novas oportunidades fora da Medtronic. O trabalho continua com a liderança de Cheryl Doggett e Karen Mathre como parte do recém-formado Centro Global de Especialização em Excelência de Aprendizagem e Liderança. Sua missão é aprofundar e expandir as capacidades de *coaching* em toda a organização, aproveitando o grande trabalho, mantendo a integridade de sua fundação. Na Linde, James Thieme e Kai Gransee tiveram a visão de transformar a *performance* de segurança através do ensino de um estilo de *coaching* – o trabalho que inspirou a curva de *performance*. Lena Glenholmes e Rodrigo Avelar de Souza da Louis Vuitton estão transformando a experiência global de varejo do cliente com uma abordagem de *coaching*.

O segundo campo é o dos indivíduos extraordinariamente talentosos da *Performance Consultants* que trabalham com nossos clientes em todo o mundo. David Brown, meu CEO, me sacudiu muitas luas atrás, tirou-me da poltrona da vida, desafiou minhas reservas e me projetou na arena ilimitada de novas possibilidades e em muitos países do mundo. Tiffany Gaskell liderou a equipe que contribuiu com sua expertise e conhecimento para atualizar esta edição. Criadora da Curva de *Performance* e nossa ferramenta de avaliação de ROI de *Coaching* para o *Performance*, a visão da Tiffany para o impacto que o *coaching* pode ter nas organizações elevou o nosso trabalho a um novo patamar. Frances MacDermott, nosso *Chief Learning Officer* com experiência em publicações, trouxe um pensamento incrível e um maior rigor a todos os nossos materiais apresentados neste livro e ainda adicionou a ele uma profundidade extraordinária. Kate Watson lidera o foco da equipe global na vanguarda da transformação organizacional – os componentes duros e suaves da cultura, que chamamos de gerenciamento de mudanças emocionalmente inteligente. Carolyn Dawson criou os novos diálogos que dão uma visão tão fantástica sobre o que é um estilo de *coaching* na prática no ambiente de trabalho, e tem sido uma inestimável caixa de ressonância em todo o projeto. Rebecca Bradley, *Master Certified Coach* e assessora de longa data da International Coach Federation (*ICF*), contribuiu com sua experiência para os diálogos de *coaching* e Glossário. Rebecca Jones trouxe seus talentos para a criação da pesquisa da Curva de *Performance*. Sunčica Getter e Anne-Marie Gonçalves Desai trouxeram seus conhecimentos em *coaching* de equipe para tornar o Capítulo 16 tão prático, habilmente editado por Adina Bratescu. Jon Williams, que na verdade veio de um cliente, o Lloyds Bank, agora trabalha conosco e é especializado em *coaching* para *performance* de segurança e *coaching* para *performance* Lean, que são descritos nos Capítulos 17 e 18 junto com seus diálogos de *coaching*. Hetty Einzig, com quem trabalhei por mais tempo e que é uma das mais talentosas facilitadoras de seu tempo, lançou seu olhar editorial especializado sobre o manuscrito, sua formação em psicologia assegurando rigor e profundidade. E a pessoa que garantiu que todos nós entregamos é Tamsin Langrishe, que liderou o projeto e também desafiou o conteúdo quando apropriado.

Depois, quero agradecer às milhares de pessoas que conheci na profissão de *coaching* e que tiveram fé na ideia que tentei promover sobre a importância emergente do *coaching* em todas as nossas instituições e vidas. Eu me sinto humilde com os prêmios que vocês me deram, incluindo o Prêmio do Presidente da *ICF* e um Doutorado Honorário da Universidade de East London.

Finalmente, um agradecimento especial aos meus editores. Nicholas Brealey foi o primeiro a ter a ousadia de me publicar. Sally Osborn também trabalhou comigo nas edições anteriores e acrescentou ainda mais polimento a esta. Holly Bennion, Ben Slight, Caroline Westmore e a equipe da Nicholas Brealey Publishing ajudaram a moldar esta quinta edição. Eu acredito que esta nova edição reflete como o *coaching* no ambiente de trabalho evoluiu desde que eu introduzi pela primeira vez no início da década de 1980 e estabelece as bases para o seu significado futuro.

Sobre os Autores

Sir John Whitmore

Sir John Whitmore foi o pioneiro do *coaching* no ambiente de trabalho e cofundador da *Performance Consultants International*, líder de mercado em *coaching* globalmente. Ele foi o primeiro a realizar *coaching* em organizações no início dos anos 80 e é cocriador do modelo GROW, o modelo de *coaching* mais usado no mundo. Homenageado pelo trabalho de sua vida com o President's Award da *International Coach Federation*, a contribuição global da Sir John para o *coaching* e a liderança ajudou a impulsionar a transformação organizacional. Através de seus livros – mais notavelmente *Coaching for Performance* – oficinas e palestras, ele definiu os princípios de *coaching* de *performance* e evitou seu declínio. *Coaching for Performance* é amplamente considerado como a bíblia do *coaching* e inspirou milhões de gerentes, líderes e *coaches* ao longo de quatro décadas para trazer o melhor para si e para os outros. Este livro foi concluído antes de sua morte em 2017, e seu extraordinário legado é continuado por seus colegas.

Performance Consultants International

Cofundada por Sir John Whitmore, por mais de quatro décadas, a *Performance Consultants* tem estado na vanguarda da criação de culturas de alta *performance* nas organizações através de pessoas e liderança. Sua missão é transformar o relacionamento entre organizações e funcionários. Sua postura é simples: as organizações estão sentadas sobre um grande reservatório inexplorado de potencial – o de seu pessoal. Eles fazem parcerias com organizações globalmente no desenvolvimento eficaz de liderança, *coaching* e transformação cultural. Líderes de mercado em sua área, a *Performance Consultants* convida as organizações a melhorar a *performance* por meio de seus líderes e assim obter recompensas para as pessoas, o lucro e o planeta. Eles são capazes de demonstrar uma média de 800% de retorno sobre o investimento para seus clientes. Seu principal programa de desenvolvimento tem o mesmo nome deste livro, *Coaching para a Performance*. É considerado o padrão ouro da indústria e é vendido em mais de 40 países em mais de 20 idiomas.

aching para Performance é um verdadeiro guia que irá transformar sua das organizações e do poder do *coaching*. O sucesso de uma organização epende de seu capital humano. Líderes que orientam podem liberar ficativas reservas de potencial, criar equipes de alta *performance* e obter resultados extraordinários."

Mark Hoijtink, presidente da EMEA e da Hasbro

recomendo *Coaching para Performance*, tanto o livro quanto o curso, a os os nossos líderes na Sellarfield Ltd. e o recomendo enfaticamente a todos os líderes."

Mark Drummond, Talento e Liderança, Sellafield Ltd.

sta Quinta Edição contém apropriadamente referências de *coaching* performance segura. A parceria que nós formamos com a Performance ultants resultou na implantação em larga escala de um programa bem cedido de liderança segura, baseado em *Coaching para Performance*."

James Thieme, gerente global da HSE e da Linde AG, Divisão de Engenharia

derança eficaz exige uma mudança de 'ser o mais inteligente da sala' 'possibilitar que a equipe seja mais inteligente que nós'. *Coaching para Performance* abre as portas para essa mudança de paradigma."

effrey Wu, gerente geral, auditor interno e gerente de riscos do Zhenro Group

aching para Performance é uma obra-prima magistral de *coaching* para nça e uma leitura obrigatória para líderes do mercado global nesta era complexa da nova revolução industrial."

ahin Yaman, líder estrategista e *expert* da Organização Mundial do Comércio

sta edição habilmente atualizada do livro fundamental de Sir John Whitmore é uma parte essencial da literatura de *coaching*."

Liz Hall, editora da *Coaching at Work*

uinta Edição irá inspirar toda uma nova geração com suas importantes gens a respeito de nossos valores, comportamentos e resposabilidades."

Graham Alexander, SuperCoach, criador do modelo GROW, presidente da The Alexander Partnership, autor *de Tales from the Top* e de *SuperCoaching*

"*Coaching para Performance* é uma preciosidade atemporal que deu à minha carreira um sentido inteiramente novo. Ele explica como o *coach* transforma o conhecimento teórico adquirido no treinamento em *perform* constantemente aprimorada na prática."

Irene Kinuthia, diretora acadêmica regional da Strathmore Business School

"Esta edição atualizada da 'bíblia do *coaching*' é agora mais relevante do nunca. Uma cultura de *coaching* florescente oferece a oportunidade para re a relação vital entre empregador e empregado, inspirando os funcionár com a paixão e a dedicação de seguir mais além para atingir seu potenci simultaneamente, proporcionar considerável vantagem aos negócios.

Nicky Gaskell, consultora de comunicações para impacto social, PRCA Awards 2

QUALITYMARK EDITORA

Entre em sintonia com o Mundo

Qualitymark Editora Ltda.

Rua José Augusto Rodrigues, 64 – sl. 101
Polo Cine e Vídeo – Jacarepaguá
22275-047 – Rio de Janeiro – RJ
Tels.: (21) 3597-9055 / 3597-9056
Vendas: (21) 3296-7649

E-mail: quality@qualitymark.com.br
www.qualitymark.com.br

Dados Técnicos:

• Formato:	16 x 23 cm
• Mancha:	12 x 19 cm
• Fonte texto:	Palatino Linotype
• Corpo:	11
• Entrelinha:	13
• Total de páginas:	336
• Lançamento:	2020